教育智库

寻找教育家成长智慧书系——

中国当代著名教学流派

韩爱学：八环节教学

HANAIXUE BAHUANJIE JIAOXUE

韩爱学 著

首都师范大学出版社
CAPITAL NORMAL UNIVERSITY PRESS

图书在版编目（CIP）数据

韩爱学八环节教学 / 韩爱学著. —北京：首都师范大学出版社，2012.6

ISBN 978-7-5656-0791-2

Ⅰ.①韩… Ⅱ.①韩… Ⅲ.①教学研究-中学 Ⅳ.①G632.0

中国版本图书馆CIP数据核字（2012）第121733号

韩爱学：八环节教学

韩爱学 著

责任编辑 来晓宁

首都师范大学出版社出版发行

地 址 北京西三环北路105号

邮 编 100048

电 话 68418523（总编室） 68982468（发行部）

网 址 www.cnupn.com.cn

印 刷 北京天宇万达印刷有限公司

经 销 全国新华书店发行

版 次 2012年6月第1版

印 次 2012年6月第1次印刷

开 本 710mm × 1000mm 1/16

印 张 17.25

字 数 212千

定 价 38.00元

寻找教育家成长智慧书系

《中国当代著名教学流派》丛书编委会

卷中教改智慧
笔下育人情怀

「中国当代著名教学流派」出版

柳斌

与名师为友，走向优秀
（总序）

改革开放尤其是进入新世纪以来，我国教育事业取得了巨大的成绩。城乡免费义务教育全面实现，职业教育快速发展，高等教育进入大众化阶段，教育公平迈出了重大步伐，全民素质大大提高，从人口大国向人力资源大国的转变逐步实现。但我们必须清醒地认识到，我国教育还不能完全适应国家经济社会的发展，还不能完全满足人民群众接受良好教育的要求。2010年7月，党中央、国务院召开了新世纪以来第一次全国教育工作会议，颁发了《国家中长期教育改革和发展规划纲要（2010-2020）》（以下简称《规划纲要》），描绘了未来教育改革发展的宏伟蓝图，指明了今后教育事业科学发展的方向。《规划纲要》提出，到2020年，我国要基本实现教育现代化，基本形成学习型社会，进入人力资源强国行列。这是一项艰巨而光荣的任务。要完成这个任务，需要广大教育工作者辛勤劳动、开拓创新，尤其需要一线教师坚守教育理想，提高专业素养，创新教育教学模式。因此，当前教育改革发展的一项紧迫任务，就是要建设一支师德高尚、业务精湛、结构合理、充满活力的高素质、专业化教师队伍。

时代呼唤优秀教师。有一流的教师，才有一流的教育；有一流的教育，才有一流的国家。《规划纲要》明确指出，“有好的教师，才有好的教育”，“倡导教育家办学”，要“创造有利条件，鼓励教师和校长在实践中大胆探索，创新教育思想、教育模式和教育方法，形成教学特色和办学风格，造就一批教育家”。教育改革的一个重要任务，就是培养一大批拔尖创新人才，但正是在这个问题上，我们遇到了瓶颈。当然，杰出人才的培养受到诸多因素的制约，其中一个重要原因，可能就是教育家型的教师还比较少。名师出高徒。伟大的事业呼唤伟大的人才，英才的涌现呼唤一流的教师。出名师、育英才、成伟业，是时代赋予我们的神圣使命。

那么，怎样才能培养出优秀的教师？一个重要途径就是让广大教师们向杰出的前辈、同行学习。只有向最优秀的榜样学习，并在学习的基础上不断创新，一名教师才可能走向优秀。改革开放以来，随着教育改革的不断深入，教育战线涌现出了一批杰出教师。他们痴情教育事业，默默耕耘，刻苦钻研，勇于创新，不断进取，不断超越，形成了各具特色的教育思想和教学风格。正是他们的成功实践，创造了具有中国风格的教育经验，丰富了具有中国特色的教育理论宝库。他们的经验，对广大普通教师的成长具有良好的启示作用和重要的借鉴意义。总结、宣传和学习他们的经验，是打造一支优秀教师队伍的有效途径。中国教育学会、中国教育报刊社和中国教师发展基金会联合组织编写的这套“中国当代著名教学流派”丛书，总结了我国中小学界一批杰出教师的先进经验，尤其是提供了名师教育思想的精华、成功的教学案例以及他们走向优秀的心路历程，这必将对我国中小学教师队伍建设起到积极的推动作用。一个教师如果愿意潜下心来，钻进这套丛书，与名师为友，与高尚的心灵对话，进而反思自己的教育教学生活，那么他在教育教学上必将悟出些育人之道，并且走得比别人更远，超越前人。

古人云：“国将兴，必贵师重傅。”兴国必先强教，强教必先重师。教育大计，教师为本。加强教师队伍建设包括培养一大批优秀教师，是教育事业最重要的基础工作。组织编写“中国当代著名教学流派”丛书这样的工作，就是为了寻找教育家成长的智慧，为丰富中国教育理论，形成具有中国特色、中国气派和中国风格教育理论体系摇旗呐喊，是一件非常有意义的工作。希望这套丛书走进更多的学校，走近更多的教师，为新一代优秀教师的涌现播撒希望。

序一
教改呼唤“中庸”之道
——河北省鹿泉一中“八环节”教学探索的意义

中国教育报刊社新闻研究中心主任、副编审　赖配根

基础教育改革，最活跃的是小学，相对沉闷的是高中。

不是校长、教师没有教育的激情、改革的热望，而是在没有找到极为保险的改革道路之前，谁也不敢轻举妄动。的确，高考的巨大压力、社会的高度关注，使高中教改几乎成了“雷区”。

能带着理想趟过这一“雷区”的学校，在全国寥寥无几——河北鹿泉一中就是其中之一。

鹿泉一中靠的是什么？有人说是因为韩爱学校长和学校的教师们特别有教育追求。没错，教育理想是指引一所学校走向成功的精神明灯，但复杂的现实往往会击碎玫瑰般的梦。有人说是因为学校文化、教改氛围营造得好。没错，教改需要良好的文化生态，只有学校的文化精神是拒绝同流合污的，是健康向上的，改革才会走上正轨，但文化的作用是无形的，甚至有时很脆弱，难以担当改革保障者的大任。

其实引领鹿泉一中冲出高中教改困境的，是他们自己的探索创造——如今已相当成熟的“八环节学案型教学模式”（以下简称“‘八环节’教学”）。

我们对教学有两条共识——教无定法和教学有法。但中小学教改常常背离这一共识：或者是奉某一种模式为“圣旨”，以为只有某个具体教学模式是唯一正确的，放之四海而皆准，其他教学尝试都是扯淡；或者认为教师的教学根本就不存在什么模式，因此拒绝任何教学模式的学习和模仿，在课堂中可以天马行空、无拘无束。前者是可怕的教改“原教旨主义”，它将扼杀教师的想象力和创造力，让千千万万的课堂穿上毫无个性的“制服”；后者则是可怜的教改“虚无主义”，结果是让教学原地踏步，难以进行有价值的改革积累。

鹿泉一中的教改不过是回到教育的共识：突破僵硬的教学传统，去探索、创造一条适合自己的新的教学模式。高中教改要守住一条基线，就是不能减少每个学生升学求知的机会——这是社会现实。因此作为学校草根教改，高中首先要突破的是课堂，是教学，是创造出既符合现代教育基本理念、又打上学校个性烙印的教学模式。没有教学方式的改善，没有一个比较成熟的教学模式作为保障，在现实的激烈竞争中，教改很可能夭折。鹿泉一中的成功，就在于2006年之后，在考察、研究国内有价值的教学模式，同时结合校情、学情（接收河北初中课改首批学生）的基础上，创造性地提出并实践了"八环节"教学。

有了教学模式教改就能成功吗?

也不完全是。关键是要看探索出了什么样的教学模式，尤其是高中。

我们知道，高中教改的传统路子，是偏重教学内容的探索，即集中精力解决教给学生什么样的知识点，然后用大量的练习以形成能力，至于如何教，则少有突破性的改革，所以学生学得累，学得苦。现在流行的（至少在舆论上）正好反过来，把"怎么教"奉为至宝，以为解决了"怎么教"，教育就会产生伟大的奇迹，甚至把教什么即课程内容弃如敝履。如果读者稍加留意，就会发现，奉行这一"教义"的其实多为初中及小学。其实，怎么教——教学方式的变革，只是教育改革的一环，它只解决教育的基本规范问题，并无力促使教育发生整体的变化。尤其是从高中之后，教什么即课程内容的重要性将日益显现。没有教师关键性的指点、引导，学生要走向知识海洋的深处，攀登科学的高峰就会遇到极大的困难。

因此目前高中教学模式改革的关键，是处理好一个平衡：放与收，亦即还给学生自主学习的权利和学生如何学、学什么的关系。鹿泉一中"八环节"教学的精髓，就是成功地把握好了这一平衡。首先，它大胆地颠覆了传统的"教学"关系，把"教学"变为"学教"（在教学的表现形式上），"教"从"学"出发，以学定教，以学促教。其课堂教学阶段的4个环节（学生自学、展示交流、师生总结、巩固拓展）就表现得非常明显，课堂成了学生自学、展示的舞台，绝大多数时间教师都悄然地退隐幕后。因为只有把这么大的空间、这么长的时间还给学生，学生的体验才得以丰富，思维才得以展开，学习的过程才可能成为学生的内在的生命需求，如此课堂一下子就有了生命活力。其次，它又小心翼翼地保护好、发挥好教师的教学"导演"角色，也就是保证基本的知识点和其他课程内容，能够进入到学生的自学、练习之中。其模式名为“八环节”，其中竟有4个环节（即确定目标、转化问题、设计检测、完成预案）是属于教师备课的内容，尤其关键的是学案的制订，对学生的学习起着重要的导向作用——当然，学案与教案是完全不同的概念，它的出发点是帮助学生“学”，而不是指向教师的“教”，并在引导的同时尊重学生的自主权，留给他们足够的空间去建构知识。

如此，“八环节”教学既唤起了学生求知的热情，又充分重视课程学习内容——教学（学习）知识点的开发、梳理；既颠覆“教学”关系，高扬学生自主学习的权利，又尊重教学的一般规律，让教师的“教”发挥高度的导向作用。

这就是我们的教改尤其是高中教改所急需的“中庸”之道——既学习模仿、探索创造教学模式，又扬弃、超越教学模式；既革新传统，又不抛弃传统。

序二
教室里的变革决定中国的未来
——鹿泉一中的课改追梦之旅

中国教师报新闻部主任，资深教育记者　翟晋玉

自2001年开始，轰轰烈烈的新课程改革已经实施了整整十年，这次被称为中国1949年以来力度最大的课程改革，给成千上万所中小学带来了意义深刻的巨大变化。然而由于种种原因，目前新课改尚未普遍达到预期效果。究其根本，很多学校不乏新课程的理念和知识，但只是拿它装点门面或应付检查，并没有付出切实有效的行动。知而不行，或虽有行，却蜻蜓点水，浅尝辄止，在困难和挫折面前裹足不前。

这种“知识”不是真正的“知”，因为它没有经历亲身实践和体验。就像一个人知道游泳的知识却不下水去游，就不可能真正学会游泳一样。用现在新课改的术语来讲，这不是通过“建构”生成的知识。

其实早在上个世纪，陶行知就精辟地阐述了知行之间的关系：“行是知之始，知是行之成。我们是要在行动中追求真知识……运用真知识以行动，便走上创造之路。今日之学校是以行求知的地方。有行动的勇气，才有真知之收获，才有创造之可能。”

“要在行动中追求真知识”，“学校是以行求知的地方”，这些话在今天听起来仍然振聋发聩，一针见血，仿佛就是针对我们当前的教育现状说的。课改要取得成功，就必须把知识转化成行动，仅仅停留于理念层面而没有引发行动的“知识”毫无意义。

鹿泉一中的课改之所以能取得成功，就在于做到了以行求知，知行合一。将“知识”升华为信念，从而付诸切实行动，并在行动中不断修正自己的“知识”，然后又用修正后的知识指导行动。

作为一所高中，能在巨大的高考压力下做到这一点，实为不易。当前课改搞得好的学校大多是条件比较差的农村初中，真正进行课改的高中在全国范围并不多见，真正取得成功的高中更是凤毛麟角。河北省鹿泉一中

是其中之一。

在校长韩爱学的带领下，学校领导和全体教师集体“下水”，经过不懈的探索研究，经历在实践中不断体验、建构、生成的过程，创造出了“八环节学案型教学模式”，实现了课堂教学从以教师为中心向以学生为中心的转变，教师围绕学生的“学”设计教学，让学生在学习过程中学会自主学习，自主发展。

特别值得一提的是，这一模式并没有轻视教师的作用，而是对教师的工作方式提出了更高要求，让教师的“教”更好地为学生的“学”服务。在新课改过程中，很多学校往往把教师的“教”和学生的“学”对立起来，认为两者是互相矛盾、此消彼长的关系。一说学生中心，教师就不敢教了，在一些课堂上，教师几乎不发一言，完全让学生“自导自演”，自己则完全隐退，仅仅成为一个旁观者。

这样的课低估甚至无视教师的作用，教师从传统课堂的高高在上、独霸课堂，到如今的完全隐退、丧失自我，教师角色在令人眼花缭乱的变化中走向了另一个极端。他们仅仅记住了学生的“主体”地位，却忘记了教师的“主导”职责和作为组织者、引领者的角色，认为在教学中“主体”和“主导”相互对立，无法统一。其实二者并不矛盾，而是从不同的角度来论述“教学”的过程。“主体”是从学生“学”的角度来讲的，学生是学习的主体，教师的“教”是为学生的“学”服务的；“主导”是从教师“教”的角度来讲的，教师是教学行为的实施者，学生是教师教学的对象。教“学”是教师的天职工作，教学，就是教学生“学”。

鹿泉一中的课改强调，“教”和“学”是相因相生、相辅相成、不可分割的有机统一体。在教学过程中，教师是学生学习的参与者、组织者和引领者，教师要察言观色，审时度势，灵活处理，该放则放，当讲则讲。

尤为难得的是，鹿泉一中的课改并不是仅仅关注课堂自身的改变，而更深入到课堂背后的支撑体系，对学生、教师、师生关系等方面进行了认真调查研究。通过广泛的学情调查，了解学生的真实现状和需求，从而更有针对性地设计和实施教学；通过创新教师培训和教研方式，帮助教师提升对新课改的理解，促进其专业发展；通过构建和谐的师生关系，增进师生之间的感情——不仅老师爱学生，学生也爱老师，从而实现“亲其师，信其道”。所有这些不仅为课堂教学的变革奠定了坚实的基础，而且促进了学校整个教育教学工作的优化整合。

鹿泉一中以促进学生自主学习为核心的课堂教学改革，充分体现了新课程以人为本、以学生发展为本的理念，更体现了对生命的尊重。在当前以升学率为主导的教育环境下，这些做法显得有些另类，在很多人看来甚至是不正常的。

然而正是这种“另类”和“不正常”才真正体现了教育的理想和目标，体现了教育本身的应有之义。遗憾的是，当前我国教育的普遍现实背离了教育自身的理想，离自己的目标越来越远。

我们教育的目标是培养身心健康、完整和谐的人，促进人的“全面而自由的发展”。然而在现实中，我们的教育却从根本上是对人本身的否定：人不是被当做人，当做一个本身就是目的的存在受到直接的、无条件的肯定——仅仅作为人本身就应得的肯定，而只是由于他们的成绩才被间接地、有条件地肯定——这种肯定恰恰是对人本身的否定。“分、分、分，学生的命根儿！”在中国当前的教育现实中，分数决定着学生的一切：被肯定还是否定，受赞赏还是屈辱。它是学生快乐、愁苦、希望和恐惧的源泉，是学生对之顶礼膜拜的上帝和偶像。分数对学生命运的支配使学生始终处于沉重的压力和恐惧之下，在这种环境下，学生成长的空间丧失殆尽，甚至使人感到“不能自由地呼吸”。学生把自己的生命全部倾注到这个外在的对象上，因而失去了自己内在的生命，当这个外在的对象受到威胁时，学生就会觉得是自己的生命受到了威胁，在压力大到难以承受的极端情况下，就会发生生命的毁灭：或者是自己的生命被摧毁，或者是为保护自己的生命而摧毁别人的生命，因为在他眼中只有成绩，没有人。

在我们的教育环境中，学生的价值仅仅由他获得分数的高低来衡量。分数这种外在的形式掏空了学生的生命，它作为学生生命的对立物，作为一种异己的力量否定着学生的生命——这是最恶劣的拜物教和赤裸裸的虚无主义，它激发起学生对单纯分数的狂热崇拜和盲目追求，把人的丰富多彩的生命变成抽象的数字符号，从而消灭生命，使人的生命虚无化。

在这种教育环境中，生命本身是不被尊重的，相反，它一直被戕害和扭曲。看一看我们学生的身体状态就足以明白这一点，沉重的压力和负担使他们的身体虚弱而僵硬。他们几乎没有时间舒展一下自己的身心，更谈不上自由全面地发展自己。时间是人类发展的空间，我们的教育却残酷地剥夺了学生的时间，而且是在他们身心成长的黄金时期。在他们最需时间的时候剥夺了他们的时间，这对他们身心造成的损害是以后再也无法弥补的。

“健全的精神寓于健康的身体”，身体是一切生命的根本和基础。身体病弱则心志不达。我们的教育虽然名义上要求学生德、智、体、美全面发展，但在事实上根本不重视学生的身体、审美和真正的道德（自律而非他律的道德）。所有这些方面都为片面地追求智力牺牲了。前些年的一项调查表明，中国青少年的平均身高已被日本超过。抛开社会经济因素的影响，中国学校教育对身体和生命的漠视是最重要的原因。

在沉重的压力和层层束缚下，我们的学生不仅身体娇弱，意志也很脆弱，甚至许多人出现严重的心理障碍，有调查表明，1/3以上的高中生有过自杀念头！

教育的基础是生命，我们的教育却摧残生命；教育是成长，我们的教育却扼杀成长。没有从根本上对生命本身、对人本身的尊重和肯定，人就不可能真正成长起来，人的道德、智慧、审美、批判性和创造性等一切也都无从谈起。因此毫不奇怪，在我们的教育中真正德、智、体、美全面发展的人十分罕见，大多数人变得越来越像机器。

我们的教育忘记了学生和教师首先是一个人——一个活生生的，有自己的感情、思想和尊严的人——然后才是学生和教师，他只有作为一个人才能学习或施教，才能做出其他的一切。一个人最宝贵的特性就是他的自主性，就是他的能动的自由。一个人越自主，他的存在就越圆满、越幸福。而我们的教育恰恰是对自主性的扼杀，扼杀自主性就是在扼杀人的生命。

人是世间最可宝贵的，我们的教育却完全牺牲了人——仅仅为了分数，为了私利和虚荣。我们的教育以虚无取代真实，以抽象取代具体，以僵死取代生动，以单调取代丰富，以打击取代鼓励，以束缚取代引导，以扼杀取代保护。在此情况下，我们的学生怎能不消极被动、畏缩怯懦、僵化呆板、死气沉沉呢？怎能不没有个性，不懂合作，没有洞察力、批判性和创造性呢？我们的学生分数常常比外国的学生考得高，实际动手能力和创造能力却远远不及外国学生，又有什么奇怪的呢？

“钱学森之问”提出了一个令人痛心疾首的问题，为什么我们培养不出杰出人才，培养不出大师？这个问题刺激着几代中国人的神经。其实答案很简单，问题就在我们的教育方式里。我们的教育不给学生提供自由发展的空间和时间，残酷地扼杀了他们的灵性和创造力，而且受教育的时间越长，这种戕害就越严重。无数的家长希望“不让孩子输在起跑线上”，然而我们的教育方式决定了，其实从起跑线开始我们就已经输了，而且越往后输得越惨。

令人欣慰的是，一些学校和有识之士已经认识到了这一点，并力图通过课程改革来改变当前的应试教育文化。如今在鹿泉一中，已经形成了一个崭新的课改文化“场”。这个“场”不仅是一个“引力场”，更是一个“生态场”。在这个场中，师生之间、学生之间、教师之间、学校领导层和教师之间，所有人与人之间不仅相互吸引，而且相互滋养，相互润泽，使生命之花茁壮成长，芬芳四溢。在这里，你可以感受生命脉动的喜悦，听到生命拔节的声音，闻到生命成长的馨香。

鹿泉一中致力于“办让师生幸福的教育”。“学生的发展、教师的发展，是学校发展的基础。没有学生的发展，没有教师的发展，就不会有学校的发展。”他们努力营造这样一种环境：让学校不仅仅是教师教书、学生学习的地方，更是师生精神生命共同成长的地方。只有当学校真正成为师生自然生命和精神生命健康成长的幸福家园时，学校才会真正得到发展。

教师是课改的关键，没有教师的积极参与，课改就不可能取得成功。作为课改的主要实施者和创造者，鹿泉一中的教师在课改中付出了极大的努力，也在痛苦的蜕变中收获了成长的美丽和幸福。在学校的引领下，教师教学方式的改变从根本上了重构了鹿泉一中的课堂生态，为学生的快乐学习和幸福成长奠定了基础。学校领导层深知：“当教师在工作中获得幸福和快乐时，他们才能输出幸福和快乐给学生。”因此学校尽最大可能为教师创设最好的工作环境，促进他们幸福快乐地工作。

成为自己的人才是最幸福的人。人最大的悲哀是不能成为自己，最难的也是成为自己。成为自己的人是最有力量、最有创造性的人。创造性的前提是独立思考，原发的个人体悟和思考是创造性的源泉，一个盲目跟风的人不可能有创造性。学校也是如此，一个有特色有品格的学校就是能够听从自己内心真实的声音，真诚面对自己的问题，深入思考应对之道，并不断进行探索和改进的学校。

在我看来，鹿泉一中就是一所这样的学校。在近年来对鹿泉一中的采访中，我从学校领导和普通师生身上，都深深感受到了他们坦诚直面问题，勇于自我反思，不断超越自我，不断探索更新的精神。不断地自我更新是鹿泉一中保持生命力的秘密所在。

鹿泉一中的实践证明，课改是落实素质教育的可行之路，是解放师生、促进师生幸福成长的根本选择。课改可以实现教育的低耗高效，实现

"绿色升学率"。

高中是基础教育的最高阶段和出口，高中课改是整个基础教育课程改革的关键，高中阶段的改革如果搞不好，课改就会走回头路，最终半途而废，前功尽弃。也正因此，高中阶段的课改比小学和初中阶段任务更艰巨，难度也更大，可以说是整个新课改的一块难啃的"硬骨头"，也是最后一道"难关"。

鹿泉一中从自身的教育实践和问题出发，义无反顾地踏上了新课改的追梦之旅，这是一条充满荆棘坎坷的曲折而悠长的路，在经历了长期的艰难跋涉和困惑痛苦之后，他们终于迎来了成功后的喜悦和幸福。

鹿泉一中自下而上地经历了课改的完整过程，为其他学校特别是高中的新课改提供了丰富而宝贵的经验，也为专家、学者和教育行政部门的决策者提供了有益的参考和借鉴。

通过这样一个在建构中生成的高中新课改的样本，我们可以更清晰地看到新课改的路径，更加坚定新课改的未来。鹿泉一中所迈出的勇敢而坚实的一步，为千千万万仍在徘徊和犹疑的校长增添了"闯关"的勇气和力量，对正在进行课改探索的学校更是巨大的鼓舞。

2010年教师节之际，温家宝总理到刚进行课改不久的河北省兴隆县六道河中学听课，尽管这是一所普通的农村中学，教师专业素养不高，但温总理还是认为，"学生学得好，教师教得好"。分析个中缘由，关键是该校的教学模式相对于传统的灌输式教学发生了巨大变化，温家宝总理的肯定和赞许正是从这个意义上给出的。

当前，我国的教育改革已步入深水区，课改也是如此。共识正在扩大，真理愈辩愈明。真理就像火石，越敲打越会发出灿烂的火花。只要不带偏见，以公正坦诚的心怀来看课改，理性平和地讨论一切问题，我们的课改就会越做越好。

进行课改需要有大智大勇，更需要有信念和良知。大勇来自信念，大智来自良知。其实课改并没有我们想象的那么难，关键是有没有对教育和自身使命的深刻理解和领悟，内心有没有对教育的信念和良知。一场真正有意义的改革来自于人们的内心。"拯救人类世界的力量不是别的，而是人们的心灵。"

新课改只是提供了理念和标准，并没有统一的模式，必须自己亲身实践，才能找到适合自己的教育教学之道。对于当前一些学校探索出来的各种模式，我们应摒弃门户之见，在相互尊重的前提下学习和借鉴对方的优点，海纳百川，博采众长，在此基础上可以创造出适合自己的模式，同时依然知道模式的局限，依然不断地突破自己，不断自我反思，自我修正，自我完善，自我提升，如此将更能接近教育的理想和目标。

鹿泉一中的课改是当前国内为数不多真正富有创造性、独特而深入的课改个案，为当前中国大地上草根学校自发的创造性教学改革增添了亮点。这些改革注定要在中国教育史上留下浓墨重彩的一笔，因为它遵循了人的成长和教育自身的规律，适应了教育变革和发展的必然趋势，促进了人的觉醒和解放。这是一个具有划时代意义的伟大变革。

这一变革也是中国社会发展的深层需要。要真正实现以人为本，建设民主、文明的现代化国家，实现人的尊严和幸福的生活，教育必须更新理念，转变方式，培养真正的人和现代化的合格公民。

康德曾说，人是目的，不能被当做手段。教育的目的是为了促进人的解放和发展。舍此无他。十年课改取得了巨大进步，在课堂教学这一教育主阵地上表现最为突出。可以预见，课堂教学的变化将造就一代新人，教室里的变革将决定中国的未来。

目　录

第一部分

光荣的荆棘路

鹿泉一中校长韩爱学在新课改教学经验交流与研讨会上作报告

人类啊，当灵魂懂得了它的使命以后，你能体会到在这清醒的片刻中所感到的幸福吗？在这片刻中，你在光荣的荆棘路上所得到的一切创伤——即使是你自己所造成的——也会痊愈，恢复健康、力量和愉快；噪音变成谐声……

——安徒生

人们常说，一个好校长就是一所好学校。这句话不无道理。校长是学校工作的第一责任人，是学校的灵魂，而先进的教育理念和教育思想是校长的灵魂。校长对学校的领导从根本上说是思想的领导，可以说，校长的办学思想是学校的灵魂，引领并决定着学校发展的方向。

因此从当校长以来，我就把成为一个“思想者”作为自己不懈追求的梦想，希望成为一个勇立时代潮流的思想者、弄潮儿，引领我们的学校向着现代化进军。回首20年的艰苦历程，也正是在追求“思想者”这一梦想的奋斗过程中，我才能从一个普通的教师成长为河北省特级教师，成长为河北省中小学骨干校长、石家庄市有突出贡献的中青年专家。同时带领着鹿泉一中不断实现跨越式发展，使其成长为一所在河北乃至全国有一定影响力的示范性高级中学和课改特色学校。

在这一过程中，我是从荆棘中走出来的，有过失败，有过困惑，也有过苦恼，但最终还是走出了这段荆棘路，迎来了曙光。特别是近几年来，我和我的同事们一直在思考和研究如何实施和推进新课程改革。经过不懈的努力探索，我校的高中课改取得了显著成效，受到广大教师、校长、专家、学者和教育主管部门的肯定，影响越来越大，来我校参观访问的全国各地同行也越来越多。

一、　从“草根教师”到“现代校长”

“离离原上草，一岁一枯荣。野火烧不尽，春风吹又生。”这是唐代大诗人白居易歌颂野草顽强生命力的诗。野草之所以有如此强大的生命力，就在于它们深深地扎根于大地。正是大地的哺育，才使它们茁壮成长。彼得·圣吉说：“若没有一个伟大的梦想或愿景，则每天忙的都是些琐碎的事。”我就像这些小草一样，正是深深地扎根于教育这片沃土，才孕育了我的教育梦想，才使我的每一天都避免了琐碎，在不断的创新实践中完成了从“草根教师”到“现代校长”的转变。在我几十年来追寻教育之梦、创建特色学校的过程中，有几件事在我心中留下了深刻的烙印，至今仍影响着我的教育理念和办学思想，其中一些事情要追溯到我刚开始当教师时那段难忘的青春岁月。

（一）在“黑暗”中走进学生的内心世界

1981年我从河北师大石家庄地区师资专科班化学专业毕业，被分配到鹿泉市李村中学做化学教师，那年我才18岁，与高中生相差无几。由于和学生们年龄相仿，尽管我是班主任，但他们却更愿意把我当做他们的兄长和朋友。我不仅关心学生的学习，还关心他们的生活，更想听到他们内心真实的声音。我经常与学生谈心，但我觉得这还不够，于是苦苦思索，找寻走进学生内心世界的办法。

俗话说：“踏破铁鞋无觅处，得来全不费工夫。”一个偶然的机会，让我无意中走进了学生最真实的内心世界。一天晚上熄灯后，我悄悄地进入男生宿舍，躺在学生的床上，想了解学生的就寝情况，不想却有了意外的收获。因为这时屋里漆黑一片，谁也看不见谁，学生们可以肆无忌惮地发表自己的意见。短短的二三十分钟让我有生以来第一次真正体会到了什么是解放，什么是真正的畅所欲言。从那以后，我不止一次地悄悄“躺到”学生床上，倾听他们的心声。从中我不仅了解了学生对某些教师的意见，对学校工作安排的看法，以及他们的人生哲学和梦想，还更深切地感受到了他们内心深处的压抑、苦恼和学习之外的需求。从那时起我就深刻地认识到，学生应该有直白地表达自己情感和思想的平台，应该在学校里有充足的话语权。

“黑夜给了我黑色的眼睛，我却用它寻找光明。”在黑暗中，我看到了阳光下所见不到的学生们的内心世界，切实感受到了这些年轻鲜活的生命里蕴涵着的力量。这些“黑暗”中的经历深深地影响和改变了我，形成了我以后的教育理念和办学思想的萌芽，使我在以后30年的教育生涯中，一直非常重视了解学生的内心世界，尽可能为学生意愿的表达提供空间和平台，并坚持用民主的方式管理学生，坚持“一切从学生出发，一切为学生的成长服务”的教育理念。

十年后我做了重点中学的校长，第一件事就是设置校长信箱，并设立了校长接待日，专门接待学生来访。由于我历来的做事风格和习惯，学生们都喜欢把问题反映给我，有事时他们往往首先想到“去找校长谈”。这样就在我和学生之间架起了一座“连心桥”，在学校教育管理中注入了民主内涵，使得学校管理能够做到以人为本，闪烁出理性和人文的光辉。

（二）从“解剖麻雀”开始

由于刚当教师时年龄比较小，所以几乎所有同事都把我当孩子来看，只要我遇到困难，没有人不肯帮。我决心借这个天赐良机先把教学搞上去，首先在业务上摆脱“孩子”的影子，使自己的身板“硬”起来。

我先从听同事的课开始，多次听、反复听，听后去向他请教为什么这样上，然后再备自己的课。但我绝不是原封不动地模仿，而是力求在他们的基础上有所突破。教学经验少，我就虚心听取同事们的意见，然后再去上课。课后我喜欢反思，每次总能从中找到一点新意和不足。没过多长时间，老教师们开始对我刮目相看，认为我是个有心人。他们不断地鼓励我，使我的教学业务越来越熟练。十年的“草根”教师生涯，孕育了梦想，增进了智慧，丰富了情感，积累了经验，为我的教学业务打下了坚实的基础，为后来指导教学改革创造了条件，也为我后来的发展和日后的管理创新奠定了坚实基础。

由于教学成绩突出，1991年，我被任命为鹿泉一中教学副校长，可以说是受命于学校发展的危难之际。上任之初，我仔细地调查了教师状况、各学科教学以及学生管理、教育教学管理制度等。通过调查研究，我意识到学校的生命力在于它的教育教学质量，要想使学校迅速走出低谷，必须下力气提高学生的学习成绩，提高高考的升学率，只有这样才能使学生树立信心，使教师提升勇气，使学校恢复在全市人民心目中第一学府的形象。

于是我学习“解剖麻雀”，从当时最薄弱的一个学科化学组入手，改变现状。我身先士卒，亲自带两个班的化学课，与化学组的教师共同研究教育教学问题，共同商讨扭转不利局面的办法。由于我自己就是一个功底较深厚的化学教师，所以和教师们讨论得很投机，很深入。我还率先在自己的教学中进行改革，对教师起到示范作用，用自身榜样的力量去带动大家，引领大家。结果一年后学校的化学教学初见成效，三年后化学成绩和学校的高考成绩跃居石家庄市17县（市）前列，打了升学率的翻身仗。这一胜利得益于多方面的因素，但我在十年之中所积累的化学教学的功夫，起到了以点带面的作用，也是重要因素之一。

与此同时，我抓点带面，深入各学科组与各位中层领导共同听课、评课，研究改进教学的思路。深入班级对学生做调查，了解学生的学习困难，与班主任共同做学生的发动工作。由于真抓实干，并且在教学中不断引入好的教学方法和学习方法，学校的教学势头一年比一年好，学校的各项工作都步入正轨，学校的面貌也发生了根本的变化，教师教着有劲，学生们都渴望到鹿泉一中来上学，到校后他们都在愉悦的心态下学习。全市父老乡亲对一中又有了新的认识，市委、市政府多次从精神上和物质上给予奖励。三年的努力印证了自己的认识，证明了一个学校的生命力就在于它的教育教学质量，要想焕发学校的生命活力，并永葆学校的青春，就必须抓住教育教学质量这一中心工作不放松，我这样做了，并且取得了成功。

（三）从286电脑到科研兴校

作为一个思想者，必须具有创新精神和敢为人先的勇气，因为思想只有在创新中才能发展，思想者只有不断创新才能永立时代潮头。

从1991年刚进入鹿泉一中开始，我就意识到，要提高教育教学质量，仅凭在常规教学上下死力气是不行的。教育要实现现代化，教学必须首先实现现代化，要使得学校高速发展，就必须乘上现代科学技术的高速列车。

1992年，当绝大多数国人还从来没有见过电脑时，我就敏锐察觉到了信息技术对提高管理质量和效率的巨大作用，于是决定将其运用到我校的管理上。我们就在学校仅有的一台286电脑上，开始了现代教育技术的探索。首先利用微机介入教学评价、教学管理，然后一年一个台阶，向教育技术的现代化迈进。目前我校已经全部实现了计算机网络管理，已建成千兆主干，百兆终端，局域网容纳800个工作站，并且有线、无线、双线上网；两套卫星接收系统，11个专用服务器，教师人手一台笔记本，教室都实现了多媒体和网络连接，专任教师家庭全部接上网线，学校教学资源库建设已初具规模。如今，我校现代教育技术设施完备齐全，功能强大，成为提高教育教学和管理水平的强有力手段。

后来我校还参加了当时全国的计算机网络应用论坛，鹿泉一中独立设计的应用软件参加了全国的展览。《校园网环境下的教学设计与高中学生学习策略的研究》获河北省“十五”课题科研成果评比一等奖。

从1995年开始，为了培养学生的信息意识和能力，在升学压力非常大的情况下，我校开设了非高考科目的微机课，每一个鹿泉一中的学生都要参加国家组织的过级考试，我校也成为名副其实的“河北省现代信息技术示范校”。

21世纪是信息时代，信息的获取、分析、处理、发布、应用能力成为现代人最基本的能力和文化水平的标志。随着科技的发展，知识更新的速度越来越快，传统的课本已不能承载发展的知识，传统的阅读方式已不能有效地获取信息，传统的教学手段已不适应教学的需要。计算机网络越来越成为丰富知识的载体，网络教学已成为课堂教学的发展趋势。计算机网络作为一个工具，一种手段，所提供的是一种信息环境，在这个环境里我们可以充分发挥我们的想象力，开发各种应用功能，满足知识更新与知识创新的目的。为此，我校研制开发了“网上课堂讨论工具”软件，为进行网上教学、培养学生的信息素养提供了有力的工具。现在我们正在进行“云服务”开发，着手进行“云端课堂”建设，以信息化带动教育现代化。

教育科研是推动学校进步的巨大动力之一，理应成为一所现代学校全体教师的工作方式，一所没有教育科研的现代化学校是不可思议的。因此我在1998年提出“科研兴校”的主张，成立了“教育科研办公室”，举起了“科研兴校”的大旗，并且从不多的学校经费中每年拿出3万元用于教育科研。

我校通过抓教师培训、抓理论学习、抓课题研究、抓教学改革，极大地提高了广大教师的教育理论和教学业务水平，促进了教育教学的不断发展。近年来我校先后完成了2项国家级重点课题之子课题的研究和2项省级重点课题的研究，均获得了“先进实验（研究）学校”的称号，同时完成了几十项校级课题研究，在推进教育教学改革中起到了巨大作用。

我们首先从学习教育理论开始，同时参与课题研究。近年来，我主持了中央教科所子课题《高中分年级构建德育目标内容体系的研究》（2005年结题）、省级独立课题《校园网环境下的教学设计与高中学生学习策略的研究》（2005年结题，获河北省“十五”课题成果评比一等奖）、河北省规划办立项课题《新课程背景下普通高中教学有效性研究》（2010年结题，获河北省政府教学成果二等奖）、教育部规划办《新课程有效教学课堂教学行为策略研究》子课题（正在结题）。

在课题引领下，我们跟自己的教育教学密切结合进行行动研究，创办了教科研杂志和报纸，至今已进行了十多个年头，有力地促进了我校教育教学的改革发展。更重要的是，在我们学校，“教育科研不是一项独立的工作，而是一种工作方式”的科研文化正在逐渐形成。

要深化课程改革，提高课堂效率，就必须借助于现代教育技术和教育科研。正是因为我们抓住了这两个方面，使我校教育教学管理日益走上科学化、现代化的大道，形成了我校一体（常规管理）双翼（现代教育技术和教育科研）的发展模式，使得学校的各项建设配备了动力强大的发动机，去实现一个又一个新的跨越。

（四）从教育实践者向思想者迈进

从普通中学的教师到重点中学的当家人，这一角色的变化对我来说可谓是一个巨大的挑战。要当好校长，不仅要有过硬的业务本领，更要有自己的教育理想和先进的教育理念，而这些我以前从未想过，心里总觉得十分空虚。也正因此，我对教育理论和教育思想产生了一种从未有过的如饥似渴的需求。我决心从学习教育理论开始，让大师们教我如何做校长。因此在石家庄市我第一批报名参加了北师大举办的教育理论研究生课程班。2001年，我又参加了教育部在华东师大举办的重点中学校长培训班。在此过程中，我还积极向教育专家学者求教，向先进的校长们取经。这些经历使我逐渐受到大师们先进教育思想的熏陶，完成了从教育的实践者向思想者的迈进。

在学习班中我着重研读了我所崇敬的杜威和苏霍姆林斯基的著作。杜威的名言“教育非为生活之准备，教育本身即生活”，十分明确地阐明了他的教育哲学思想。他认为，教育不是把外面的东西强迫灌输给儿童或学生去吸收，而是要使人类与生俱来的能力得到发展。从中我体会到了学校教育应以学生为中心，从而奠定了我办学的基本指导思想。

苏霍姆林斯基的《给教师的一百条建议》《怎样培养真正的人》都给了我很大的帮助，特别是他的《给校长的20条建议》更是情真意切。其中第一条建议“要尊重学生”和第19条建议“校长应……表现出巨大的人格力量。他有爱心、有思想、有极强的事业心和责任感……严格不是行政式的压服，而是采取民主的、说服的方法……”这20条建议简直就是为我而写的，我把这些建议当做了我当校长的行动准则。

总之，大师们深邃的思想和精辟的论断深深地影响着、改变着同时又树立着我的教育价值观、教师观、学生观。我把它们视为“圣经”，不仅自己读，还在全校倡导教师读。2001年，我购买了顾明远先生主编的《国际教育新理念》50本，发给研究生教师，并且筹建了鹿泉一中“希望教师培训学校”，请研究生班的教师先学习，然后结合自己的实践为学员讲，以这种形式组织教师专门学习教育理论，迈出了树立现代教育理念的第一步。

另外，“多元智能论”“建构主义”和“脑科学理论”等理论，使我对学生的认知活动发生了根本性的变化，也为我的一系列教育教学革新提供了思想和理论基础。所有这些，让我最终确立了“立足师生幸福，培育学生梦想”的办学愿景和“做有个性的校长，创现代化的学校”的教育理想。

（五）推进教育公平

学校在新时期得到了飞速发展，班级由原来的6轨变为8轨再变为12轨，最后变为20轨，但仍然不能满足全市人民对优质教育的追求。教育公平和公正已不再是学生有没有学上的问题，而是能否满足全市人民对优质教育资源的追求问题。由于原来的校园已经很难再扩充发展，新校区的建设已迫在眉睫。

2004年开始的新校区建设，是我人生中最艰巨的任务之一。建设前期的可行性论证、土地征用、功能布局、图纸设计、资金筹措，以及施工队伍和监理队伍的招标等任何一项工作，对一个普通教师出身的校长来说都是陌生的，更不用说建设过程中的建设队伍管理、工程变更、进度要求、质量保证、安全生产以及建设资金的合法使用了。这些工作涉及部门广，程序严格，政策性强，时间限制多，许多事情有时不论大小，只有校长亲自出面才能办成。为了保证建设工程的顺利进行，我先后与省、市、县几十个职能部门沟通，和上至国家级机关管理人员下至寻常百姓打交道，克服了难以想象的困难，完成了开工前的各项准备工作。2005年，新校区破土动工，一个占地近300亩、投资超亿元、建筑面积近12万平米的现代化校园于2006年8月正式投入使用。

新校区是我特意请了清华大学建筑设计院设计的。新校园设计理念先进，造型独特新颖，功能完备，设施齐全，与山形地势巧妙组合，充满了人文关怀和艺术魅力，为学校的长远发展奠定了良好的物质基础。

20年来，我就是这样在思考中不断实践，又在实践中不断思考，在不断的学习、思考、实践、反思、发现、补充和完善中，逐步形成了自己的办学思想和办学风格，使我逐步从以“抓事为主”，发展到以“抓思想为主”，从“行政领导”转变为“思想领导”。我自己在一步步向着“思想者”迈进，不断地向着实现自己梦想的目标努力探索着。

回顾我所走过的教育道路，从一个“草根教师”逐步成长为一所有特色的重点中学的“现代校长”，我心中充满了深深的感激之情。我的成长得益于教育这块沃土的滋养，得益于教育大师对我的启蒙和指引，得益于上级领导的支持和帮助，得益于广大师生对我的理解和支持，当然，也与我自己的努力分不开。抚今追昔，展望未来，心中升起的那个声音始终如一：敢为人先的本性，我不会改变；历史赋予的责任，我将在开拓中完成。

二、探索者的勇气——新课改　新长征

法国著名生物学家法布尔曾做过一个有趣的实验。他把一群毛毛虫放在一个盘子的边缘，让它们一个跟着一个，头尾相接沿着盘子排成一圈。于是，这些毛毛虫便开始沿着盘子边缘爬行，每条都紧跟着前面那一条，既怕掉队，又不敢单独行动，它们连续爬了七天七夜，终于因饥饿而死。而盘子的中央就摆着它们爱吃的食物。

这个实验蕴含着深刻的哲理。毛毛虫的悲剧告诉我们，当我们迫于群体压力时，因循的习惯就会控制我们的思维，使我们不敢越雷池半步，从而导致盲从和怯弱。目前的中小学教育在升学压力下，大多是“只见应试，不见教育”；只有“成功”的学生拿到大学的入门证，其他学生则陪上了三年青春。如果我的学校也这样，作为一校之长，我不敢面对他们，也无法向自己交代。

“林中有两条路，一条是宽阔平坦的大路，另一条是蜿蜒崎岖少有人走的幽径。我选择了人迹罕至的那条。”华兹华斯这句充满哲理的诗句常常在孤独和黑暗中给我勇气和力量。在鹿泉一中工作的20年中，我带领着学校教师，披荆斩棘，不断创新，一步步迈向教育的理想之地。

（一）课程整合：吹响改革号角

1995年我校高考走出低谷后，升学率连年上升，到2000年稳居石家

庄全市17县（市）前列。但我知道，这些成绩的取得和前些年“时间+汗水”的教学模式是分不开的。看着一串串升学数字，我心里有一种说不出的滋味，高兴的同时，心里闪现的是教师疲惫的神态和学生布满血丝的眼睛。我内心非常清楚，这是师生几乎拼尽全部精力和体力才取得的成绩。教师加班加点地教，学生没日没夜地学，师生都很累很苦，整天挣扎在题海之中，经历着炼狱般的煎熬。学生只有死记硬背，缺乏灵动思维与发现创新。

经过认真的思考，我认识到我们的主要问题是没有充分把教学向学生开放，学生被动地学，教师也被动地教，重复、低效劳动过多。这是一种效率最低下的学习方式。

课堂效率低下的问题到了非解决不可的时候了，否则要想前进一步将难于上青天，因为师生的劳动强度几乎到了极限。我为教师们的辛勤奉献和学生们的刻苦学习十分感动，但作为校长，我应该用自己的责任和良知把师生从艰辛的教学中解放出来。于是我带领全体干部及各学科组组长等五十多人，两赴衡水、武邑，几出山东、山西，向兄弟学校取经。回校后反复讨论研究，最后终于明白了，要想提高课堂效率，就必须充分发挥学生的主体作用，实现学生的自主学习和自主发展。

于是我校在2002年吹响了加强课程整合的改革号角，开始了第一轮课程改革。我们把当时的课程整合为三个层次：

第一层次是高考课，分为新授课和自习课。新授课要求教师认真改进教学，提高课堂效率，学生先学教师后教，坚持启发式教学，把课堂还给学生，每节课至少有10分钟给学生自主学习。自习课分为学科自习课和综合自习课，学科自习课教师可以进教室辅导但不能讲课；综合自习课不允许教师进课堂，完全交给学生，供学生自主学习、自主发展。

第二层次是研究性学习、阅读课，外语听力课和传媒信息课，写字课等，为学生提供众多的自主学习的平台和资源。这些课完全由学生自主地通过多种渠道获取知识，丰富和完善课本教学内容的学习，充实学生的学习生活。

第三层次为活动课。每天下午第四节学生在学校安排下进行体育、文娱、社团、竞赛、兴趣小组、社会调查、心理咨询、科学实验等活动，为学生的全面发展提供空间和时间。

影响教学质量的因素很多，而教学最大的浪费和最大的潜能均在课堂教学主渠道。要提高课堂效率，就必须压缩教师授课时数，科学合理分配时间，明确各时间段的属性和要求，克服随意占时讲课、盲目印发练习等时间利用上的无序混乱状态，合理分配教师在时间上的“责任田”。

我校按照教育部的课程标准，严格控制和压缩各学科授课节数，例如物理过去每周4～5节，现在一律规定为3节（高一、高二年级），并且要求教师必须做到每节课先学后教、当堂训练，留下学生自学、巩固复习和练习的时间。教师把有限的时间和精力用在教学过程的关键处，在如何加强学生动脑、动手、动嘴、学会观察上多研究，指导学生主动学习和学会学习。

通过这次改革，我们用制度从教师的“嘴里”夺回了“灌”的时间，把它还给了学生。学生自主的时间多了，教师讲的时间少了；活动时间多了，学习时间少了，但成绩并没有下降。也就是说，我们用原来80%的时间投入，取得了原来100%的成绩，余下20%的时间让学生在其他方面获得了发展。

实践证明，我校进行的这场课程整合改革，改变了原来“满堂灌式”的“时间+汗水”的教学模式，转向了“关注学生自主发展”的“高效+创新”的新型教学模式。优化了学校各类教育资源的配置，为学生自主学习、自主发展搭建了平台，使素质教育得以落实，同时也使教育教学质量连年攀升，高考成绩“本二”以上升学人数，每年以近百名的速度大幅提高。我校在全市17县（市）中的排名也上升到第2位，实现了学校发展的新的腾飞。

尽管如此，还是有相当一部分教师在惯性作用下按照传统方法上课。改革的力度并没有达到预期设想，不过这可以算是课改的一个前奏，为以后更深入的课改埋下了伏笔。

（二）课堂改革：鱼和熊掌兼得

学生80%的在校时间是在课堂上度过的，要想使学生自主学习，自主发展，全面进取，张扬个性，就必须进行课堂教学改革，使学生真正成为学习的主人。目前在世界范围内基础教育的课程改革已进入新的历史阶段，其根本特征是以学生的发展为本。这也正是我们所要追求的教育梦想。我们希望学生在校快乐学习、幸福生活，同时为今后一生的发展和幸福奠基。升学率不应是我们追求的目标，它应该成为我们促进学生全面发展、彰显个性教育的一个结果。于是建构有效课堂教学就成为我们自觉的行动，成为我们的追梦之旅。

1.悬在头顶的达摩克利斯之剑

2002年，我们通过整合课型，以制度的形式，从教师嘴里夺回“灌”的时间，把它还给学生，变成了学生“学”的时间，给了学生自主学习、自主发展的空间。事实证明，这场改革意义巨大。但由于多种因素的制约，这场改革并不彻底。当时在我们大多数教师的教学中，满堂灌仍充斥于课堂教学中，造成了学生学习兴趣丧失，课堂教学效率低下，师生均背上了沉重的课业负担，成了“苦行僧”。课堂上违背教育教学规律的现象大量存在，严重制约着课堂教学有效性的提高。

学校对当时的课堂教学效果进行了抽样调查。结果令人震惊：部分科目有近2成学生连教师所教知识的一半也听不懂；6成左右的学生只能听懂6成左右；有近3成学生仅能完成教师所留作业的一半，有的学生甚至仅能完成2成到3成。总之，我们的教师和学生在课堂上的投入有相当一部分是低效甚至无效的。

学生上课听不懂，作业自然不会做。因此有的学生学习被动，有的学生丧失了信心，更多的学生失去了学习的兴趣和幸福感，产生了厌学、逃课的现象。有个别学生稍遇挫折就以不上学来要挟家长，甚至想方设法让学校开除自己。

经过分析后我们发现，造成这些问题的原因是多方面的，主要表现为以下几种：

第一，社会转型时期多元文化、多元价值观碰撞，造成了学生价值观的混乱和信仰的迷失。而我们的课堂教学知识关注多，而人文关怀缺失。

第二，初中课改养成了学生积极参与、敢于表达的习惯。他们渴望成为学习的主人，我们本应顺势而为，扬长避短，但由于教育理念的落后，我们却“弃长用短”，把自己当做了课堂的主人，让学生由主人变成了奴隶。

第三，由于招生规模扩大，综合素质基础相对薄弱的学生越来越多。课堂应该是学生全面发展、健康成长的乐园，而不仅仅是尖子生的领地，我们没有跟上这种变化。

第四，剥夺了学生思考的权力。“心之官则思”，思考是大脑的兴奋剂。剥夺学生思考的权力，无疑是给学生吃了安眠药。

第五，剥夺了学生体验的过程。没有体验，就不会有共鸣，就不可能产生建构，就不会和原有知识体系有机结合，因此也就不可能产生真正意义上的学习。

第六，忽略了书本知识和生活实际的联系，使得课堂教学抽象、干瘪，缺少生动鲜活的气息，失去了应有的魅力。

第七，忽视了课堂教学的有效性。有的教师生怕完不成教学任务，匆忙赶进度，不给学生充分体验的机会，不给学生思考的时间，不对学生的问题进一步启发诱导，一旦发现学生回答问题“脱轨”，就迫不及待“越俎代庖”起来。

第八，忽略了评价导向。没有适时适度的评价，学生就会迷失方向和目标，缺少激情和动力，难以和教师配合，致使课堂失去活力。

这些问题主要是教师和学生这两个课堂教学要素不和谐所致。社会发展和新课程改革让学生发生了很大的变化，我们教师却由于先进教育理念的缺失没有跟上这种变化。

调查发现，学生最讨厌教师脱离学生实际唱独角戏，照本宣科满堂灌。他们十分渴望能够参与教学，在课堂上发出自己的心声。从某种意义上来说，这也是我们学生在其他方面出问题的一个根源。年轻人精力总是需要释放的，如果他们的精力在学习中不能合理消费，其他方面不出问题就不正常了。

这个调查结果使学校领导和高一年级的全体教师大吃一惊，原来学生不好教、学生学不会的根本原因是师生在对待教学的态度上有尖锐的矛盾，这样的课堂当然是低效或无效，甚至是有负面效果的，因为它打击了学生的自信心，损毁了学生的学习兴趣和学习热情。

对学生学习现状的调查所得出的触目惊心的结果，使我们产生了强烈的忧患意识和危机感，使我们深刻地认识到了经过初中新课改的学生在向我们挑战，我们不进行改革，总有一天会被学生轰出课堂。一句话：不改革就等于坐以待毙！我们回顾了学校的发展历史，缜密分析了我校的学生、师资现状。从学生方面来看，我们的学生是初中课改学生，他们的特点，为我们改革提供了必要的条件；从教师方面看，经过几年的理论学习和不断探索，我们有了充分的理论准备，也积累了一定的经验，时机更臻于成熟。经过热烈的讨论后，我们下定决心彻底改变这种状态，改革课堂教学，建构有效课堂。

2.不做“毛毛虫”

2001年秋，鹿泉市被确立为河北省唯一的国家首批课改实验区。2004年，首批初中课改新生进入高一，在全省当中我校是唯一的一所接收初中课改新生的高中。我们在没有专家指导，没有政策支持，没有同行交流，没有经验借鉴的情况下接收了这批新生。在改革不延续、课程不配套、教材不衔接的情况下，我们独自上路，开始了新时期教育的新“长征”。

我校在接收这批学生的时候做了相当充分的准备，我们提前研究了初中新旧课本。河北省的高中当时用的还是旧教材，但是初中教材已经改了，很多高中旧教材中要求初中讲的知识初中新教材中都衔接不上，所以我们下了大力气来研究，初中新旧课程中内容上有哪些不同。我们专门制订了计划，给高一新生用一个月的时间，把初中应讲而没有讲的内容加以弥补，并根据课程的特点做了一个系统安排。

然而当初我们没有想到，这届学生与原来的学生相比，发生了很大的变化。在补知识的过程中我们发现，掌握同样的内容，达到同样的要求，需要付出成倍的努力，才能勉强达到原来的效果。经过深入调查后我们才知道，学生的基础知识差，不只是因为教材内容少、难度要求低，更重要的是对新课改精神实质把握不准所导致的操作失误——过分追求过程而不关注结果。而且学生的学习习惯是动有余、静不足，爱动口、懒动手，不关注结论，思维浮浅。

这批学生进入高中的第一次联考，就给了我们来了一个“下马威”，我们遭遇了从未有过的“滑铁卢”。在五县联合体中我们学校的数学、物理、化学排名倒数第一或第二，这在我校的历史上是从来没有过的。

只要升学率，学校没明天，但没有升学率学校就活不到明天。现实要求我们不得不先过应试这一关。我们制订了各种措施，凭借管理优势和教师的整体素质，编写教材，强补知识，改变习惯，包括计算、记忆、背诵、记笔记和思考习惯等，力求使这些课改生适应教师的教。一年之后，成绩上来了。但与此同时，我们付出的代价也是非常大的，教师用比平时多几倍的努力才换取了和以前一样的结果。学生苦，教师累，而且最严重的是学生以前的灵性都丧失了，而课改以前的学生是不存在这样的问题的。

就这样，几年课改取得的进步被我们用一年的“辛勤努力”抹去了，转了一圈之后，我们尴尬地发现竟然又回到了原地。

这样的结果使我们的内心产生了极大的震动。面对初中新课程改革，我们应该怎么办？这是我们作为首批接收初中课改生的学校必须要回答的问题。

那段日子我的内心非常痛苦，社会的、学校的、教师的、学生的、家庭的各个方面压力和矛盾，还有我自己眼前利益和长远利益的取舍，在我的内心拧成一团。有时刚睡着就醒了，有时则彻夜难眠，眼前晃动着“毛毛虫”的影子。

我陷入了深深的思索。教育的价值在哪儿？高中教育是“以校为本”还是“以生为本”？是面向“尖子”还是兼顾全体？我们的教育到底应该为学生准备些什么？这些问题成了我和其他领导之间的日常话题。我们对现状进行了认真分析，发现实际上我们现在接触的学生，学习方式已经发生了改变，学生喜欢参与到学习中来，而不是坐在那里听教师讲。面对学生的这种变化，如果教师不主动改变教学方式，必然会导致教师与学生间的矛盾，所以需要改的不是学生，而是教师！

然而改变教师谈何容易？结果谁又能预料？当时我们新课改探索的过程是非常艰难的，特别是考试成绩方面给我们带来了巨大压力。我爱人是鹿泉市教研室的副主任，在我们课改的初期我俩意见就不一致，她最担心的就是考试成绩是否能提高，有没有把握改革成功，学校的发展是否会因为课改受到影响。但是我想，课改终究需要有学校去做，我们学校愿意承担这样的一种探索，因为我们是国家第一批初中课改县试点，我们学校有“第一个吃螃蟹”的责任。因为观点不一致，我和我的爱人经常发生矛盾，后来我们的思想逐渐统一了，实际上我们发生争吵的过程也是认识逐步提高的过程。

经过深刻的思考和交流，我毅然远离了“毛毛虫”。在一部分人的反对、质疑和担忧声中，2004年，我们下定决心启动第二轮课程改革，开始了以“把课堂还给学生”为核心的“八环节”学案型课堂教学改革，带领教师走一条既要升学率，又要学生全面发展，鱼和熊掌都不丢的路。

2006年，我们成立了课题组，承担了河北省规划办的“新课程背景下普通高中教学有效性研究”的课题，请教了中央、省、市三级教科所，跑了4省10市13个学校，经过近半年的努力，构建了具有我校特色的“八环节学案型教学模式”，2007年5月在06级30个教学班全面实施。

关于“课改”的共识是相对容易达成的，但是在推行时我们学校内部产生了分歧。一种意见是建立实验班，在实验班内推行改革，逐步积累经验，取得经验后再推广，因为高中面临巨大的高考压力。这种意见不是没有道理，升学率是高中的生命线，如果没有升学率，学校的生存都成问题，升学率一下降，当年的招生马上就会受到影响，学校的整个发展过程就会发生急速变化，所以这是个稳妥的办法，是有道理的。但是反过来讲，学校所有人都参与课改，容易达成共识。如果只是少数人进行课改，我们的课改就成了少数派，遇到困难就会成为不进行课改的借口，课改也就失去了动力，使我们的课改难以为继。

所以我们当时决定，所有班级全部同时进行课改，这样我们学校的发展就没有了退路，只有前进这一条路。正所谓“破釜沉舟”“置之死地而后生”。这时候大家面临的问题是共同的，需要共同克服困难，这样就形成了一种文化。大家面临共同的问题和困难，就会齐心协力，同舟共济，共同克服，共同建构，这样更有利于形成新课改文化“场”。

在这个过程中，我们遭遇过失败，受到过挫折，师生中出现过畏难情绪。如何看待新课改这一新事物？怎么面对新情况、新挑战？对作为校长的我是一次严峻的考验。我明白新课改是实施素质教育的核心，势不可当，新课改会为学校的办学思想注入新的内涵，所以我们必须尽快抓住初中新课改给我们带来的有利时机，变被动为主动，推动我们自己的教学改革，以适应新课改带来的新的教学方式和学生学习方式的变革。因此我坚持认为，这一届课改生对我们来说既是挑战，也是机遇，我们应乘势而上，去实现教育教学新的跨越式发展。

新课改的理念是“为了中华民族的伟大复兴，为了每一个孩子的发展”。孩子的发展靠教师，教师的发展靠学校。学校不仅仅是教师教书、学生学习的地方，更是师生精神生命共同成长的地方。当教师在工作中获得幸福和快乐时，他们才能输出幸福和快乐给学生。只有当学校真正成为师生自然生命和精神生命健康成长的幸福家园时，学校才会真正得到发展。想到这里，我深深地感到自己身上责任的重大，但我也明白我必须完成这一任务，必须不懈地努力为师生创造幸福的工作和学习环境。

作为教育的实施者，我们应该促进学生的全面发展。高中阶段是世界观、价值观形成的时期，是富于梦想的时期，我们所有的梦想、理想大都是在高中阶段产生的。如果不能给学生提供良好的环境，就是我们教育的缺失，就没有按照教育的规律和要求去办教育，也与我们学校的办学理念和“立足师生幸福，培育师生梦想”的愿景相悖。所以我们开始下决心来改变教师的教学行为，去适应学生的变化，促进学生的发展，帮助他们实现自己的梦想。

在这一思想和新课程理念的指导下，我带领全校师生经历了艰难曲折的奋斗过程，成功开展了“八环节学案型教学模式”的探索。这一轮课改与上一轮课改不同之处在于，它以“人本教育、全面发展”为指导思想，以改革课堂教学模式为切入点，运用系统论构建了模式，以学生自主、合作、探究为主要学习方法，促进师生共同发展，实现新课程三维目标和高考目标的有机统一。

“八环节学案型教学”将备课、上课的八个环节融为一体，通过确定目标、转化问题、设计检测、完成预案、学生自学、展示交流、师生总结、巩固拓展八个环节，将教案一分为二，变成学生学习的“学案”和教师教学的“预案”，将学生的学习建立在自主学习基础之上，充分发挥学生的主体作用和教师的主导作用，大大丰富了教师“教”的内涵。实现了教育价值观的转变，构建了师生和谐的课堂文化，整合了资源，避免了浪费，提高了课堂效率，促进了教师的专业化发展。

“八环节学案型教学模式”彻底破除了教师为中心的教学体制，确立了学生在教学中的主体地位。通过确立目标、转化问题等八个环节（或模块），固化了备课和上课程序（课改之初非常必要），基本化解了初中课改新生和传统高中教学之间的矛盾，为高中实施新课程提供了有益借鉴。

成绩下降怎么办？这是我们进行课改最大的顾虑。当时我们想，既然我们已经认识到了课改的必要性和科学性，就应该义无反顾地坚持走下去。课改以后师生面临的困难肯定要比平时多许多，要解决这个问题，就要通过我们的思考和创新，不断提高自己。

从系统论上来讲，有了投入，有了我们课改过程中的科学性，那么产出就是必然的。所以我们预期成绩应该是上升的，即使成绩暂时有所下降，我们换取的是教师的成长和学生的发展，因为把课堂还给学生以后，我们得到的将是有生命力的课堂。八环节学案型教学模式也能体现这个过程，八环节中前4个环节是给教师的，后4个环节是给课堂的，其中课堂环节中有3个环节是涉及到学生的，这样就保证了学生的主体地位，这样的课堂必将是丰富多彩而有生命力的。

2007年8月在我校召开的“河北省普通初中、高中教学衔接工作研讨会”上，“八环节学案型教学模式”获得与会专家和校长、教师的一致认可和好评。

三、走向新的旅程

（一）从面临夭折到深入人心

“八环节学案型教学模式”在06级师生中实验取得了较好的效果，教学效果和教学成绩了取得了较大的进步。于是2008年学校决定将这种教学模式向07级（高二年级）推广。为此学校完善了领导干部听课制度和领导干部定期的教学研究会制度，力图在全校推广“八环节学案型教学模式”。

刚开始，与我们的愿望相悖的现象出现了，我们通过听课和向学生了解情况，发现了许多问题，有些教师表面上施行八环节教学，而实际上还是满堂灌；有些老师课堂上给学生把学案发下去就让学生自学，自己就没事了；有些教师机械地执行八环节，上课发了学案十几分钟后对学生说：“下面分小组讨论15分钟”，15分钟后让学生代表说说讨论的结果，然后老师讲几分钟，再检测5分钟，课堂呆板没有生气。

我们还发现了“两张皮”问题：有考核的时候，有的教师会按照上课的4个环节不折不扣地进行，但操作机械化；而在没有考核或没有领导听课的时候，大多还是以讲课为主，即使正课不讲，学科自习时也要讲。此外，有时个别教师上课时的学案写的是一套，应对检查时拿出来的是另外一套。

为什么会出现这样的现象？

经过深入调查分析，我们发现，这种现象反映出来的问题不是教师没有先进的教育理念，而是我们的课改实施的过程违背了新课程的理念。新课程理念认为，知识是要通过自己的亲身体验，经过自己的建构，才能变成自己的东西。06级的实践是06级全体师生共同参与创造出来的经验，对07级来讲，这些经验不过是理论层面上的东西，变成实践必须经过自己的体验和构建。正如一个人从出生后总要经过爬行阶段，才能过渡到学走路，学跑步。没有爬行阶段，想要一个人从出生后就会跑步，那是违背自然规律的，也是不可能的。我们只有通过体验才能形成自己的认识，而我们人为地把这种建构的过程取消了。没有建构就不会有教师发自内心的改革。

这个经验告诉我们，在课改的过程中，不能够跨越的阶段就不要跨越，要认真对待每一个初级阶段。所以在建构的过程当中，遭遇挫折，面对失败，克服困难，是我们在整个课改过程中必须经历的，因为只有在遭遇挫折、克服困难的过程中，我们才能形成更多的能力，我们才会有体验式的成长和发展，才会有所谓的“螺旋式上升”。

这一阶段的探索，是我们反思最深入、收获最大的重要时期。这一阶段的实践使我们深刻认识到，和学生一样，教师也需要不断地通过知识的建构来丰富自己的思想认识，他们对于有效课堂的理解和认识，也要用建构主义的学习理论来完成。因此我们必须给教师建构有效课堂的阶梯，使他们逐步成长起来，这就需要加强校本学习和校本教研，不仅解决理念问题，更需要进行操作层面的建构。

首先，我们采用了以课堂观察与评价的方式促进教师改变教学。我们发动教师多听课、多进行研讨课，在课堂上要求教师以多方向、多角度、多层次去观察课堂，观察学生的一举一动，学生学习的每一个细节，观察教师教学行为的各个环节，然后对教学和学生学习做出多角度、多方向、多层次的评价，从课堂观察中得出什么样的教学才是有效的和高效的，什么样的教学是应该摒弃的，进而转变教师的教学观念。

与此同时，我们还定期让教师写“课堂观感”。教师可以观察课堂当中最令其感动的教学事件。开始的时候一半以上的教师是抄的，理论性的内容很多，让我们感到着急和无奈，但另一方面又感到这是一种财富，因为毕竟教师们在学习，虽没有实践基础，但有了理论的基础。为什么教师要抄，就是因为眼中还看不到学生，看不到课堂上的活动，所以就写不出令人感动的事情。后来我们让他们再写一周再来看，就看到了他们的成长。不久就不再有教师抄作业了，因为他的眼中有了学生，有了课堂，有了对课堂教学的关注，有了对学生的感情……经过一段时间，教师就抓住了课堂改革的实质——关注学生是中心，关注学生学习的课堂才是有效的课堂。

其次，我们还利用建构主义的学习理论指导教师的学习，我们借鉴了“八环节”的教学形式，这就是我们的“建构式校本培训”。教师几人一组，每个小组先学习一种“教学模式”。通过教师自学、小组讨论、年级教师会交流展示、质疑答疑、反思提高等五个环节，把我们八环节教学模式搬到了教师学习上来，收到了很好的效果。

通过加强教师校本培训，有许多教师认真学习了“八环节学案型教学模式”，开始自觉地去探索课改了。我们通过论文交流和专题演讲比赛来让他们展示自己的心得，展示自己的专业发展，使全体教师认识到教学不改不行。从此“八环节学案型教学模式”开始深入人心，开始变为全体教师自觉的课改行动。

我校的新课程探索，让我们完整而清晰地体会到，落实新课程理念的过程具有多元互动、实践体悟、自主建构、螺旋式渐进的特点。

当我们认识到“课改”的过程是一个自主的过程，是一个建构的过程，是一个不可跨越的过程的时候，我们就坚定不移地追求起课改了。

回顾这场改革，今天我可以自豪地说，我们的改革不是因为行政压力，而是因为内在需求和认知的觉醒。虽然我们的步履依然蹒跚，路上依旧困难重重，我们的工作还有许多不足，但我们会坚持遵循理论学习与实践感悟两条腿走路的方法，用新的课程价值观唤醒教师，用一点一点的操作，慢慢地化解教师的疑虑。让教师们在培育学生梦想的同时，成就着自己的梦想，实现着学校的教育理想。

（二）迎接新的挑战

“八环节学案型教学模式”的实施，犹如在平静的水面上投下一块石头，激起了教师们的研究热情。教师们针对“八环节学案型教学模式”在实施中遇到的一系列问题开展了卓有成效的研究。例如：针对展示交流形式单一的问题，创建了“八环节多形态有效课堂”；针对转化中学生不喜欢的问题，提出创设问题情境的对策；针对教师培训问题，创建了“建构式校本培训”模式和“以课堂观察为基础的校本研讨课”模式。另外还首创了用“四色笔书写学案”的方法，使“八环节学案型教学模式”更加充实、丰满、富有内涵，成为高中新课程有效教学比较成熟的模式之一。

为了丰富教学方法，增强教学的灵活性，我校全体教师学习了“十种教学模式”，即开放式教学、对话式教学、互动式教学、探究式教学、问题式教学、合作式教学、自主式教学、参与式教学、体验式教学和生成式教学。这10种课程形态并不是独立的，而是互相渗透，互相联系的，其实就是学生展示交流环节的10种方法。针对不同学科、不同课程内容、不同教师、不同班级在教学中都可以个性化地选用其中一种或几种，来指导学生的讨论和展示交流。

单一的模式和形态不可能适用所有的学科、所有的课程内容、所有的教师和所有的班级，因此，具体问题具体对待、具体解决，应该是有效课堂的灵魂。由此，在原来“八环节学案型教学模式”的基础上，我们融汇了结构性学习理论和十种教学形态，进一步提出了“八环节多形态课堂教学”，使得我们在有效课堂的建构上又向前迈进了一步。

2009年，以“八环节学案型教学模式”为主的一组创新成果荣获“河北省教学成果二等奖”。2009年6月29日《现代教育报》以《探索者的脚步》为题做了专题报道，同时，《中国教师报》以《鹿泉一中：闯关高中新课改》为题对学校的新课程改革进行了报道，在全国产生了一定影响。

2009年8月，我校承办了中国教育报刊社主办的“首届全国高中新课程有效教学专题研讨会”，教育部和中央、省、市教科所及其他来自全国18个省市的专家代表近800人参加了会议。会议全面展示了我校的课改创新成果，受到了教育部、中央教科所各专家的肯定和好评。会后，省内外兄弟学校不断到我校交流研讨，促进了我们研究工作的深入开展。

教育部第41期全国高中校长研修班考察鹿泉一中

2009年秋季，河北省所有高中都开始实施新课程。由于我们有了比较成熟的教学模式，教师们有了一定的经验，大大提高了新型课堂的驾驭能力。当其他学校在经历着我们开始经历过的困难的时候，我们已经比较从容地进行着校本教材编写、校本课程的实施、综合实践活动的开展以及学生社团的完善等项目了。

我们在按照新课程标准开全开足了所有课程的基础上，为提高课堂活动的针对性，又进行了“师生共备”的研究工作；针对学生“什么道理都懂，就是管不住自己”的情绪化特点，借助课题研究，开设了旨在提高学生情商的“学生自主管理”校本课程。我校被确定为河北省高中新课程改革样本学校。2010年6月，我校第二次承办了河北省教科所新课程改革研讨会。

生命是在自主中发展的，自主是在选择中实现的，选择是由兴趣决定的，而兴趣是学生学习的最大动力，也是学生最好的老师。因此新课程的“国家·地方·学校”的三级管理体系和“领域·科目·模块”的编排结构，突出了方便学生选择的特性，既顺应了生命发展的本质规律，又是激发学生学习激情的手段。高中新课程改革的这一大亮点，为学校的特色发展创造了前所未有的机遇，同时也带来了前所未有的挑战。

然而应对这一挑战却绝非易事。首先要为学生提供足够多的内容丰富的选修课，没有足够的数量就没有选择性可言。因为一个人的兴趣不可能广泛到所有的科目都选修，再加上高考的影响，选修Ⅰ的22学分，学生往往在有限的科目内选择自己擅长的、感兴趣的模块学习。因此在科目内，学校必须为学生至少提供2：1或3：1甚至4：1的选择空间，如果是3：2或者是4：3甚至是5：4，那就和必修没有多少差别了。还有选修Ⅱ的6学分，再加上为学生提供修满144分之外的选修模块，这对没有一定实力的学校而言，是具有相当难度的。

最困难也最关键的问题是，提供了数量不等于就实现了选修，更重要的是制订科学合理的实施方案。选修的实现需要许多因素，学生要选内容，选教师，还要有学生能够选修的时间和能容下学生的场地。时间、地点、学生、教师、内容五个要素有一个安排不对，选修就会落空或流于形式，甚至造成巨大的浪费。此外，还有必修课模块跨年级学习时间的选择，选修课性价比的优化等问题。一句话：新课程选择性实现的条件是，要在适当的时间、适当的地点，选用适当的教师引领适当的学生学习适当的内容，而决不能像美国五星上将布雷德利说的“在错误的地方、错误的时间和错误的对手，打一场错误的战争”。因此选修课程方案的编制、课表的编排，以及实施走读班教学学习后的学生管理等问题，对学校管理者的智慧和水平都是一个严峻的考验。

尽管这是一个艰巨的挑战，我们依然迎难而上。明知山有虎，偏向虎山行。目前，我们的选修课实施方案正在积极修订和实施完善之中。

相对于课改的漫漫长路，我们只是刚刚起步。回首过往，我的心中充满了感动和幸福。这条课改之路充满了荆棘和坎坷，当时在全国范围内，还很少有人走过，特别是在高中阶段。在人们的质疑和反对声中，我常常想起安徒生描绘的那条光荣的荆棘路，它仿佛在远方静静地召唤着我，于是，我的心中就充满了继续前行的勇气和力量。

第二部分

共同演绎课堂的精彩

鹿泉一中学生在班级内交流

把课堂还给学生，让课堂充满生命活力；

把创造还给教师，让教育充满智慧挑战；

把精神生命发展的主动权还给师生，让学校充满勃勃生机。

——叶澜

曾经听过这样一个故事：一位西方国家的学者到当地一所学校去，用粉笔在教室的黑板上轻轻一触，黑板上就出现一个小白点。然后他问学生："这是什么？"孩子们十分活跃，争先恐后地说："这是天上的星星，这是路边的石子，这是小虫子，这是树上的甜果……"由于他们丰富多彩的想象而有了各种各样的答案。而在我们中国的教室里，同样的动作、同样的问题却引起全班学生一片茫然。在教师的追问下他们才齐声答到："这是粉笔点！"教室里没有一点杂音，和国外的学生形成鲜明的对比。这位学者继而说到："当今世界有两类国家，一类是躯干国家，只有身体，脑袋靠别人；一类是头脑国家，也就是它们有很强的创新能力。而你们中国就属于那类躯干国家，要想发展，必须依靠头脑国家。"

故事虽不中听，却道出了一个让人无法回避的残酷现实：我们国家的发展受制于人。21世纪的竞争关键在人才的竞争，人才的培养靠教育，而教育的主渠道是课堂，要适应社会发展的需要，课堂就必须进行改革。

课堂是学校整个教育教学活动的中心舞台，无论是对教师还是学生而言，课堂教学都是他们生命历程中的一段重要经历。因此必须唤起我们的教师，让他们和充满青春活力的学生们一起，共同演绎课堂的精彩，将课堂构建成一个美好的精神家园。

课堂教学改革是新课程改革的核心。新课程顺应了时代发展的需要，彻底扭转了传统"应试教育"的弊端，以培养学生健全个性和完整人格为目标，构建了符合素质教育要求的基础教育课程体系。

我们的"八环节学案型教学模式"正是秉承新课程改革的理念，为适应新课程改革而做出的积极探索。

温家宝总理指出："其实教学不光是课程的改革，应该是整个教学的改革，课程是其中的一部分，而且是很重要的部分。现在，在教学中我们比较注重认知，认知是教学的一部分，就是学习。在认知的方法上我们还有缺陷，主要是灌输。其实，认知应该是启发，教会学生如何学习，掌握认知的手段，而不仅仅是知识本身。学生不仅要学会知识，还要学会动手，学会动脑，学会做事，学会生存，学会与别人共同生活，这是整个教育和教学改革的内容。……有些东西单从教师那里是学不来的，就是人的思维、人的理想、人的创造精神、人的道德准则。这些，学校给予的是启蒙教育，但更重要的要靠自己学习，学和思结合，行和知结合，对学生来讲非常重要，人的理想和思维，教师是不能手把手教出来的，而恰恰理想和思维决定人的一生。这不是分数能代表的，教学改革就要回到学、思、知、行这四个方面的结合，就是要学思联系，知行统一。我一直信奉这样一句话：'教是为了不教。'"

温总理的这段话精辟地阐释了教育教学改革的要旨，而我们的"八环节学案型教学模式"与温总理的教改要求是完全一致的。它不是一时应景的权宜之计，而是我校为应对新课改而创设的一种符合新课改理念的教学模式，是每位教师必须进行的改革。

我校经过对课堂教学问题的深入分析，到外地考察、多方求证、集体研究、反复讨论，最终提出了"八环节学案型课堂教学模式"。其核心框架包括教师课前准备四个环节：确立目标、转化问题、设计检测、完成预案；课堂实施四个环节：学生自学、展示交流、师生总结、巩固拓展。

这是我校历史上首次重大的课堂教学改革，目标是把课堂还给学生，彻底改变长期以来"教师讲学生听"的模式。这次改革标志着我校办学理念的一次重大改变，教与学关注的重点从学习知识变为学生全面发展。

"八环节学案型教学模式"没有成型的套路，没有现成的经验，完全是一种崭新的教学模式，它是与千百年来的灌输式教学完全不同的教学模式，是对旧的传统教学模式的挑战，是对符合素质教育要求的教学方式的一种探索和创新。

一、八环节学案型教学模式

（一）结构框架

"八环节学案型教学模式"用学案和预案代替了教案，力图实现"备课与上课一体化、教与学一体化"。它以"学习周期"为基本时间单位，整合了过去的课时，将一个主题学习周期切分为八个环节，分别是确定目标、转化问题、设计检测、完成预案、学生自学、展示交流、师生总结、巩固拓展。其中前四个环节是教师备课阶段，后四个环节是课堂教学阶段。

本模式的结构框架如下图所示：

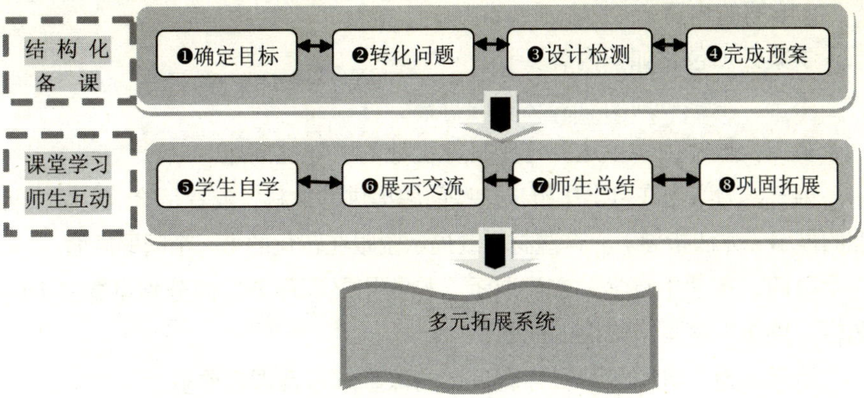

“八环节学案型教学模式”结构框架图

前四个环节是结构化备课阶段，其中“确定目标”“转化问题”“设计检测”三个环节是制订学案的过程，此过程中确定的“目标”、转化的“问题”和设计的“检测评价题”是学案的内容。后四个环节为课堂学习实施学案阶段。这个教学模式是一个比较固定、相对闭合的程序，一个学习周期内几个环节必须要有，顺序固定，周而复始。学习周期就是完成一个相对完整的主题单元学习任务所需的时间。学习周期因人、因内容而宜，可以是一个课时，也可以是几个课时。一般情况下，程序的几个环节在学习一个主题单元的过程中应有一个完整的体现，但不一定在每节课中都体现出来。一个环节可以是一节课，可以是几节课，也可以是几分钟。每个环节有特定的任务和学习方法，不能随意改变。

（二）制订学案

1.学案是什么

学案是学生学习的纸介方案，是教师在充分把握考纲、教材知识点、全方位考虑学生实际情况的基础上，为学生量身订做的自学、课堂展示交流、当堂练习、课后巩固的“学习凭借”。

学案是教师为学生在本学习周期学习（包括课前自学、课堂交流、课堂及课后练习）预设的一个流程或执行程序。

学案中的各个环节顺序应该和学生在本学习周期的学习顺序基本一致，一般不能随意改变，因为周期内各环节的顺序有时间前后和内在的因果联系。当然，有时也可以根据自己班里的特殊情况做适当调整。

2.学案的内容

学案必须包含如下内容：

第一，本学习周期所要达到的目标。

第二，教师为学生达到这些目标设计的引导性问题。

第三，为学生在自学中解决这些问题提供的材料，或者是给学生解决问题的提示（方法指导）。这些材料或提示紧跟在转化的每一个问题后面。

第四，在学生自学、交流展示、检测拓展等环节后面分别设置三个问题栏，供学生填写未解决的问题。

第五，为了巩固学习目标所设计的课堂练习及课后作业。

3.为什么要制订“学案”

为什么要制订学案呢？原因如下：

首先，增强计划性。学案是提醒教师在制订学案的过程中，时刻想到学生的学习情况。同时，也是为了在课堂上时刻提醒教师和学生按照基本的计划和思路走，因为学案是整个教学周期的一个执行程序。有了这个程序，可以从一定程度上减少盲目性，从而避免课堂浪费。

其次，落实“先学后导”的思想。我们过去在教学中都特别重视预习。预习的主导思想还是以教师“教”为主。我们在转变基本的教育教学理念的基础上，把预习称为“自学”，在上课之前先自己学习。孔夫子的“启发式”学习，其实质是“先学后导”的思想。“愤、悱”状态就是“先学”的结果。这种思想从两千多年前提出来至今，一直被当做教育教学的指导思想。我们现在的“八环节学案型教学模式”是学生自学的技术性操作，是“先学后导”思想的具体化。学案解决的是怎么让学生“先学”的问题，制订学案就是学生“先学”的具体操作方法。

再次，可以使教师在备课阶段确立的目标更加固定和明确。学案可以使学习目标更加具体，容易让学生明白，使学生学习更加有章可循，使学生自学过程效率更高。

最后，学案是集体智慧的结晶。学案必须经过集体备课而产生。只有这样，才能信息共享，智慧共享，经验和知识共享。也只有这样，备课组内新老教师才能优势互补，甚至性格脾气互补，从而使学案达到最好水平。

4.制订学案时的追问

制订学案时，必须有如下追问：

为什么确定这个目标？理由是什么？

为什么设计这样的问题？

为什么这样设计检测？

如果能够找到这样做的正当的、合适的理由，就确定下来；如果找不到正当的理由，就重新确定目标，重新设计问题，重新设计练习……正是在不断地自我追问，不断地更换选择中，才能最终确定自己认为最为恰当的选项。

在设计检测、课堂交流、教师总结及课堂练习的过程中，都要有类似的追问。这些思考，都是围绕着如何使学案使用更加有效、学生课堂学习更加顺利而展开的。

5.怎样使用学案

使用学案要注意以下三点：

第一，学案和课堂导与学程序的实施过程一致，是保证课堂有效性的关键。严禁上课脱离学案。

第二，必须在课前把学案发给学生，让学生先自学。这是学案使用中一个非常重要的环节，经过这个环节之后，才能进入课堂展示交流环节。

第三，学案要妥善保存，以备复习。

（三）“八环节”

1.确定目标

（1）确定目标是什么

确定目标是“八环节学案型教学模式”中的第一个环节。此过程中教师为主体活动者。教师在综合分析课程标准（教学大纲）、教材和学生情况的基础上，为本学习周期确立师生要共同达成的目标。

（2）确定学习目标有什么意义

确定学习目标的意义体现在以下五个方面：

第一，师生拧成一股绳，形成合力。

第二，使课堂教与学具有明确的指向性，不出现与目标无关的行为。

第三，激励学生学习的主动性，为了实现目标而积极行动，延缓注意力懈怠期的到来。

第四，为评价提供标准，使所有行为进入可评价范围，成为评价对象。有了评价的参与，可以促使目标完成。

第五，可以整合各种资源，避免浪费。

（3）新课程三维目标怎么理解

说是三维目标，其实是两个。“知识和能力”“情感·态度·价值观”是一类，是要达到的结果；“过程和方法”是另一类，是获取结果的方式、方法。

结果类目标可再区分一下：一个是学科目标，即知识和能力；一个是人文目标，即情感、态度、价值观。

过程目标是指学生通过交流、合作、探究实现其他二维目标的过程，是新课程教学整个流程必不可少的环节。严格地说这不能算是目标，但新课程把它提升到目标层次，使其进入了可评价而且必须评价的范围，使其地位得到了提升，功能得到了强化。

三维目标连贯起来可以是这样一句话：学生必须通过交流、合作、探究（过程和方法目标）的过程，学得知识（知识目标），同时形成各种能力（能力目标，包括学习能力、利用知识解决实际问题的能力、创造能力等各种能力），并且培养美好高尚的情感、积极的态度和正确的价值观（情感态度价值观目标）。

（4）知识目标和其他目标的关系是什么

首先，知识目标是基础，是能力、情感、态度、价值观生成或形成的依托；能力、情感、态度、价值观等目标是以学到的知识为基础，以学习知识的过程为中介想要达到的结果。学到知识不是终极目标，以知识作为中介，形成能力，培养美好情感、积极态度和正确价值观才是终极目标。但知识又是绝对不能少的，如果没有知识，其他的目标就不可能实现。从这个意义上来说，学习知识可以看做是一个手段，真正的目标是知识目标以外的其他目标。反过来看，其他目标的实现，可以反过来促进知识目标更加顺利地实现。

其次，过程和方法目标是实现其他目标的保证。如果过程和方法这个目标不能实现，则其他目标就不能实现。我们的学案本身就体现了过程和方法，即“自学——展示交流——检测——巩固拓展”。

最后，不同的知识目标会衍生出不同的能力、情感、态度、价值观。由于知识目标的不同，学习的过程和方法可能就不一样。有的适于探究，有的适于熏陶，有的适于锻炼毅力，有的适于养成严谨习惯，有的适于培养责任感……不同的知识可能需要不同的方法和过程，衍生出不同的第三维目标（情感、态度、价值观方面）。

（5）怎样确立目标

确立目标要注意以下问题：

第一，首先要熟悉国家《课程标准》，熟悉本学科知识体系，熟悉教材所包含知识点在整个学科知识体系中的位置，以及和其他知识点的关联，要准确把握住本知识点能够培养学生什么能力，以及对情感、态度、价值观有什么积极意义。

第二，我们确立目标是依靠集体备课来进行的，因此确立目标之前要熟悉教材。在集体备课之前，要求所有教师熟悉或基本熟悉教材知识体系。如果不熟悉，集体备课将变成听别人讲一遍，根本不可能提出什么不同的意见。

第三，确立目标之前要通过各种途径熟悉学生，或调查，或座谈。熟悉学生的现有基础，包括知识基础和接受水平等，充分听取学生意见。

第四，目标要明确。目标要明白，确定，不能模棱两可、含糊其辞，似是而非的目标让人无法下手。不仅教师要明确，学生更要明确。有的教师上课说了好长时间，学生还不知道这节课要干什么，要完成什么任务，实现什么目标，有劲也不知道往什么地方使，学生的精力难以集中。

第五，目标要具体。具体主要表现为可操作，学生一看就知道要怎么做。比如记住××，做××题，背诵××段。

第六，切忌笼统。比如预习××章节、掌握××章概念、背诵××单元单词、弄清××单元（篇章）文言现象等，此类目标形同虚设。

第七，将目标还原于生活，把目标放在具体的生活情境中，目标要转化成问题。问题设计尽最大可能贴近学生的生活实际，才能引发学生的兴趣和思考，激起探究欲望。

第八，目标要符合最近发展区。教育心理学的研究表明，每一个学生的成就动机与其过去成功与失败的经验有关。成功经验能增强学生的成就动机，失败则会削弱学生的成就动机。因此教师在设计教学目标时要符合学生的“最近发展区”，使每一个学生经过努力都能达到目标。

第九，确定知识目标要慎重，要认真，要下大力气。要善于挖掘出知识目标中的其他教育功能，以便在操作时有所侧重，这样会有助于目标实现。

2.转化问题

（1）转化问题是什么

转化问题是指把建构目标转化成适当的问题，为实现目标创设问题情境。这些问题的用途，既有引导作用，即引导着学生实现学习目标，同时对于学习能力较强的学生又是自学过程中的练习题。（如何更好地设问，详见本节第六部分内容“巧妙设问”）

（2）解决问题的提示

解决问题的提示是给学生解决问题搭建“小台阶”。打个比方，学生要上房，教师给一个梯子。提示的内容包括以下三个方面：

①提供参考资料。

就是根据需要，在问题的后面为学生提供一些参考资料。教师在备课的时候也需要参考许多材料，如果没有那些参考，有时也会不知道从什么地方切入解决所面临的问题，学生更是这样。他们面对教师所设计的问题，也需要一些参考资料，甚至还需要提示。有些问题，学生不是不能解决，而是没有参考资料。有了参考资料，他们在解决某些问题时，不一定就比教师差。我们给学生提供参考资料，就是根据对学生的了解，预测他们有了资料或者提示就能解决的那些问题，就给他们提供资料，给他们适当的提示，让他们自己解决。教师所有的知识储备、教参内容、需要教师讲解的必要的基础知识、教师搜集的有关资料，以及学生过去学过的旧知识等，都可以作为学生解决问题的参考资料。

②提供学习方法指导。

在每个问题的后面教师要提供本问题的方法或提示。

③提供的方式。

提供的方式需视具体情况而定。有的需要在学案中体现出来，有的可能在课堂交流中再给学生，可以是电子的，放在电脑上，在自学课上通过设备投放出来，还可以是其他形式的。什么时机交给学生，教师自己根据具体情况决定。

提供的资料可以是原汁原味的，也可以是压缩以后的精华，根据需要而定。这些知识，可能是学生在过去学过的，这样的知识需要教师帮学生回忆一下，通过“温故”而“知新”；也可能是学生没有学过的东西，而教材上也是没有的，这就需要教师在学生自学之前做必要的讲解，或者在学案中以适当的方式呈现出来。

有些教材上有相关的内容，可以直接使用，在学案上给学生提示出来，让学生“看××页××行”就可以了，不必要把书上的内容再打印到学案上。

（3）留下问题栏

问题栏是学生在整个学习周期没有解决的问题的记录，由学生填写。

问题栏中问题包括自学中不能解决的问题，小组内部交流探究后仍然没有解决的问题，班级内师生互动后仍然没有解决的问题，以及在以上过程中发现的新问题。

“八环节学案型教学模式”的学习过程，实际上是三个依次递进的层级。第一层级是自学，第二层级是小组探究，第三层级是班内交流。自学不能解决的问题，留待小组交流尝试解决；小组交流不能解决的问题，留待班内交流和教师点拨解决；第三个层次仍然没有解决的问题，由教师直接采用“讲授法”加以解决。

学生必须填写问题栏的理由如下：

首先，这是为交流过程中有话可说打下基础。问题是交流的重要内容之一，如果没有问题下一层级的交流就缺少了一大块内容。

其次，是为了使学生对自己什么地方存在问题、问题核心是什么更加清楚。有的学生和教师可能认为没有记录的必要，只是记在心里就可以了。这种想法是有一定的缺陷的。记录问题的过程，是把想法变成文字的过程，实际上也是学生思考、梳理、抓住问题核心的过程。如果学生的问题不能变成文字，只是记在心里，那他的问题就会存在不确定性和模糊性。记录过程是学生更加清楚自己的问题所在的过程，学生抓住了问题的实质，解决问题的指向就更加清楚，交流过程中就知道怎么问，别的学生或者教师讲的时候就更容易集中精力听。

最后，是为了方便教师了解学生自学结果，使课堂更有针对性，提高时间利用率，避免浪费时间和精力。

3.设计检测

（1）设计检测是什么

设计检测，就是出试题。它分为两类：一是课堂上用的练习题，二是课后用的练习题。单纯从课堂八环节来看，这里所说的检测，实际上是课堂练习；如果再加上课下时间，还应该包括课后作业，即巩固拓展性试题。

（2）为什么要检测

检测具有双重功能。

第一是反馈功能。经过学生自学和课堂上师生互动展示交流两个环节之后，学生的知识掌握基本上已经告一段落。那么，学生到底掌握得怎么样，教师必须要做到心中有数。对于学习效果不好的学生而言，通过课堂检测，就可以发现学生知识掌握上的漏洞，从而即时纠正补充。课堂检测是对个别学生进行指导的依据，也是下一个学习周期目标确立的基础。

第二是巩固功能。对于课堂学习效果比较好的学生而言，检测就没有意义了，其性质已经转变成课堂练习，巩固课上学习的知识。

（3）为什么叫做“设计”

“设计”有“预先制订且巧妙”的意思。其中隐含的信息还有“认真思考、精心制作”的意思。因为课堂时间是非常有限的，检测也好，练习也罢，必须精心设计，才可能有较强的针对性和科学性，才可能节省时间、提高效率。

（4）怎样设计

检测题属于学案的一部分内容，与学案产生的操作程序一样，先经过三人组或四人组研究，再放到大组内交流商讨，最后确定。

（5）设计检测原则

设计检测要遵循以下两个原则：

一是目标指向明确。设计检测的目的是了解学生本周期学习效果，巩固本周期学习成果，因此必须指向本周期目标。

二是难度、数量适宜。检测是需要本周期完成的，因此难度、数量是必须考虑的指标。检测既要能实现反馈目的，又要能起到巩固作用；同时考虑到学生能力水平和时间，数量要合适，要保证学生能完成。

（6）检测题层级

检测题与根据学习目标转化的自学问题大体上应该一一对应，分成三个层级，即基础、理解、应用。让“差学生”有事可做，“好学生”有发展空间。根据学科特点可以适当增减。

（7）检测题分类

检测题可以分为两类：

一是课堂上用的练习试题。这一部分试题是让学生在课堂上进行检测和即时练习使用的试题，有“趁热打铁”的功效。因为这是学生在学习了相关知识点之后的第一次运用。因此这些试题所含知识点相对而言比较单一，难度系数相对低一些，数量相对较少。

二是课后用的练习试题。这一部分试题实际上就是课后作业，是隔时练习，其功能属回忆巩固和拓展训练，因为有了课堂即时练习这一个“小台阶”，所以这些试题相对于课堂练习而言，所涵盖的知识点较多一点，综合性较强，难度系数相对要高一些。

（8）检测题发放及完成时间

发放时间：检测题是学案的一部分，随学案一起发给学生。

完成时间：从自学开始，一直到本周期学习结束的任何时间均可，只要学生有能力做。

理由：学习能力强的学生，有的在自学过程中就可能会做了，那就让学生做；学习能力弱的学生，有的经过小组交流就会做了，那就可以做；有的只有经过课堂师生互动、教师点拨后才可能会做，那就等点拨之后再做。并不是课堂练习只有在教师讲解之后的课堂上才能做，而在此之前不许做。学生能提前做了，留出的时间可以给别的学生做“小教师”，还可以再做其他的。

（9）设计检测注意的问题

与本周期学习目标无关的检测题禁止列入。

（10）检测题使用注意问题

最好是在本学习周期结束之前完成，这样才能保证教师当堂对检测中发现的问题进行即时处理。如果时间确实不允许，教师也可以收上来课下浏览。另外，在时间不足等特殊情况下，还可以和课下作业合二为一进行操作。总之，检测的相关信息，教师必须收集，方法可以多种多样。

4.完成预案

（1）预案是什么

预案是师生互动四环节实施过程的操作方案。包括在教学过程中可能出现的问题的预测，以及这些问题的处理方案。

（2）预案与学案的区别

学案回答“做什么”，预案回答 “怎样做与做的过程中可能会遇到问题怎么处理”。学案是学生用的，预案是教师用的。

（3）为什么要做预案

我们在制订学案的过程中针对学习目标设计了问题，这些问题是让学生在自学中、课堂交流中尝试解决的。解决的结果可能是多种多样的，甚至是千奇百怪的，尤其在课堂交流过程中，情况更是千变万化，有很多不可预测的情况，需要教师“随机应变”。

尽管如此，我们所面对的学生群体，具有大致相同的知识背景和认知水平的学生约占60%～70%，他们可能会面对共同的问题，在解决问题的过程中得出相同的结果。我们现在所谓的预测，就是对这60%～70%的学生加以预测。

做好了预测，教师（特别是年轻教师）在上课时才会做到“心中有底，遇事不慌”，才能顺利实施课堂学习活动。预测越充分、越准确，课堂上的失误就越少，有效性就越高。

（4）预案产生的流程

①预案是与学案一起产生的。

这是预案和学案内容的内在逻辑联系所决定的，甚至可以说，二者是在同一个时间段相继产生的两个层面的内容。

例如，我们在确定学习目标的时候，是打算让学生完成这个目标的，这个过程本身就是一个预设的过程。这个预设是建立在全面分析的基础上的一个预设。那么，如果学生完不成怎么办？这就需要我们再思考学生完不成的情况下怎么办。预案就是在学案上设计的诸多内容在完不成的情况下启动的第二个执行方案。

再如，我们在设计问题的时候会想：这个问题我估计学生是能够解答的。那么，如果学生完不成怎么办？我们估计大部分学生能完成，可是在课堂上可能是一小部分完成了，那怎么办？我们估计学生用5分钟能解决这个问题，可是5分钟没有解决怎么办？我们估计这个地方不是太难，结果却是难点，怎么办？这些情况在课堂上可能会不断出现。对于这些怎么办的回答，是预案内容的一个部分。

②预案是集体备课的产物。

预案产生的过程和方式与学案一样。即先有一个小组伴随着学案的制订而制订出来，也就是在制订学案的同时，也顺便把自己的这些思考按照规范要求写在合适的地方。然后在大组内对以上的内容进行讨论，集中大家的经验和智慧，做出调整、修改，最终和学案一起确定。所以预案和学案一样，也是集体备课的产物。

③教师预案个性化。

在集体备课的基础上，教师再根据自己的风格特长和自己班级学生的特点，对以上内容作适当补充或调整。

（5）预案内容的排列顺序

学案内容排列顺序和课堂上师生活动的顺序一致，预案内容的顺序应该是依学案的排列顺序而排列的，这样学案顺序、预案顺序、课堂活动顺序完全一致，教师的课堂思路会更加明确，便于教师对课堂活动的实施和调控。这个顺序一般情况下不应改变。

（6）预案的内容

预案的内容是分别对八个环节进行说明：

①对于学习目标的说明。

简要说明确定这个学习目标而不是另外一个学习目标的理由。着重说明本篇（章）学习目标在整个知识体系中的位置以及学生的接受程度。（此项如果有精力有时间就做，否则可以暂时不做）

②对于问题设计的说明。

简要说明设计问题的理由和处理问题的方法。

因为问题设计是根据学案中学习目标的实现和学生的水平而设计的，因此与学习目标的内在联系及学生的可接受程度是主要说明内容。另外，对于学生在自学和交流中可能出现的问题，以及对于这些问题的应急处理方案是预案的重要内容。

③对于检测题的说明。

为什么这样设计检测题，怎样引导学生完成检测题，可能会遇到什么问题，怎样应对。

④对于展示交流环节的说明。

说明内容包括怎样保证识记性知识的落实，在自学中可能会有哪些问题，哪个问题可能会在小组中得到解决，哪些问题在小组内解决不了而进入班级交流，学生在交流中可能出现的问题是什么，可能出现的问题的应对方法，大概所需时间等。

⑤教师总结内容的文字化（必须是集体备课的结果，必须统一）。

⑥课堂练习简略说明。要说明所用时间，怎样了解学生掌握程度，如果遇到什么问题应该怎样处理等。

⑦课堂练习每个问题解决思路的说明和标准答案。

⑧师生互动四个环节的操作方案说明。这包括教师行为，学生做法，

所需时间等。

5.学生自学

（1）学生自学的涵义

学生自学环节是“学案型教学模式”八环节之一，是学生依据学案的引导，在课堂交流之前，在教师的指导之下，利用特定专用时间，有组织、有计划、有目的地通过阅读文本完成学案的自主学习活动。

（2）为什么要让学生自学

孔夫子的“启发式”教学，其实质是“先学后教”的思想。“不愤不启，不悱不发”是孔子启发式教学思想的精华。“愤、悱”在此处的意思，是指学习者的一种心理状态。“愤”的意思是“心中不满而情绪激动的样子”，在此处可以解释为“没有学懂而烦闷”；“悱”的意思是“心里想说而又说不出来的样子”；“启”和“发”在此都是“打开”的意思，在“学案型教学模式”中我们也可以解释为“点拨”。在这种心理状态下的互动交流是效率最高的，而这种心理状态只有在自学过程中、独立思考后才能出现。

（3）自学和预习的区别

自学和预习主要有以下三个区别：

一是理念不同。预习是以教师讲为主的，自学是以学生为主体而进行的，两者的主要区别就是课堂主体的不同，从而反映出教育理念的不同。

二是目的不同。预习是为了配合教师讲课；自学是为了在课堂上更好地进行交流。

三是要素不同。“学案型教学模式”的“自学”较之于以往的“预习”多了一些要素，如计划、目标、引导问题、自学提示、学法指导、时间控制等，因而学习效率更高。

（4）学生怎样自学

学生进行自学要注意以下几点：

首先，学生自学的依据是“学案”。学案是教师根据学情和课程标准而设计的，而且是教师集体备课的结果，具有系统性（就知识体系而言）、针对性（对于学生提升素质和考试大纲而言）和适用性（对于学生水平而言），学生自学一定要依据学案进行。

其次，自学是通过阅读教材完成的。学案中的引导问题是依据学习目标而设计的，学习目标是教师经过慎重思考后从教材中提炼出来的，都是和教材紧密联系在一起的。可以这样说：教材是根儿，要想解决学案中设计的问题，完成学习目标，必须回归教材，这样才能从根本上、整体上弄明白知识的来龙去脉。学案只是学习的凭借，而不是作业。禁止学生脱离教材，“为完成学案而做学案”的错误做法。

再次，自学是在课堂交流之前进行的。因为自学的下一个环节是“展示交流”，如果没有自学环节就进入展示交流环节，那学生就会无话可说，就会造成课堂浪费。“学案型教学模式”禁止没有经过自学环节就进入课堂交流。

最后，自学是有专用时间的，学生是在专用时间内进行自学的。作为“学案型教学模式”的环节之一，因为它已经进入了一个程序，和前后环节存在着密不可分的关系，因此必须有明确的时间，禁止任何人以任何借口随便“借用”（特殊情况如影响到学生身体健康和生命安全等除外）。

（5）学生自学程序

学生的自学程序包括以下几个环节：

第一，看学案中“学习目标”。学习目标是本学习周期要完成的任务。首先看学习目标有助于从整体上把握本学习周期的学习任务，做到心中有数，防止学习过程中偏离中心。

第二，看学案中的“设计问题（或检测）”。这些问题是根据学习目标而设计的，是有层次的，有不同的难度，对于学生自学具有引导作用。

第三，看教材，完成自学问题。根据学案上教师的自学提示，看相应的教材部分，从教材中寻找相关问题的答案。

第四，看练习题。在完成了设计的问题之后，可以看练习检测部分试题。这一部分虽说是在师生互动之后设计的，但自学能力较高的学生，在完成了问题之后，也可以处理。

第五，看教师提供的参考资料和方法指导。为了方便学生在自学过程中学习，教师在学案的问题旁边和下边往往提供一些参考资料或是方法指导，这些是学生解决问题的好帮手。

（6）学生自学中教师的作用

在学生的自学过程中，教师要起到如下作用：

一是教育学生认识到自学的重要性。学生在自学过程中做不到位，原因是多种多样的，但有一点必须引起我们足够的重视。学生不明白学案是做什么用的，教师一定要把“学案型教学模式”的自学理念及意义告诉学生，这样才能提高自学的效率。

二是自学过程的优化与控制。“确定目标、转化问题、设计检测”等环节，其实质是教师对学生自学过程的一种积极干预。但教师的作用不止于此。学生自学过程中教师介入会使自学过程更加优化。教师在自学过程中的作用是组织和引导，可以给学生相关提示。发现学生自学很困难了，教师就停止自学，开始下一个环节，避免时间浪费。

三是为课堂展示、交流和点拨作准备。教师要随堂监控，积极发现学生自学中存在的问题，为课堂展示、交流和点拨做好准备。

6.展示交流

（1）什么是展示交流

展示交流是学生完成自学之后，在教师的引导下相互校对答案和相互探究问题的过程。

（2）课堂交流的主体

学生和教师都是课堂交流的主体，在交流中应该模糊教师和学生的界线，但教师的职责和作用不能模糊，教师是“首席学生”。

（3）展示交流的内容

自学结果是交流的内容。自学过程中学生要尝试解决教师在学案上设计的问题。在这个过程中可能会产生四个结果：一是解决问题的思路、过程、方法、答案都一样；二是解决问题的思路、过程、方法不一样而答案一样；三是解决问题的思路、过程、方法、答案都不一样；四是没有解决的问题（但应该提出问题）。这些都是课堂交流的内容。

（4）交流的性质

交流的性质主要表现为以下四种：第一种，学生之间的交流是展示；第二种，学生之间的交流可能是方法上的优与劣的对比（这种情况存在着“不同的方法都正确”的可能性），也可能是方法上的对与错的对比（因为答案可能是侥幸得出或者是蒙的）；第三种，学生之间的交流基本上应该是对与错或是错与错的对比（都正确的可能性是比较小的，文科偶尔可能存在这种情况；都是错误的可能性倒是不能排除的）；第四种，可能是请教，包括学生向学生请教，也包括学生向老师请教。

（5）交流的作用

凡是交流，都得说话；凡是说话，都得用脑；凡是用脑，都得在记忆中留下相应、相关的痕迹。因此只要操作到位，这个过程能够促使学生强化记忆、理清思路，这一点是不用怀疑的。除此之外，交流还有以下作用。

①展示的作用——激励。

展示的激励作用非常大。展示者会获得一种成功的体验，提高兴趣。这次自己做对了，则对下一次的做题形成一个内在的激励。成绩差的学生，也希望得到别人的肯定，好学生就更不用说了。得到本组学生的肯定已经很高兴了，如果能得到外组学生的肯定就更高兴了，如果能得到教师的肯定就会高兴得不得了。这是“学案型教学模式”激励学生参与交流的最根本的方法。这种激励是最长久的。

②对比的作用——优化。

这种交流就是解决问题的方法的比较和探究。在比较中得出结论，实现做题过程和方法的优化。在这个过程中学生的思维会发生碰撞，在碰撞中可能会激发生成新的思路和方法。正确的思想不是从天上掉下来的，而是在碰撞与交锋中逐渐优化的。

③质疑的作用——激发思维。

学生在交流的过程中，会不断地对对方的观点提出质疑，有了质疑，双方就会进一步去思考为什么，从而激发了双方的思维。

④请教的作用——获得帮助与壮胆。

从请教者的角度来看，请教既可得到学生的帮助又能锻炼胆量。有些问题可能比较简单，在全班面前，在教师面前，可能不好意思提出来，而在小组内则不存在这种尴尬；从被请教者的角度来看，可以提供展示的机会。这样各取所需，两全其美。

（6）交流的程序

①小组内交流。

第一，小组内相互检查识记性知识。

第二，小组内交流思考结果，纠正在自学中得出的思考结果中存在的错误，达成共识。

第三，小组内交流在预习中自己没有解决的问题，或是在学习中自己发现的新问题，在交流过程中继续解决。

第四，将组内结果和问题进行整理，以备在班级内交流。

②班级内交流。

第一，组之间各派代表相互提问回答识记性知识（可视必要性确定有无此环节）。

第二，组之间各派代表交流组内对于问题的思考结果，相互纠正。

第三，组之间派代表交流组内在交流中没有解决的问题，或是在交流中新发现的问题。然后在组之间进行求解。

第四，教师在整个过程中要相机而动。对于学生得出的正确结论，要及时肯定；对于小组讨论中存在认识差异的问题，要认真引导，适时点拨；如果在交流中某些问题学生还不能解决，教师就讲。

据此对交流的程序再作如下解读：

第一，小组内两两学生之间相互检查识记性知识。

对于基础性知识，特别是识记性知识，一上课首先就应该处理。这应该成为交流的第一个环节。小组内6个学生分成三个小组，两两相互提问背诵。错了及时纠正，忘了及时提醒。之后，教师可以相机在班内抽查不同小组的学生背诵情况。

第二，小组内交流——核对答案，比较方法。

这个过程是针对学案问题设计中第二、三层次问题进行的。在自学过程中，这两个层次的问题由于学生能力不同，往往解决的程度也不一样。有的学生可能会全部解决，有的学生可能会一点也解决不了，大部分学生会解决其中的一部分问题。学案中第二个层次和第三个层次的问题（或者试题）解决的结果，以及在解决问题的过程中遇到的问题，都是交流的内容。

教学中教师随时引导学生在诸多解决方法中通过比较分析体会方法的合理性，找出简便的方法，要让学生在交流过程中，形成解决问题的方法的优化意识。通过对话，相互质疑，在矛盾冲突中进行自我反思，深化各自的认识，这样他们思维能力就得到了一定积蓄，自我认识水平就得到了一定的提高。通过各自表述，为自己的思考结果找到合适语句，使自己的思维清晰化，使自己思维结果走出朦胧，走向准确固定，在质疑和纠错中，相互启发，智慧共享，优势互补，达到更深层次的理解，最终达成共识，在体验中建构起自己的知识体系。此时学生得到的不仅是知识，更重要的是思维的智慧。

③班内交流。

有一部分难度较大的问题可能在小组内部难以解决，班内交流解决的就是小组内交流所不能解决的问题。

④师生互动。

师生互动贯穿于整个教学活动始终，在课堂交流环节中尤为重要。学生的想法是多种多样的，倘若教师听之任之，那么诸多的交流结果就会杂乱无章地堆砌在学生的头脑中。所以教师应该及时捕捉学生在交流中产生的有价值的信息，结合教学目标针对教学重点和难点引导学生进行比较、归类，帮助学生形成知识体系。

（7）交流各方的角色变换

①学生。

讲解者：做对的学生把自己解决问题的思路、方法、结果等讲给教师和学生听。此时的学生角色其实已经变成了教师。特别需要指出的是，有的学生不愿意或者不善于讲给其他学生听，认为这样会耽误自己的时间，这种想法是不正确的。讲一遍胜过听十遍，讲的过程是知识体系清晰化的过程，是学习深化的过程。从这个意义上说，讲解是进一步的学习。在交流中，教师要让学生讲问题，让学生体验、感受讲解的益处。

质疑者：对其他学生的做法有不同意见的学生提出自己的疑问，请同学回答。

请教者：做得不对的学生向其他学生请教自己解决不了的问题。

评价者：这是一个更高层次的思维活动。需要在全面了解情况的基础上，谈出自己的看法。

②教师。

组织者：整个课堂教学的顺利进行，需要教师组织协调，包括小组人员分配、交流顺序、时间控制等各种资源的合理调配。

参与者：教师必须给自己一个准确的定位，做首席学生。在课堂交流这个特定时段，要有意识地模糊师生界限。要“相信学生、利用学生、发展学生”，通过质疑和追问，参与交流，尽最大可能给学生提供机会。

引导者：学生在交流中会遇到许多问题和障碍，例如转变学习理念、消除各种心理障碍等，教师应提供必要的知识，指导交流、学习方法等。

总结者：经过课堂交流，学生们充分展示了自己的成果。此时学生仍然存在知识点不明确、不系统的可能。此时教师的总结和明确就显得尤为重要。一个学习周期下来，起点是学习目标，终点仍然是学习目标。教师的总结就是给学生一个明确的答案，让学生从目标学习开始，最终又回到目标的实现，从而完成一个有效的循环。

（8）注意课堂交流的有效性

首先，要避免浪费。发现交流难以进行的时候，也就是交流应该停止的时候。此时教师要当机立断，停止交流，分析原因，对症下药，另辟蹊径。学生不能自己解决的，教师一定要马上介入，或提示或讲解。如果学生已经无能为力，教师还在那里等学生讨论，这样就必然造成时间的浪费。

其次，交流的目的就是为了促进学生思维发展，课堂教学主要是看学生的思维活跃与否，而不在于学生发了多少次言，没有思维活动伴随的交流是无效交流。

随着课堂教学模式改革的深入，如何更好地提高课堂效率成为师生共同关注的焦点，其中如何提高展示交流的效率更是众多教师所追求的。高一（25）班政治学科李惠英老师在这方面做出了自己的探索。

李老师的具体做法是在学生自学的基础上，组内讨论解决个性问题，对组内讨论不能解决的问题，由各小组汇总，呈报给任课教师，并在课前将其列在黑板上，然后课上在班内让学生展示交流。这样学生讨论时可以做到有的放矢，展示交流更有针对性，既避免了学生讨论“跑题”，漫无边际，也使他们在展示交流时更加认真地去想、去听，因为这些问题，往往是学生在展示交流过程中存在的共性问题，容易引起学生的兴趣和关注。同时，这种做法也使得教师在引导、点播学生的思路上易于把握，备课也更有针对性。把有限的精力和时间投入到该解决的问题上，在提高了展示交流的效率的同时，也较好地做到了知识量和课堂效率的完美结合。

最后，学生的展示交流应以学习知识为目的，是为学习而讨论，并非为讨论而讨论。因此展示交流要有目的性和针对性，不可漫无边际地讨论，要注重效率，在有限的课堂时间内获得最大的收获。

（9）促进学生积极参与交流的方法

如何促进学生积极参与交流呢？

第一，转变学生学习理念和习惯，让学生充分认识自主学习的优势所在，明确交流给他们带来的直接利益。

第二，给学生提供展示机会，让学生感受到成功的喜悦，这是最有效、最长久的激励。

第三，消除学生的心理障碍。克服怕错、怕说不好等心理，树立“只要开口说课，就是成功”的学习理念。

第四，教给学生交流的方法。首先，要学会表达，引导学生把话说完整。其次，要学会倾听，听别人怎么说，不要打断别人的话。最后，要学会理解和宽容，学会思考。

第五，鼓励学生勇于尝试、大胆展示，视出错是资源、是历练、是成功，被学生广泛悦纳，营造安全的高效课堂。

第六，创设民主气氛。教师弯下“高贵的”腰，成为学生最忠实、最值得信赖的学习伙伴。

第七，培养学生之间的相互鼓励意识、相互欣赏的习惯，这一点很重要。教师在课堂上不可能对每一个学生进行鼓励，学生之间相互鼓励就尤为重要，会给同伴带来成功的喜悦，进而激发学习热情。

（10）学习小组的分配

学习小组的分配绝对不是简单地将几个学生围成一桌即可。可以说学习小组的人员构成、合作分工让班主任老师们煞费苦心。每个小组人员的搭配，不仅要考虑到学生的成绩、组织能力、学习能力、思维活跃程度、性格、性别，甚至还要考虑到家庭背景等。这样分配，由于各小组学生的平均成绩基本相同，也就是各小组站在同一起跑线上，就可以实施“组内合作，组外竞争”，实现学生间的有效互动和合作。便于学生之间相互学习，相互帮助，充分发挥学习小组的作用，基本避免学生以小组为掩护说闲话的问题。

教师应注意做好指导工作，首先是对小组长的指导，指导他们如何根据本组的实际情况，给每个成员分配角色；如何在讨论过程中调动本组成员积极参与讨论；如何做好讨论记录；如何有效地为本组讨论搜集资料；如何想方设法让本组成员以小组的荣誉为重。另外一方面，教师在课堂中得深入每一个活动小组，引导他们的讨论，让每个学生都有话说，并且力求创造一种较为宽松的讨论环境，让那些较为胆小、较为内向的学生消除焦虑感，敢于大胆发表他们自己的意见，树立他们的自信心和自尊心，在讨论的过程中体验成功。

7. 师生总结

师生总结包括教师总结和教师参与下的学生总结。

（1）教师总结环节的意义

经过学生自学，小组内、班内交流展示和教师点拨之后，学生一学习周期的学习目标已经基本达成。但这并不等于学生已经完全实现了学习目标，还可能存在问题，需要进一步解决。这些问题大致可以归纳为三个方面：知识、规律和方法。

知识方面，学生得到的知识是零乱而不是系统的，是模糊而不是清晰的。

规律方面，对知识的内在规律认识不透彻。

方法方面，方法对于问题的解决很重要，但学生缺乏方法意识：一是方法的积累，二是方法的优化。在展示交流过程中，多种解决问题方法同时出现，但学生缺乏优化意识和积累意识，面对各种方法不懂得选择和积累。

因此教师的总结就显得尤为重要。

（2）总结环节的内容

与上面所提的学生可能存在的问题相对应，教师总结内容主要应紧紧抓住这三个方面。

在知识层面，一是要紧紧抓住结论的明确固定性，不能模棱两可，似是而非。只有这样，学生才能觉得踏实，才能记忆牢固。二要抓知识系统化，不能零零碎碎，一盘散沙。要讲清楚该知识点和相邻知识点的关系，要把它放到整个知识体系中，做到知识点“归队”。这样学生就明白了来龙去脉，就形成了网络，就能做到举一反三，提高学习效率。

在规律层面，从规律层面把握知识，可以实现学习“类化”，从而提高学习效率。因此教师在总结环节，需要提示出知识的内在规律，以便学生掌握运用。

在方法层面，树立学生的方法积累和优化意识。每经过一次学习过程，如果出现了一种新学习方法，都要给学生提示，让学生们积累起来。如果出现了两个以上方法，则要对学生适当指导，让他们择优积累。

另外，还要总结本学习周期中师生的优点和不足。对本周期师生学习情况进行实事求是的评价，包括评价教师自己。

（3）总结过程中对师生的要求

学生应是总结的主体，学生自己能够总结，教师就不要代劳；学生总结得不好时，教师可以引导。

教师在总结时，“空口无凭，立字为证”。要将总结内容板书在黑板上，或者用其他形式（如投影、课件等）展示给学生看，让学生看到文字性表述（总结内容的第三项和第四项可临场发挥）。学生要将教师总结的内容记录在相应位置，“好记性不如赖笔头”，不允许只听不记。

师生总结是教师对课堂教学知识要点的总结，是课堂教学模式改革的重要一环，在课堂教学中起着承前启后的作用。但是在课堂教学的实际操作中，教师往往忽略了这一环节，或者没有明确板书本课要点，只是在口头上进行了总结，这样就不能在学生的大脑里留下一个深刻的印象，从而弱化了师生总结这一环节的作用。在这方面，高一（28）班历史老师王永强的总结很有特色。

在学生自学和交流展示的基础上，王老师采用画“思维导图”的板书方式，突破旧的教学模式中板书只罗列重点知识的诟病，以时间为数轴，重大事件为纲目，总结本课要点。这样既理清了事件发展线索，又将事件间的联系明确展示出来（若是学生添出重大事件，则教学效果会更好些）。从教学效果上讲，这种方法既很好地检测了学生的自学效果，又为下一个环节的拓展升华提供了依据。

例如，太平天国运动和第二次鸦片战争，在教学中是作为两个独立事件来讲述的，许多学生在学习过程中都把这两个事件割裂开，而实际上第二次鸦片战争发生在太平天国运动过程中，并且英法联军还利用了清政府镇压太平天国运动的有利时机。在王老师的“思维导图”板书中，明确了二者的联系。这样在明确知识点的基础上，对知识的拓展升华——中国近现代史发展趋势也就一目了然，学生也易于接受，且印象深刻。

因此师生总结作为课堂教学的一个重要环节，我们在改革课堂教学模式的过程中，不但不能弱化其作用，还应该有所加强。当然每个学科有其自身特点，如数学学科在讲解例题后，就要有一个小的教师总结，这是适合数学教学模式的。因此教师也应该根据自身学科特点，寻找适合本学科的教师总结方式，进一步完善课堂教学模式改革。

教师在总结时，一方面要再次明确本次教学过程要达到的目标；另一方面又要对知识进行升华，因为课堂教学最重要的目的是培养学生独立学习能力和创新意识、创造能力，这是促进学生发展进而也是教学发展的根本力量。

8.巩固拓展

巩固拓展可以利用自习课时间、周周练时间和课堂练习时间。课堂练习为第一练习时段，课后练习为第二时段，周周练属于第三时段。这三个时段的内容安排要做到有机整合，层层递进，逐步扩展，形成系列。

周周练就是针对本学习周期所讲内容的巩固练习和拓展延伸。周周练内容就是针对本周期学习内容的检测，可以极大地调动学生学习的积极性，因为只要努力学习一周，就可以做出好成绩，可以对学生产生激励作用。

当然作为复习内容，前边学习周期所学内容，也可以适当进入周周练内容，但一定要明确练习重点，不能喧宾夺主。

（四）遵循原则

教师在教学过程中必须遵循如下原则：

1.主体性原则

教师必须从心目中确定学生是教学的主体的观念。我们的一切努力都是为了学生学习，“没有人能教会任何人任何东西”，学生要学会任何东西，最终都要通过他们自己去实现。

2.师生平等原则

在课堂教学过程中的特定时段，师生之间不存在明显的界限。教师必须给自己一个准确的定位，做首席学生，确保与学生的平视态势，做学生学习的组织者、参与者和指导者，“相信学生、依靠学生、发展学生”。学生也要摒弃“学生感”，勇于做“教师”。

3.尊重课标原则

教材的本义和价值取向应该得到充分尊重，但课程标准是一切教学活动的核心。教师必须树立“用教材教”而不是“教教材”的思想，在全面准确理解教材的基础上，回归课程标准。

4.目标发展原则

知识必须得到应有的重视，知识是基础，是素质的重要组成部分，知识生成能力，知识有助于生发情感，没有知识就什么也没有！必须让学生在合作、交流、探究的过程中，充分思考，充分体验，从而更好地掌握知识，形成能力，进而促进高尚的情感、积极的态度和正确的价值观的形成。

5.联系生活原则

“教育即生活，生活即课程”，知识来源于生活，因而必然可以还原于生活。只有与生活实际紧密结合的教学才是鲜活的，有生命力的。新课程改革的一个重要理念就是让学科教学走进生活。课堂教学必须用真实的生活激发学生去体验和探究。创设一定的情境，将知识放在生活的情境中理解，就会达到生动鲜活、深入浅出的效果。

6.全员互动原则

在课堂教学过程中，教师必须面向全体学生，由精英式的学习变成全员式参与，分层推进，在互动中交流信息，交流体验，相互启发，相互补充，共享智慧和成果。

7.促进思维原则

想方设法促进学生思维，是设计每一个环节的原则。课堂教学的活跃与否，主要是看学生的思维量，而不在于学生发了多少次言。分析与综合、抽象与形象、演绎与归纳、推理与顿悟、想象与联想等多种思维方式的运用，最容易激发灵感。

8.灵活处理原则

教师的指导和学生探究，目标一致，并不矛盾。主导不是主体，自主不是自流。

学生能做的事，教师一定不要代劳，学生不能自己学会的，教师一定要讲。

9.慎思探究原则

合作交流、体验探究是课堂教学改革的主旋律，没有合作交流、体验探究，就没有智慧的碰撞和成果的共享，就达不到相互启发、共同提高的效果。但这并不意味着放弃独立思考，没有独立思考就不可能有充分的切身体验，以及对知识体系完整性的把握。独立思考是合作交流、体验探究的基础，合作交流、体验探究是独立思考的延伸和升华。

10.科学评价原则

评价是新课程的基本要素。利用学生心理进行适时适度的评价，可以激发学生的情感，可以引导课堂的走向，可以推动课堂教学程序的顺利进行和目标的实现。

（五）评价体系

评价体系包括评价对象、评价内容和评价方法三个要素。

1.评价对象

评价对象主要是本模式实施方案、教师教学行为、学生学习效果。

2.评价内容

评价的内容包括：八个环节落实程度；学案制订适合程度；学习工具完成程度；小组展示交流效果；学生全员参与程度；学生知识掌握程度；学生思维密度、强度；质疑和释疑人数与次数；团队兴趣、情感、态度。

3.评价方法

评价方法主要有以下三种：

一是问卷法。开发设计问卷，让学生答卷，评价方案和教师情况。

二是座谈法。领导和学生座谈评价教师，和师生座谈评价方案和效果。

三是测试法。通过考试成绩检测模式效果，开展全面评价。

四是记录法。对学生学习的各个环节明确要求，制定标准，设计表格，对学生的表现由专门学生进行记录，每日一小结，每周一总结，根据评价结果对学生个人和学习小组进行表彰和奖励。

（六）巧妙设问

无论是学案还是预案都有一个非常重要的问题需要认真仔细地思索，巧妙地设置解决，这就是如何智慧地提问题。我们非常重视问题的设计环节。问题设计是否合理，一方面关系到学生能否真正融入课堂，教师在课堂上能否调动学生参与的积极性，另一方面又关系到三维目标的实现。

问题太深，学生因为不懂不会而丧失信心和参与激情；太浅，则教学目标难以实现。我们在制订学案问题时遵循由具体到抽象、由浅入深的原则，充分考虑学生思维习惯，照顾学生个体差异，让好学生“吃饱”、学困生“吃好”。问题设计以学生体验乐趣的学习过程为方向，以解决实际问题为直接目的，以每个学生的幸福健康成长为终极目标。

比如我们在设计《要从整体上把握事物的联系》这节政治课的问题时，充分考虑了学生的认知特点和思维习惯，从学生所喜闻乐见的事例入手，用“三个和尚没水喝”的动画引入，提出“三个和尚为什么没水喝？他们怎样才能有水喝？”的问题，激发学生讨论的热情，培养学生的发散思维能力以及创新能力。还针对小组合作学习过程中部分学生不积极参与的情况，设计了“三个和尚有水喝的方案对小组合作学习的启发”这个问题，既使学生联系实际深入理解了课堂知识，又帮助学生理解了小组学习的重要意义，激发学生的参与热情。

教师在预案和学案的问题设计上，需要注意以下几方面：

1.激发学生的学习兴趣

兴趣是最好的老师，只有在兴趣的指引下，人们才能将事情进行到底并且有效地完成。教师在设置问题时应注意激活学生探究问题的动机和兴趣。学生探究问题的动机和兴趣是引导学生进行自主学习、活动的最有力的驱动力。所设置的问题最好能引起学生之间、师生之间的激烈的争论，使学生思维激起碰撞的火花，使学生个性得到张扬。一般来说，学生对新知识比较感兴趣，但是不太理解；而对旧知识比较熟悉，但是不感兴趣。于是，需要教师在新旧知识的连接处，设置问题，使学生轻松、自愿、愉快地走向新知识学习。

教师必须找出适合理解课本知识的鲜活的例子，一方面调动学生交流的兴趣，另一方面，紧扣知识，帮助学生加深对基本概念、基本理论的理解，提高学生分析问题、解决问题的能力，使交流收到实效。

例如，《经济常识》中“提高经济效益的途径”这节课，我校教师选择了山西洪洞特大煤矿事故的材料，并结合以往的一些事故，设计讨论问题：我国矿难的频频发生是偶然的吗？从中暴露出了我国经济发展的什么问题？我们应该如何制止悲剧的发生？你能提出一些建设性的建议吗？通过这些问题的激发，学生的情绪激昂，通过讨论热烈，最终准确理解以下课本知识：什么是粗放型经济增长方式；为什么要实现经济增长方式的转变；企业提高经济效益需发展科学技术，依靠科学技术进步，注重可持续发展，改善经营管理等。这样学生不仅准确理解了课本基础知识，而且分析问题、解决问题的能力也得以提高。

2.问题应贴近学生生活

知识来源于生活，知识也可以还原于生活。一旦我们所设计的问题和生活建立起了密切的联系，学生的兴趣就会被激发。

在学案问题设置上，教师要在备课过程中通过与学生广泛交流，了解学生对文本掌握程度，以及存在的种种显性问题和隐性问题。要将自己融入到学生中去，了解他们的现有知识结构基础，了解他们的周围生活，了解他们的需要。只有充分了解学生的现状和需要之后，我们才可以知道自己要给学生些什么。所以要在备文本教材的基础上，广泛收集、查寻与文本内容有关的资料信息，包括基础性、前沿性、外延性的知识信息，为满足学生解决“问题”需要，做好各种知识与技能储备。并“量体裁衣”，“因需而设”，多设置一些与教学内容、学习主题直接相关的基础性经验问题。

3.问题要有一定难度

问题要有一定的难度，不过难度要适合学生实际。太难了学生不能解决，太简单了学生没有兴趣。因为适当的思维难度和强度，是学生探究的

“兴奋剂”，对于有一定难度的问题探究，带有智力游戏的性质，容易激发学生的兴趣。

我们在教学中所设计的问题须达到一定水平，包含的学生智力操作的任务比较重，具有较高的训练学生思维的价值。当然问题设置必须有一个限度，不能让学生如“丈二和尚摸不着头脑”，这样会适得其反。问题水平与学生的“最近发展区”相适应就足够了。否则，学生的思维难以启动跳跃，到头来徒劳无益。应对体现教学目标的内容反复分析和综合，并提炼出适应学生发展需要的各种“关键问题”，把“关键问题”有机地设计到学案上。

4.问题的数量应适当

一篇文章（或章节）中，可能会涉及到许多知识点（文科较为突出），但我们不可能在一篇学案中把所有知识都解决掉。如果一篇学案中所设计的问题太多，结果只能是“贪多嚼不烂”，“面面俱到”的结果只能是“面面不到”。因此我们坚决反对“一口吃个大胖子”的“大跃进”。

5.问题设计以学习目标为依据

教师在制订一个新授课学案时，自己必须要清楚地知道本课的学习内容、学习目标和学习的重难点。随着教学进程把教学目标分解为若干个问题，力求使所设置的每个问题都具有明确的目标性。通过问题的设置将学生的学习活动引向确定的方向，使潜在的学习需要转化为活跃的学习动机，以问题为中心，释疑解惑，完成教学任务。杜绝信马由缰、随心所欲、漫无目的的设置，绝不可以让教学目标和学案成为“两张皮”，那样只会事倍功半。

例如，对于白居易的《琵琶行》，其中一个教学目标就是赏析文章中对音乐的描写。针对这个教学重点，我们的学案上就提出了这样的问题：1.从哪里可看出白居易是个欣赏音乐的行家？2.他是怎样描写音乐的？两个问题的提出促使学生去赏析文本中有关音乐描写的段落，并且总结作者描写音乐的技巧，学会把抽象事物形象化的方法，取得了良好的教学效果。

问题是以学习目标为依据而生成的，而目标是以教材和学生情况为依据而确定的，因此解决问题的过程必然是学生根据问题、通过阅读教材而实现学习目标的过程，必然离不开对教材的阅读。因此在问题设计时，最好是有“通过读××页（段）完成××问题”的提示。这样任务会更加明确，学生在操作过程中会更加省时间。

6.问题要层次分明

问题的层次应包括基础性问题、探究性问题、提高性问题，以适应不同层次的学生。

所谓基础性问题，是供学生独立学习思考时能解决的问题，一是指基础性知识，二是指比较容易解决的问题。这一部分是全体学生在自学中都要解决的问题，尤其对学习困难的学生更有意义。这是保证每一个学生都能学有所得、有所发展的必需。

所谓探究性问题，是指有一定难度但通过思考能解决的问题。这一部分问题是针对中等以上学生而设计的，要求中等以上学生在自学中通过参考教师提供的资料和提示，经过思考并尝试独立解决的问题。

提高性问题，是针对尖子生而设计的问题。是要求尖子生在自学中能够借助教师提供的参考资料和提示尝试独立解决的问题。

问题的三个层级给所有学生都留足了发展的空间，使每个学生都有事可做。第一个层级的问题是学习困难学生的发展空间，第二个层级的问题是中等生发展的空间，第三个层级的问题是尖子生的发展空间。当然，对于高层次的问题，学习困难的学生如果有能力做也可以做。因为学生的等级实际上不是一成不变的。有的学生在这方面可能比较敏感，有的学生可能在另一个方面占有优势。即使在一个学科内，尖子生也不是对所有的知识都掌握得好，学习困难的学生也不是对所有的问题都一无所知。因此，三个层级的问题要全部呈现给学生，不可以在学案上注明“自学问题”“展示交流问题”“教师讲解问题”等，因为“展示交流问题”是自学过程中自然生成的，而不是教师规定的。只要学生有能力，什么问题都可以做，甚至包括“检测题”和“拓展训练题”。

当然，在实际操作中，任何层次的问题都有可能在自学中不能彻底解决。不能彻底解决的问题，就需要通过课堂互动交流来解决了。对于学生能不能完成学案，应该有一个正确的看法。学案中的问题并不是所有学生在自学中都应该完成的。如果所有学生都完成，那就没有课堂探究的必要性了，也就没有教师在课堂上进行点拨的必要性了。学生自学中不能解决的问题，正是学生在课堂上交流互动、相互探究、教师点拨的空间。

例如，在鉴赏杜甫《登高》一诗中，学案中有一个问题大部分学生都不会做。这个问题是：鉴赏本诗的情景交融的特点。此问题太大，又太高，使学生不知所措。我校教师把这个问题稍加修改，变成了如下三个小问题：1.赏析本诗景物描写的特点。2.本诗表达了作者怎样的思想感情？3.景物描写和思想情感的契合点在哪里？把问题的设定改变之后，学生的回答率提高了不少。学生们不仅顺利地完成了此题，而且还学会了赏析情景交融的方法。

杜会娟老师在设计学案问题时做到了分层次。她针对学困生设计了一组基础题，即学生能比较容易从课本上得出答案的。但要求学生不能照搬课本，必须对课本内容加以分析、概括，然后形成分角度的提纲式答案。在这一过程中学生分析问题、概括问题的能力得到了培养，提纲式答案又方便了学生记忆，同时学生还尝到了成功的喜悦，增强了学习的自信心，调动了学习的积极性。对于优等生她设计了一组能力题，这一类题是需要学生综合课本上各种有效信息如书上的大字、小字、图表、原始材料等，并且还要将相关知识前后联系，分析比较才能解答的。这需要学生有很强的分析、概括、解决问题的能力。因此对于学生难以理解的问题在旁边给予适当的提示，这样就给学生指明了答题的方法和思路，使难题迎刃而解。在这一解题过程中学生既从提示中找到了解决问题的方法，同时学生分析问题、解决问题的能力也得到了提高，并且学生还学会了阅读课本，自学能力大大提高。

总之，一定要把问题的层次性安排好。一个好的问题的设计，不仅要教给学生知识，而且还要教给学生解决问题的方法和步骤。除此之外，问题的设定还应注意透彻性、可操作性等。一份最佳学案的制订，问题的设计是关键。一定要通过问题激发学生的思维，点亮学生思想的火花，使学生在思想碰撞中得到收获，自由自在地翱翔在知识的海洋里。

7.呈现形式要多样

第一层级的问题，可以采用直接提问式：××（概念）是什么，××（词语）是什么意思，××（句式）用法有几种情况，××定义怎么解释（理解），××时期有什么事件，等等。对这些知识的掌握有时还可以采用填空的形式来完成。

第二、三层级的问题，理科可以用试题形式呈现，但应该分出难、易两类。如包含知识点单一或较少的试题、综合性试题等。文科可以用思考题、简单阐述题、综合论述题的形式呈现。

这两个层级问题是让学生运用掌握的基础知识解决的问题。有的问题学生在自学中能够解决，有的问题学生只能够解决其中的一部分。这些问题的解决贯穿于整个学习周期，并不是全都让学生在自学中解决，学习比较顺利的学生，可以多解决一些甚至全部解决，学习困难的学生可以少解决一些。不能解决的等待组内、班内和与教师互动交流中求得解决。但这些问题一定要在学案中出现，为自学能力较强的学生留足自学过程中的发展空间。

问题呈现的形式是多种多样的，需要教师们在实际操作中不断丰富。

（七）空间智变

“学案型教学模式”从空间形式上看，最大的变化就是学生课堂座位的变化，由原来的“秧田式”变成了“小组式”。这个变化绝对不仅仅是形式的变化，它折射出的是教育理念的变化和教育的智慧 。

1.课堂座位的创新排列

为了彻底杜绝教师“独霸”课堂的现象，我们实施“学案型教学模式”的第一个措施首先是改变学生课堂座位排列方式。

（1）第一种方式（如图1）

这样排列座位，目的是便于学生相互交流。新教学理念要求学生在学习过程中加强合作，优势互补。

教学环节中重要的一环就是学生展示交流，学生自学遇到的问题通过小组讨论交流，加以解决。

（2）第二种方式（如图2）

在实施的过程中，我们发现部分学生忽视自学环节，在解决学案中的问题时，不是认真看书，积极思考，而是过分依赖同组其他学生的讲解，严重影响其他环节的实施。当然少数学生讨论与学习无关的内容，难以保证学生自学时有一个安静的环境。我们又推出了第二种座位摆放形式。

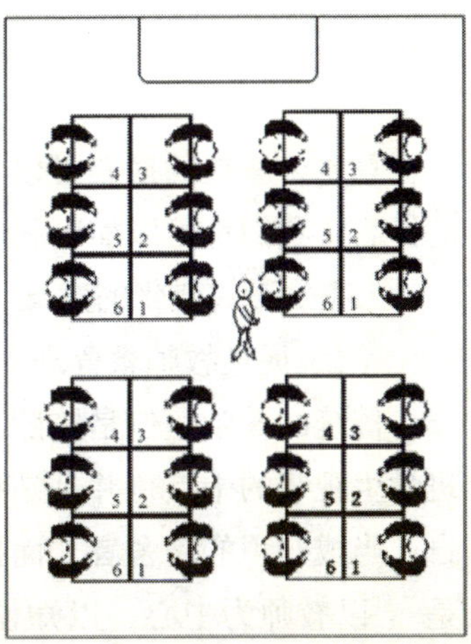

图1

这种方式我们把1、6号位和3、4号位由面对面改为背对背，同组内学生说话的

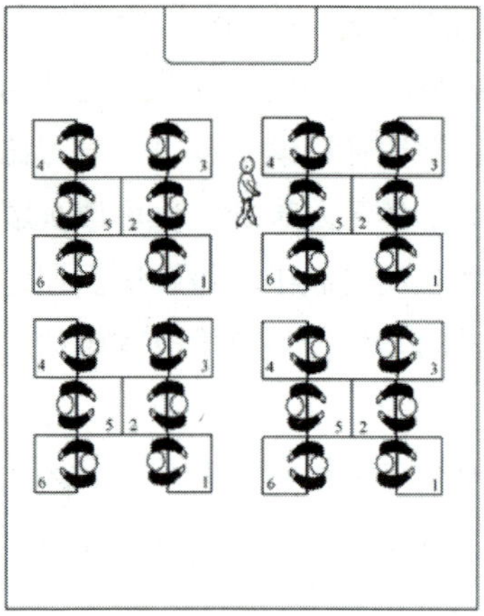

图2

机会减少，保证了学生自学时需要安静的环境，有利于学生全身心投入到学习当中。需要合作探究时，组内六人围坐在2、5号位，又拉近了学生间的距离，方便学生们展开讨论。

（3）其他方式

座位的摆放还可有更多的形式，以适应不同的学习活动的需求。我们可以在班内搞答记者问式的学习方法，让提问者和作答者面对面（如图3）。在班内搞辩论赛，可将桌子摆成平行正对式（如图4）。

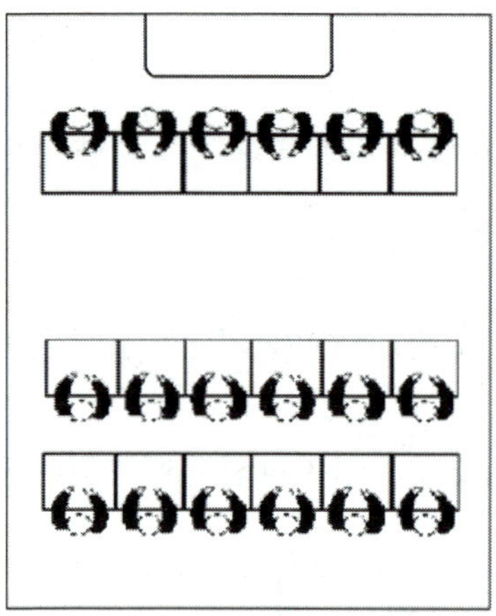

图3

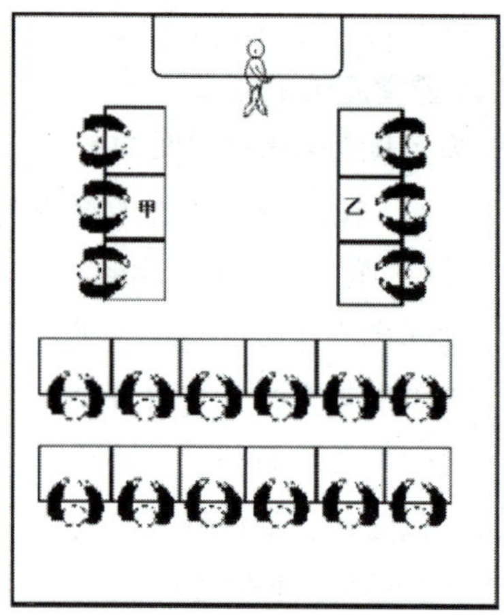

图4

总之，座位的摆放可以灵活机动，只要有利于学生知识的掌握、能力的提高，我们都可以加以利用。

2.座位形式变化的意义

（1）促进教师教育理念的转变

传统的课堂座位是按照“横排竖行”秧田式的方式摆放，教师处在全班学生视线的中点，并且站在高高的讲台之上“俯视”着学生，很容易把自己当成知识的施舍者，而把学生当做知识的被动接受者。这种座位摆放是“以教师为中心，以知识传授为中心”的教学观念的体现。而且教师们习惯了这种以自我为中心的授课方式。这种面向教师的座位排列方式，本身就给教师主宰课堂提供了一种心理优势，教师容易把自己当成权威。

有一个故事是这样的：有一位教师讲课时，习惯从讲台的一端走到另一端，然后从另一端再走回来，周而复始。班内有位学生想改变教师这种习惯，于是告诉同学们，当教师走到讲台另一端时，大家的目光不再随教师移动而移动，仍然盯着教师开始所在的位置，没多久教师上课来回走的习惯被改变了。可见教师还是习惯处在学生们的视线中点，延续着以自我为中心的授课模式。不改变这种座位摆放形式，教师很难改变自己的角色。

要真正把课堂还给学生，实现以学生为主体的原则，首先要让教师走下“神圣”的讲台，走到学生当中去。教师是教学过程的组织者、参与者，而不应是教学过程的独裁者。在教与学的过程中师生是平等的关系。新的教育理念要求以学生的自学、探究、交流、合作为主要学习方式，促进师生共同发展，为此我们把学生座位调整为适合学生交流的小组式。

新的课桌摆放形式，削弱了教师的权威性，教师走在学生中间，了解学生个性特点，指导学生学习，跟学生一起体验掌握知识所带来的快乐，师生关系由“主从式”变为平等、朋友式的关系。

（2）突出了学生的主体地位

传统的教学方式忽视了学生个性发展。初中新课程改革让他们养成了思维活跃、积极参与、敢于表达的习惯，他们渴望成为学习的主人。这样的座位排列方式，顺应了学生的这种学习方式和习惯，给学生的自主学习、合作交流营造了一个心理优势，有利于学生把自己当成学习的主人。

另外，传统课堂教学上也有让学生交流的时候，但那是在精英教育的指导思想下进行的，课堂上能被教师关注的多是“好学生”。新的座位排列方式，极大地提高了全体学生的参与程度，所有的学生都有了发言的机会，课堂变成了促进所有学生发展的领地，改关注精英为关注全体学生，让每一位学生都能体验到收获知识所带来的成功感和幸福感，体现了教育本质的回归。

座位的改变，促成了师生角色的回归，教师成了学生学习的指导者，学生成了学习的主人，为学生的自主学习、自主发展提供了时空平台，从而促进了学生的全面发展。

二、为“学”而“教”

（一）“学生主体”和“教师主导”的统一

我们的“八环节学案型课堂教学模式”就是以学生为主体、教师为主导的新型课堂。

我们课堂教学改革的宗旨是“突出学生主体地位，促进师生共同发展”。我们的目的不仅仅是教会，更主要的是让学生会学。这是一种以学生个体学习为前提，以自主、探究、合作学习为主要学习方式，以提高学生学习能力、促进教师成长为主要目的的课堂教学。

我们让学生们在积极动脑、主动思考中去加深知识理解，从而更好地掌握知识，在学到知识的同时学会学习的方法，优化学生们的思维品质，生成正确的人生观和价值观。我们的课堂教学注重学生的经验与兴趣，强调学生主动参与、探究发现、交流合作的学习方式，改变过去被动学习、死记硬背、机械训练的习惯。自主、合作、探究是符合时代精神和青少年学生身心发展特点的学习方式，它将改变传统课堂教学中教师和学生习以为常的思维方式和行为方式。

在“八环节学案型课堂教学模式”中，教学关系不是静态的、固定的，而是动态的、变化的。从教师角度来说，教学过程就是一个自身专业化成长的过程。第斯多惠说得好：“谁要是自己还没有发展、培养、教育好，他就不能发展、培养和教育别人。”要教学生，教师必先教自己。我们引导教师在学习和探索中转变观念，把以教师的教为中心转化为以学生的学为中心。教师不仅要注重学生的知识与能力，使学生学会，更要关注学习过程与方法，使学生会学。以促进学生的“学”为落脚点，教师自身的教与学在教学中也是同步发展的。

对于 教师来说，要尊重学生的学习权和创造性，转变角色和教学行为，成为学生学习活动的组织者以及课堂信息的重组者，不断地捕捉、判断、重组课堂教学中从学生那里涌现出来的信息，把有价值的新信息和新问题纳入教学过程，使之成为学生智慧的火种。在课堂教学过程中的特定时段，师生之间不存在明显的界限，这时就要遵循“师生平等的原则”，教师必须给自己一个准确的定位，确保与学生的平视态势和为学生学习服务的心理，“相信学生、发展学生”。

对于学生而言，教学过程既是学生暴露各种疑问、困难、错误、障碍和矛盾的过程，又是学生展示、发展聪明才智，形成独特个性与创新成果的过程。为此教师不仅要学会宽容学生，更应学会欣赏学生，挖掘和捕捉学生的智慧，向学生学习。一节生动的研讨课，一场精彩热烈的争论，使大家真正明白，学无止境，教亦无止境。

我们认识到学生“学”的核心是思维。想方设法促进学生思维，是我们设计每一个环节的原则。近年来，一些学校在课改中盲目追求课堂气氛表面上的活跃和热闹，甚至以此作为评价一节课好坏的主要标准。我们坚决反对这种做法。学校判断课堂教学的效果，并不是看课堂表面上是否热闹，而是看学生的思维是否活跃，是否深入。课堂教学活跃与否，主要在于学生的思维量，而不在于学生发了多少次言。

需要特别指出的是，我们的学案型教学并不是轻视甚至忽视教师的“教”。近年来，一些学校对新课改的理解出现偏差，在突出学生主体地位的同时，轻视甚至忽略教师的作用，使得教学效果大打折扣。现在一些学校新课改的课堂有这样一种趋向，在学生进行合作学习时，教师或退至教室的一侧耐心等待，或如蜻蜓点水般在各学习小组间游走，不能真正参与到学生学习的过程中来。缺乏教师指导的学习，效果往往不佳。

把课堂还给学生，让学生做学习的主人，并不是就不要教师教了，而是对教师的“教”提出了更高的要求。这里的“教”不再是简单地从教师的角度出发传授知识，而是着眼于学生的“学”，通过恰当的引导在互动中促进学生的“学”。

因此我们没有像有些学校那样，把学生的“学”和教师的“教”完全对立起来，而是力求实现“学生主体”和“教师主导”的统一。教师的“教”和学生的“学”目标是一致的，并不矛盾。主导不是主体，自主不是自流。“教”是为了“学”服务的，学生能做的事，教师一定不要代劳。学生不能自主学的，教师一定要讲。

在我校的课堂上，教师必须全程调控，自始至终参与到讨论中去，不可袖手旁观。当学生讨论问题遇到困惑时，要给予启发式引导；当学生情绪低沉时，要给予及时鼓励；当学生讨论问题出错或者说错时，在宽容理解的同时要及时指出……只有教师及时恰当地指导，才能达到最佳的教学效果。

（二）建构精彩课堂

我校高一历史组王永强老师曾经就相同的教材内容《物质生活和社会习俗的变迁》，在不同的班级尝试用不同的教学模式上了三节课。不同的理念产生了截然不同的效果。一课三构，对比发现，用我校课改后的学案型教学模式上的课最精彩。

第一构，传统的讲授式辅以问题引导式教学。老师提出问题，让学生阅读文本，从中找出答案，问题回答完，新课学习完，然后是习题训练，巩固知识。这堂课的效果，学习内容的多少，学习能力的高低，学习方法的选择，学习过程的控制都牢牢掌握在教师的手中。一部分学生昏沉沉，不愿意听。

这种灌输式教学，优点是有利于知识的大容量、大密度传授，课堂容易把握和控制，教师的教学负担相对较轻，对教师教学素质要求相对较低。但这样的课堂教学，学生参与少，思维量小。教师把传授知识当成了自己的主要任务，学生被动应付，机械训练，简单重复学习，学生的主动性、能动性、独立性消失殆尽，思维和想象力被扼杀，学习的兴趣和热情被摧残，学习靠时间加汗水。对于相当一部分同学来说学习情感是苦闷的。

这堂课通过学生的“刻苦”背诵，可以实现知识目标，但却在能力和情感、态度、价值观目标上大打折扣。遗憾的是这样的课却是我们身边最常见的课型。

第二构，启发引导式辅以多媒体教学。整个教学过程是教师事先设计好的，素材是教师找的，PPT是教师做的，过程是教师演示的，学生观看、阅读、思考、感受。

启发式教学，比单纯讲授效果好一些；多媒体素材的引进增强了课堂演示的效果，比较生动和形象；史料分析一定程度上培养了学生归纳、提炼问题的能力，有利于知识目标和能力目标的达成。但这种模式中，教师关注的中心还是知识的传承，仍然是把学生置于知识接受者的位置上。只不过是教师通过多媒体创设了比较好的环境——有利于学生接受知识的环境，学生的情感有了些许的兴趣，但学生还是被动地在老师的引导启发下去学习知识，学生的自主学习、主动参与还是比较欠缺的。

学生的学习态度时好时坏，由于有了教学情境的设计，有利于学生对文本价值观的接受，但由于缺少自身体验，缺少参与过程中的心灵感悟，学生的学习热情还有很大的提升空间。

第三构，自主建构。教师设计情境，激发学生的兴趣，寻找学生的需求点。老师教给学生自主预习的基本方法，包括阅读、发现问题、归纳、整合等，让学生自主预习文本知识，提出在阅读中遇到的问题，通过师生共备，老师了解了学生们的困难，然后布置任务，放手让学生们去准备。结果上课的时候让人大吃一惊，学生对文本的领悟力超出教师的想象，学生对生活的观察，对现象的描述，比教科书还全面，课堂上充满了精彩和活力。

这节课课堂气氛热烈，大家兴致很高。学生动起来，参与到课程中来，既生动有趣，又培养锻炼了学生的能力。因为要参与，要展示，要设计上课方案，于是就有了兴趣和需求。学生需要更多的知识，去支撑他的参与，去完善它的展示，所以他开始自己主动去寻求、吸纳相关知识，查寻资料，筛选信息，动手制作道具，编写剧本，小组分工与合作交流。在这个过程中学生获得的将不仅是知识，还有书本之外更重要的东西。

在这个过程中，教师和学生共同学习，教学相长；在这个过程中，学生的学习情绪是愉悦的，态度是积极主动的；在这个过程中，学生的自尊、自信和自豪感被激发了，学生的情感价值观发生潜移默化的影响。虽然这样的课型前期进展是缓慢的，课容量相对而言要少于第一构和第二构，但就中期和后期而言，这种自主课堂能真正使学生学会学习，能够解放老师，成就学生，具有可持续发展性，有后劲！

一课三构，经过比较，学生参与体验、自主建构是符合新课程理念的。对知识的强烈兴趣和需求，使学生由被动变为主动，由消极走向积极。学生动手实践，用自己的心灵去感悟。这不仅是理解知识的需要，更是培养学生学习兴趣，激发学生生命活力，促进学生成长的需要。

课堂有效，不在于教师讲多少，而在于学生学多少。就跟吃饭一样，老师无法替代学生吃饭！把鲜活的体验还给学生，把灵动的课堂还给学生，只有学生动起来，课堂才会更精彩！

如今，像这样的课堂已经成了我校的教学常态。我们的教师课上说得少了，自我表演、自我陶醉式的教学少了；学生说得多了，他们有了更多的机会展示自我、认识自我，或与他人交流合作。

学生在学案型教学模式课堂上合作交流

看看我校的杨月华老师如何从以前习惯了课堂唱“独角戏”，到学会该放手时就放手，勇敢地把课堂还给学生，让学生做到“我的地盘我做主”，不再做精彩课堂的旁观者，而是积极的主人翁，由“要我学”变成“我要学”。

该放手时就放手

杨月华

又到古文单元了，挺发愁的！

古文教学一向以枯燥著称，全是什么活用啊，古今异义啊，特殊句式啊。以前的古文教学都是我唱“独角戏”，一句一句地翻译古文，生怕学生不明白意思，所有的知识点都由我明确告诉学生，结果是教师讲得很累，学生听得很倦。累也罢，倦也罢，学生掌握了也算效果不错，可是等作业收上来，往往令人大跌眼镜，发现存在的问题太多了，而且还都是些“弱智”的问题！

死气沉沉的课堂，层出不穷的问题，使我觉得“独角戏”不能再唱了！“串讲”必须要改了！可出路在哪里？挺困惑的！

课改的春风带来了清新的空气。我带着疑惑和新奇决定试一把，自己解放自己，把课堂还给学生，“袖手旁观”一回，看看学生自己能折腾出个什么结果来！

那天讲《师说》，一上课我就表态：“今天的《师说》我不说了，你们以小组为单位，选出一个主讲人，由他给小组讲，其他人可以补充，可以质疑，最后把你们的知识点记录在书上，然后我们请几个组的代表在黑板上，给大家展示一下各自总结的知识点。好了，开始吧！”

课堂马上活跃起来，他们忙着定谁来主讲，然后热火朝天地开始了。石云腾拿着自己的翻译书，指指点点；贾腾在凝神思考；何帆和同桌争得面红耳赤……

我不停地在课堂上转，不时有学生拦住我问问题。

我突然意识到，这样生动的课堂，以往的古文课堂从来没有过的啊！

讨论完了，我叫两个组的同学各派代表，把本组的成果写在黑板上展示一下。展示的同学写完时，下边的学生基本上可以把第一段背下来了。

以前总是课上我讲，课下学生背诵，检查时结果总不让人满意，今天却出奇的好！

看来教师该放手时就要放手，勇敢地把课堂还给学生，让学生做到“我的地盘我做主”，不再做精彩课堂的旁观者，而是参与者，由“要我学”变成“我要学”。学习就是汲取精神食粮，学生有了自主权，他们可以选择吃中餐或是西餐，可以选择用筷子或是刀叉，这样吃起来会津津有味，不会厌食。

当然，教师该讲还是要讲。凡为“学者”必有惑，当一些问题“千讨万论不出来”“犹抱琵琶半遮面”时，学生的心理正好进入到“愤悱”状态，教师就应该是那个站出来“解惑”的“师者”。只不过以前是教师“钦定的惑”，现在是学生“生成的惑”；以前教师是“我要讲”，现在是学生“要我讲”；以前是教师教，现在是学生“请教师教”。

课改的课堂上学生不时蹦出的精彩发言，展现的可爱动作，流露的欣喜眼神，都会使我感到无限的快乐和满足。课改让我收获了快乐的课堂，享受到了和谐的师生关系，乘着课改的东风，收获一路的幸福。

再看看我校杨杰教师如何把枯燥无趣的文言文学习，变为生动活泼的小组合作学习。年过不惑的杨老师一开始觉得课改是年轻教师的专利，和自己毫不相干。后来他却悄悄地变了，开始喜欢起课改了。

我也课改了

杨杰

以前我的授课比较随意，如果时间充裕，我会让学生们自己读写翻译；如果时间紧任务重，我就讲得多练得少，甚至只讲不练。当要开始课改时，我时时提醒自己，要把握好每个环节。

第一节课我先向同学们作了动员，希望他们先从思想上做好准备，及时改变学习习惯，做好预习。在这一周里，有些学生开始活跃起来，但为数很少且集中，课堂上我需要不断地做动员工作，应该说还是花费了不少宝贵时间。其实我很心疼，咬牙坚持。这一周下来，教学进度只完成了一半稍多。

第二周，我把预习的任务布置得更详细，要求更具体，上课时就展示这些内容，因此预习做得好的学生课堂上就赚足了面子，觉得很光荣，但是主动展示的学生还是不够多。

第三周，我开始做统计，以小组为单位积分，不管是提问还是答疑或是展示，只要课堂上有发言，就一人次记一分，以一周为一个周期公布，得分多的小组得到一次点节目的权利，得分少的小组负责表演。这一来，课堂活跃起来了，但是浑水摸鱼的也有了。因此我又不断地加以规范，每周都有救“市”措施出台，比如，提问者和答疑者计分不同，答对者和答错者计分不同，同一组内只有一个学生发言和变换人员发言计分不同，等等；为了避免抢答过程中出现矛盾，需要规定每组展示次数的上限；为了提高质量，我提出口号“规定动作不走样，自选动作有创新”。

这样走来，如果也算课堂改革的话，我的课堂改革竟然如火如荼地搞了起来。学生的积极性高了，学语文的时间有了，就连每周一次的课前节目表演也让我耳目一新，有的小组编写了故事让大家猜成语；有的小组写了三句半表演出来，让大家猜是什么人物有什么事；甚至唱一首歌，也要从中找句有哲理的歌词让大家背下来，写到作文里，同学们在创新中又有互动。他们高兴，我也高兴。

回想那一段时间，我觉得充实而快乐，因为我要不断地想办法，出措施；茶余饭后，我还向家人汇报我的做法，学生的表现，点点滴滴，事无巨细。

我们的课堂绝非完美无缺，恰恰相反，它总是有缺点甚至遗憾的。把课堂还给学生的新课程改革永远是生成性的，它的生命力就在于它的不完善，就在于它的不流畅，就在于课堂中的矛盾不断涌现。恰如人是在幼稚、错误和不足中成长的，也正因此，这种成长才是富有生命力的，才是美丽的。我们的课堂永远是不完美的，有缺憾的，但正是这种不完美成就了它的完美。

三、课改的深化和成果

（一）建构有效课堂的支撑体系

近年来，随着课改的深入，我们已经从仅仅关注课堂本身转移到更加关注课堂背后的东西。有效课堂的建构决战是在课堂，但为了有效，为了成功地使学生建构，达到三维目标的要求，许多工作是在课外完成的，也就是说，有效课堂的建构必须有强有力的支撑体系。

过去的教学主要侧重的是课程内容，而建构有效课堂要做到以学生的发展为本，就必须在学生和教师两个要素上下工夫，使得教学人文化、人本化。课改不单单发生在课堂，不能只关注课堂，还要关注学生，关注教师，关注师生关系。这是有效课程的三个支撑。只有这些做好了，课堂才能上好。

1.学生方面

学生是课堂的主体，所以有效课堂必须使学生的学习有效，因此我们在三个层次上建构学生工作。

（1）做好学情调查

科学的学情调查是新课程下优化教学的一种手段，如果在实际教学中没有有意识地做过学情调查和预测，就很难真正了解学生的情况。要想优化教学，渐渐了解学生，需要在教学实际中不断地进行实践和探索。

我们主要是从以下三个方面进行学情调查。

一是对学生的基本情况、家庭及文化背景的调查。它可以使我们对每个学生的社会背景和文化背景了如指掌，对于我们关注学生的发展，促进其成长有很大的帮助。

二是对学生自身的理想、志向、兴趣、爱好、智力倾向等方面的调查。它可以使我们更真切地认识学生的个性，明确我们对该学生工作的方向及人生规划的教育，促进学生的成长。

三是对学生学习情况的调查。对各科学习的态度、学习程度、作业完成情况、考试分数、学习的潜力和困难，等等，进行调查，可以使我们了解学生的学习起点、学习风格、学习速度、自主行为能力、能力倾向、兴趣点、学习动机、情感态度的性格表现、意志的性格表现，等等，使我们对学生的学习有准确的定位。

课改使学生发生了很大变化，具体体现在什么地方，需要进行学情调查。例如，现在的学生有什么特点？他们在同伴交流中存在什么问题？如何解决？教师的哪些言行会影响师生关系？等等。比如，由于代沟的存在，教师可能不知道怎样表扬现在的学生，教师认为是表扬的语言学生未必认可，而这些都会影响学生的学习。关注学生需要了解他们方方面面的细节，每一个不同的学生就意味着一种不同的学情，我们只有把学生了解透彻了，才能真正做到关注学生，促进学生发展。

（2）组建好学习小组

小组是一种社会结构，它不仅为学生的互动创造机会，而且是为学生专心处理学习任务而聚焦到一起的形式。在小组中有各种层次的学生，性格各异的学生，他们一起学习可以起到优势互补的作用。在小组中各人都有明确分工，并使每个人都认识到自己的工作是十分重要的，对小组的成功有着不可替代的作用，从而产生责任感、荣誉感。因此需要在小组中创设小社会的凝聚力，采用各种措施使小组成为学生成长的家园。

（3）在课堂教学中加强教学情境的创设

只有好的教学情境才可以引起学生学习兴趣，增强学生的学习热情，给学生以学习的积极性和动力。情境创设不仅仅在每节课的开始进行，而是要贯穿于整个课堂教学始终，要通过不断的、有效的情境创设来引领教学，促进学生的自主学习、自主发展。

2.教师方面

我们的重点是放在教师的发展上。学校通过多种途径提升教师的专业发展。首先充分了解教师现在是什么状况，需要哪些方面的提高。同时必须让教师知道自己达到了什么水平，还需要哪些方面的努力。

我们的教师工作主要表现在以下三个方面：

（1）引导教师参与建构性学习

我们教师学习了“十种课堂教学模式”，除此之外，我们还引领教师学习《建构主义学习设计》和《不可不知的用脑教学法》等，把建构主义学习设计和脑科学的学习理论相结合来，进行我们建构有效课堂教学的研究和探索。

（2）引领教师参与校本教研

我们引领教师开展以课堂观察为基础的教研活动。除此之外，我们还引领教师对涉及有效课堂建构的各个方面进行校本研究，如针对如何进行有效的学情调查，如何创设教学情境，如何对小组学习进行有效指导，如何开展班级展示交流活动，如何分组等各个课堂教学要素进行多层面、多方位的行动研究，这些研究直接服务于有效课堂教学的建构，同时提高了教师本身的教学能力和教学艺术。

（3）改革对教师的评价体系

过去我们都是按照考试分数、班级学生考核情况来评价教师。现在我们不再只是用结果来评价教师，而是借助“教师成长记录袋”，通过过程来评价教师，从注重结果变为注重过程，从关注分数到关注教师发展，考试成绩只占教师评价分值的四分之一，并且让教师自评互评。同时，我们为教师发展创设了多种平台，如教育科研年会论文评选、演讲比赛、系列主题教研和微型课题教研活动等，从学习者、研究者、教学者、管理者、指导者这五个主要角色方面引导教师成长。

3.师生关系

构建和谐的师生关系是建构有效课堂教学成败的关键。

我们常说：“亲其师，信其道。”要想教学有效，智商是重要因素，但不是关键因素，师生的情商才是关键因素。在这方面，各年级、各班级、各位教师、每位学生都有许多鲜活的例子，情商是人的监控和管理自己情感的能力、自我激励能力、认识他人情感并可以作出移情反应的能力，以及社交能力、行动能力，等等。所有这些能力有助于培养出为学习和生活做了准备，并对自己感到满意的人。

因此我们在全校号召全体教师要“热爱自己的每一位学生，也要让自己的每一位学生爱你”，促使师生关系从师道尊严向朋友、亲人方向转变，并且组织一系列活动让师生共同参与，共同完成，增强师生互为依赖的情感体验。正像于漪老师所说：“课要教在学生的心中，要在学生心中萌芽开花，成为他们良好素质的基因。”在我们的学习生活中，由于和谐的师生关系的建立，使学生在感动着教师，教师在感动着学生，在相互感动中来构建和谐、向上、幸福的学习生活。

（二）“一案二单四色笔”

我校在韩立福博士“有效教学”的指导下，在研究实践中创造出了“一案二单四色笔”的模式，这是我校在建构有效教学上具有一定意义的创新之举。

“一案”即导学案，是在我校八环节教学前四个环节与韩立福博士的结构性备课相结合而形成的更符合教学规律、更实用、更规范化的教学方案。在这种导学案中特别突出课堂教学三要素之间的有机配合，在强调学生活动设计的基础上，加强教师活动和课程内容流程的设计，彻底结束了过去单纯备教材，突出教师活动的目无学生主体，脱离教学实际的备课活动，使导学案真正成为在教师指导下，学生自主学习，多边互动，自主建构知识的学习方案，使备“教”变为备“学”。我们在建构有效教学的进程中越过了一条巨大的鸿沟，教师的理念发生了彻底的改变，以学生为中心，促进学生自主学习、自主发展成为广大教师的根本信念。

“二单”即课程导学单和学习评价单。这“二单”是学案的主要构成部分，是学生与课程文本及教师对话，完成自主建构知识、能力及情感、态度、价值观的有效工具，是引导学生自学、小组讨论、课堂交流展示及教师指导的主要线索和依据。同时，“二单”也是我们在教学设计中完成从以教为中心变为以学为中心的一个结果，体现了以学生为中心、关注学生发展的基本理念，是现代教育中“授人以渔”，使学生学会学习的教育思想的实际操作，是实现教学目标的有效手段。“二单”是我们经过确定目标、设置教学情境、转化问题、设计检测四个重大步骤形成的学生学习方案。

“四色笔”是指学生（或教师）在完成“二单”过程中，用四种颜色的笔来区别在不同情况下的记录和显示。

学生通过自学解决的问题用蓝色笔记录；

在小组讨论中解决的问题用黑色笔记录；

在教师指导下经过班级展示交流解决的问题，用红色笔来记录。

在教师或同伴个别指导启发下解决的问题用绿色笔来记录。

这一举措可以使我们一目了然地明确了以下几个问题：

第一，可以清楚地显示学生在课堂学习中成长的过程，哪些问题自己可以解决的，哪些问题是在同伴互动中解决的，哪些是在教师指导下解决的，哪些是自己个性化的难题。从四色可以十分清楚地显示每一个学生的个性化的学习过程，体现出每个学生在一节课上成长的轨迹，使教师形成对学生个性化的认识。

第二，可以一目了然地使学生认识到本节课学习的重点和难点。红色和绿色所示问题是自己力所不及的，是经过指导和启发而解决的问题，所以红色及绿色所示应该是学生学习的重点，而绿色所示也为学习的难点。那么当学生回过头来反思和复习时，应该侧重哪些知识和能力就十分明确，对提高学生的学习效率将是很重要的。

第三，通过四色笔可以对学生产生成功的激励。当学生看到红色区域很大时，就会对自己的学习产生紧迫感，随着蓝色和黑色区域的逐步扩大，红色区域逐步缩小，体现学生自主学习方面取得的成功在不断扩大，从而给学生以成功的激励，使他们向着进一步缩小红色区域，消灭绿色区域的方向努力，看到自己的成功，找准自己的问题，为学习的进步打下基础。

第四，使学生认识到自己学习的起点。很显然蓝色区域是自己可以解决的，学习的起点应该是从黑色区域开始，通过与其他学生比较，可以了解自己目前的学习状况，从而确定自己的目标和策略来实现学习的突破。

同样，四色笔对教师来说也有十分重要的作用：

第一，四色笔的准确应用，动态展示了学生的学习状态和学习过程，使教师明确学生学习的起点，及时发现学生问题的生成，掌握学情，加强指导的针对性。

第二，黑色笔的使用可以反映交流成果，有助于教师发现学生的学习潜力，改变对学生的认识，增进教师对每个学生学习状况的了解，提高师生互动的质量，增进师生的情感交流，形成和谐的师生关系。

第三，通过对学生完成导学单颜色的了解可以检测出导学单的适宜性。如果蓝色区域过大，说明导学单设计起点太低，问题过简，学生将失去探索学习的兴趣；红色区域过大，说明导学单设计起点过高，导学单问题过难，将影响学生的学习积极性和学习热情；若多数学生绿色区域很大，说明导学单设计失败。从这些依据可以帮助教师及时修正导学单的难度和生成问题质量，为调控导学单设计提供依据，同时也为及时消除由导学单设计方面的偏差而给学生学习带来的影响提供帮助。

第四，可以通过四色笔对教师的教学提供评价依据。我们希望的是，导学单上蓝色区域在三分之一左右，黑色区域应在二分之一左右，这说明学生通过自学和小组合作可以解决全部课程问题的六分之五左右，剩余的六分之一应体现教学的重点和难点，是要师生互动和学生通过进一步学习才能解决的（即红色和绿色区域）。我们希望是黑色区域较大，即学生通过合作学习而取得的成功越大，则我们的教育教学就越显得比较成功；若蓝色及红色区域过大，则体现出教学的缺陷，所以看一看学生完成的导学单，就可以看出这一节课课堂教学的有效性如何，学生自主学习的效果如何，从而对课堂教学产生评价效果。

（三）抛弃“梯子”

“八环节学案型教学模式”最大的特点就是将教师的“教”和学生的“学”整合为一个整体，强化了二者之间的紧密联系，蕴含着“师生共同发展”的新课程理念，为我校顺利实施高中新课程奠定了坚实的基础。

“八环节学案型教学模式”是我校课改取得的标志性成果，极大地鼓舞了全校师生进行新课改的信心。在这一新的课堂教学模式下，每一位师生都最大限度地发挥了积极性和主动性。教师把关注学生的学习活动放在首位，把教师的表演台转变为学生的成长室，把课堂还给学生，真正体现以学生为本、以学生的发展为本的教育理念。

可以说，“八环节学案型教学模式”总结了我校多年来进行课程改革的经验，并将之提升到了一个前所未有的高度。模式是一种融入了特定教育理论和教育理念的导引性规范。在新课改初期，由于没有经验可循，没有操作范式，没有切入点，不知道抓什么、如何抓，模式正好能够起到这个作用。构建教学模式需要在专家的指导下，结合校情、教情和学情，制订一种环节简明、操作性强的教学模式，这样课程改革就有了切入口，同时也明确了一种标准和操作范式，使操作者有章可循。这样可以避免无所适从，也能够防止有的教师寻找借口回避改革。“八环节学案型教学模式”明确了课堂教学的操作步骤和标准，保证课堂教学的改革落到实处。

事实上，好的课堂模式是对教学规律的总结和提炼。教师如果不顾基本的教学规律，随心所欲地去展示自己所谓的教学艺术，那么这种教学对学生来说就不是艺术，而是一场灾难。教育首先是科学，然后才谈得上艺术。没有科学而奢谈艺术的教学看起来很美，实则是毫无意义的空中楼阁。遗憾的是，当前不遵循教学规律的随意性教学依然占据我国大多数中小学的课堂，这是课堂教学改革亟需解决的问题。

模式的重要意义恰恰在于，它为教学提供了一个可供参照的标准和规范，从而避免了教学的随意性。模式是一个“硬性”的有形的规范，有可测量的标准和可操作的程序，按照这些标准和要求上课，就能在一定程度上保证教师上课的质量。模式以此规约了教师的教学行为，为教师的课堂教学质量提供了一个底线保障。

当然，模式只是一个大体的框架，不可能规定教师的所有教学过程和细节，不同学科不同类型的课应该有所区别，不同的教师也有不同的教学风格。教师应该在符合基本教学规律的情况下根据具体情况进行调整。

无模式会无所适从，唯模式会墨守成规。有模式又不唯模式，才是正道。随着课程改革的深入以及教师的水平和能力的提高，我们就可以在原有模式的基础上进行深化研究和模式创新，从而促进教师的专业成长，最终形成自己的教学风格。

教师一开始往往需要模式，等熟练掌握模式达到一定境界后，就可以抛开模式。正如武林高手修炼到最后，可以将一切招数融会贯通，达到“无招胜有招”的境界。然而在达到此境界之前，我们还必须老老实实地一招一式地学习。“教无定法”的前提是“教学有法”“贵在得法”，在有法、得法的基础上才有可能达到无法的境界。而当你攀登上了这种境界，模式就是一个可以扔掉的梯子。

也就是说，模式是有局限的，它永远是一个工具，一个非常有用而又必须在一定的时候抛弃的工具，否则这个工具就变成了累赘和束缚。

我校在实践“八环节学案型教学模式”的过程中，逐渐发现了它的弱项。尽管“八环节”强调要“备”学生，但是由于没有规范和标准，难以落实，于是我们在“学生自学”与“展示交流”两个环节中间加了“师生共备”这一环节，这样弥补了“八环节”了解学生不足的短处，落实“备学生”的设想，同时，使课堂教学有了共同的起点，避免了个体化问题占用全体学生时间，造成浪费，提高了课堂效率。

如今，我们已经不再要求教师遵循“八环节学案型教学模式”，而是鼓励教师在基本理念的前提下自由发挥和创新，根据自己的情况选择不同的教学模式，构建多形态课堂教学。作为“八环节学案型教学模式”深化研究的发展性成果，“八环节多形态有效教学模式”是我校课改新阶段的重要创新，体现了我们对建构新课改背景下有效课堂教学研究的力度和深度。

现在我校教师大都能够根据学生的特点来上课，同一个老师在两个不相同的班级上的课肯定不一样。如今教师们也认识到，对于学案型教学，应灵活运用，不能死套形式，仅仅以形式来教学，会使课堂徒有其表而丧其神。

学校努力引导教师学会用研究的态度对待课堂教学中遇到的问题。在学习和探索中，教师提升了能力，丰富了教学方法，针对不同的课型能够采用不同的授课方式，学会了灵活驾驭课堂，正确处理课堂中遇到的各种问题。

我们明白，好的教学不能止步于模式、技术和方法。正如美国教育界享有盛誉的帕尔默指出的："真正好的教学不能降低到技术层面，真正好的教学来自于教师的自身认同与自身完善。""教学提供通达灵魂的镜子。""方法固然重要，然而无论我们做什么，最能获得实践效果的东西是，在操作中去洞悉我们内心发生的事。越熟悉我们的内心领域，我们的教学就越稳健，我们的生活就越踏实。"

（四）师生共成长的摇篮

我校新的课堂教学模式完成了从课堂以教师为中心向以学生为中心的转变，一改传统教学中教师讲、学生听的形式，把课堂还给了学生，让学生主动参与、主动讨论、主动探究、主动获取知识，充分调动了学生的主观能动性，挖掘了学生的潜能。学生上课"静坐"和昏昏欲睡的现象消失了，学生都"动"了起来。

我们改变了过去备课只备知识，上课只有教师讲解的习惯，将知识转变为学生要解决的问题，让学生通过自学、讨论、师生互动来解决问题，通过解决问题来主动学习知识，同时注重过程和方法以及情感、态度、价值观的体验，课堂的一切环节包括备课和教学都围绕学生自主学习来设计、实施。

"课改后，我们真正成了学习的主人，很喜欢这样的课堂。"一位学生这样说。他认为，现在的课堂模式"能够充分展示自我，刺激了我们主动学习的兴趣，培养了独立思考的能力，以及语言表达和解决问题的能力"。高一（16）班杜宏飞说："课改，一支利箭，一扇阀门，启迪我的思想，打开我的心门。""它引领我独立思考，它带给我成功的喜悦。有了它，我不再畏惧考试；利用它，成功把握在手。课改，我相信，定能成功！"

高二（21）班段丁炜同学谈到自己在新课堂上当"小老师"时很兴奋：

实行八环节教学法有一段时间了，作为这次教育改革中的一员，我们学生也真切感受到了教育改革给我们带来的巨大变化。我们再也不是那只被硬塞食物的鸭子了。实行这次八环节教学后，我们也成了课堂的小老师。由此我们化被动为主动。课堂上那一张张神采飞扬的脸代替了原来呆板的死气沉沉的面容，就连我最不感兴趣的地理课似乎也充满了诱惑。看着讲台上那些少许羞涩却充满自信的同学侃侃而谈，我知道，我们的学习劲头被激发了。

学生在八环节教学课堂上亦师亦生

高二（22）班张瑶瑶同学被课堂上的小组讨论深深吸引：

我是一名亲身体验八环节教学的学生，在平日里擅长言辞，真的很喜欢这种学习方式。首先我们在座位上有了一个很大的变化，由‘排排坐’改为‘团团坐’。我们六人一组，围圈而坐。这种新颖的方式，极大地方便了我们的交流。在课上，我们讨论学案上的问题，积极发言。有时争得面红耳赤，在思维的碰撞中，闪出智慧的火花。在讨论中，我们的语言表达能力提高了，由言不由衷到流利地表达自己的意思。在讨论中，还加强了交流，增进了友谊。我深深地体会到我们是学习的真正主人，课堂是属于我们的。

学生在八环节教学课堂上积极发言

高一（5）班刘静思同学在新课堂中改变了自己对高中教学的偏见：

“把课堂还给学生”是这次改革的主题，我们成了课堂的主角，一改以前老师在讲台上唱独角戏的传统。这次改革教学也让我对高中教学的偏见得到转变。在我的记忆里，高中生活应该是每天对着厚厚的课本，天天上着死气沉沉的课，但这次却不一样了，有了本质的区别，原先是老师在上主角戏，现在却是同学与老师共同来参与，使课堂变得好热闹。大家都很积极地讨论，每个人都被调动起来了，各抒己见，不一会儿，大家的问题被解决了。

在八环节教学课堂上学生积极展示自我

还有学生说，这种新的课堂教学模式，“可以充分调动同学在课堂上的活跃气氛，发挥同学们活泼的天性，锻炼同学们的口才，发展同学们的各种才能，对同学们以后的社会生活与交往有很大帮助。”

八环节学案型教学为我们打开了一扇希望之门。学生的主动性明显增强，参与意识得到很大提高，课堂气氛明显改观。这个模式的最大优点在于教、学、研、训一体化，将课堂还给了学生，学生真正成了课堂的主人，极大地调动了学生学习的主动性，提高了学生自主学习的能力。

“我们的课改培养了学生主动学习思考的习惯。”高一年级组组长米日新老师说，“原来我们上课不敢让学生回答问题或讲题，学生课上很少问问题，学生的主观能动性调动不够，课堂气氛也不活跃。而现在，课上回答问题时有越来越多的学生主动发言，学生在上课时产生的一些问题基本得到了解决。有些学生提出的高质量的问题，连老师都觉得新奇，师生同时被激起了兴趣。在每天的积极回答问题中，学生的能力得到了锻炼和提高，老师也收获很多。更为重要的是，学生在主动探求所以然的过程中真正体会到了学习的乐趣。”

现在我们的课堂不再是尖子生的天下，而为更多学生提供了发展自己的机会和平台。在这种教学形态下，学生的组织管理能力、沟通交流能力、表达能力、质疑能力都得到了锻炼和提升。

我校的课堂教学改革实现了让学生在参与中快乐、在快乐中幸福、在幸福中成长的目标。自主开放的课堂，让学生个性飞扬！他们自学、互动、探究主动学习的精神和敢于发表自己意见和看法的勇气，使他们的个性得到了张扬，主体精神得到了发挥。这些学生的精神面貌与以前学生的精神面貌截然不同，这是我们课改取得的最辉煌的成就。如今，在鹿泉一中的楼道里，随意站在一个教室门口，你都会看到一个充满活力的课堂，看到一张张热情洋溢的脸。无论他们的课本知识是否有所长进，只要有了这种自主学习的精神和敢为人先，敢于挑战书本、挑战教师、挑战自我的勇气，无论今后做什么工作，都是大有可为的。

课堂教学改革还深刻改变了鹿泉一中的教师，教师的观念和教学方式发生了根本性质的转变。教师再也不沉浸于自己的一言堂和独角戏了，而是随时倾听学生的讨论，了解学生的问题，恰到好处地及时引导，全心全意地为学生的学习服务。教师不再是高高在上的说教者，而真正成为了学生的朋友，成为了学习的组织者、参与者、引导者。

“在新课程的教学中，我把学习的主动权交给学生，我给的是方法，不是结果。学生在一天一天长大，我也在慢慢成熟。新课程伴我成长，使我变得更加自主、自尊、自信、自豪。教师的职业将真正成为人们所羡慕的职业，它将为我们和他人带来幸福和愉悦。”沈验云老师说：“我想通过我们的努力，新课程将改变学生的学习生活，甚至可能改变他们的一生。新课程中的教师也将焕发出新的活力。在成就学生的同时，也让我们成就了自己。”

“回首这一年的教学历程，我有过迷茫，有过困惑，但也有过喜悦，有过甘甜，而现在更多的是感到一种幸福，因为我在新课程、新理念的指导下，一步一步成长了起来。”林宁老师说：“在新课程下，我和我的学生一起成长着。是新课程让我感受到了学生在发表观点时的畅快淋漓，发现奥秘时那难言的喜悦！感谢新课程，指导我成长；感谢新课程，激励我成长；感谢新课程，陪伴我成长！”

孙丽虹老师说她“很庆幸自己能成为新课程教学的实践者”，因为在课改大潮的冲击与历练下，她和自己的学生们一起迅速成长着——

“不知不觉间，我发现我和学生都变了。新课改中，我真正感受到了学生智慧的力量。真的不能‘小看’我们的学生，他们不是填充知识的容器，而是富有创造力的个体。抱着的孩子永远长不大，所以我们教师们该放手时一定要放手！新课改下，我也惊喜地发现了自己与学生共同在成长——在师生的平等交流中，我对教材的理解加深了，教法的运用灵活了，我的专业素质成长了，在课堂上发火的时候少了，商量的时候多了，课堂调控能力提高了，师生关系更融洽了……”

这样的改变和成长，在我们学校的教师当中非常普遍。课堂教学模式的变革彻底改变了教师的职业状态，促进了教师的专业发展，课堂成了师生共成长的摇篮。

（五）专家评价

2010年5月15日，以河北大学博士生导师吴洪成教授为组长的专家组，对河北省教育科学规划办公室规划课题“新课程背景下普通高中教学有效性研究”成果——“八环节学案型教学模式及支撑体系”进行了鉴定，认为“课题以普通高中新课程有效教学为出发点，以中国古代教育理论与现代心理学研究为基本理论支撑，抓住了新课程‘过程与方法’这一核心，构建了‘八环节学案型教学模式’及其支撑体系，改变了传统的教与学的关系，并且为新课程教师培训拓宽了思路”。

“‘八环节学案型教学模式’将有效教学看做一个系统，梳理出两个行为主体——教师、学生；四个主体行为——教、学、研、训；八个行为要素——确定目标、转化问题、设计检测、完成预案、学生自学、展示交流、教师总结、巩固延伸，又将八个行为要素分配于八个时序环节，整合为一个‘周期’，形成师生活动的系统控制程序，具备了强化各要素之间的联系、控制系统要素动态平衡、保证学生主体地位、促进教师专业化发展的功能。”

“‘建构式校本培训模式’将教师培训看做一门课程，首次将建构主义学习理论引入教师培训过程，实现了专家引领与教师实践建构互补，在专家培训和教师实践操作之间搭建了一座桥梁。”

“‘基于分角色课堂观察的校本研讨课模式’，实现了定向观察，改变了以往研讨课流于形式的浪费现象，提高了研讨的针对性，从而提高了研讨效率，并且实现了教师智慧共享。”

“‘四色笔书写学案’，实现了信息反馈即时化，为学生、教师、管理者自评、互评、改进等，提供了依据。”

“提出并在实践中证明了‘高中新课程改革进程具有多元互动、螺旋渐进的特点，是教师、学生共同参与、点滴建构的过程，是学校文化重新建构的过程’的理论，为河北乃至全国的高中新课程改革提供了理论支持。”

“《鹿泉一中文化系统》以及‘理念引领，实践建构，二者相互促进；创设情境，提供平台，促进内涵发展’的学校文化建设的思路具有一定的借鉴意义。”

“总体上，本课题研究成果丰富，理论支撑丰厚，具有一定的理论价值和极大的实践意义。课题主持人和研究人员对于教育事业的执著追求和勇于探索的精神，值得充分肯定。”

专家组组长、河北大学博士生导师吴洪成教授对我校的课改给予高度评价：“鹿泉一中的新课程改革不仅是理念探索，还具有实践性，解决了课堂教学中如何发挥学生主体性、积极性的问题，从理念到操作性，从教育理论到实践，既达到人才培养目标，又达到全面发展，在应对高考和课改的双刃剑下探索出了新路，这种做法推广应用价值很高。”

专家组成员、河北省教育科学研究所研究员宗树兴博士点评说：“鹿泉一中对课改的研究，层次高，主动性强。在新课改的背景下，以研究发展的角度解决问题，提高教师素质，而不是机械地等待，不是停留在简单的升学考试上。对课改认识到位，探索积极，扎实有效，体现教育家办学思想。鹿泉一中很有前瞻性，做了有益的探索。”

附录：八环节教学设计案例

（八环节教学设计案例每例由“预案”和“学案”两部分构成）

案例一：政治

《百舸争流的思想》复习课教学设计案例

鹿泉一中　孙丽虹

预　案

活动一：呈现目标（预计时间1分钟）

1.活动目的：提醒学生本节课目标，为接下去各环节的学习指明方向。

2.操作步骤：PPT显示、学生读、教师简单解释。目标是：

（1）准确表述哲学基本问题，并阐明其根据。

（2）区分唯物主义和唯心主义的根本观点。

（3）区分可知论和不可知论。

（4）针对古今中外许多著名思想家的言论，区分其所属的阵营及具体形态并尝试总结区分方法。

（5）说明哲学两个对子之间的关系。

活动二：问题情境导入新课

1.活动目的：吸引学生的注意力，激发学生进行探究的兴趣，使学生感受到哲学就在我们身边，帮助学生尽快进入课堂学习状态。预计时间4~5分钟。

2.操作步骤：

（1）播放两会新闻视频——“对政府工作报告的解读”，并提出以下问题，引导学生思考：

①为什么《2012政府工作报告中》把GDP增速调整为7.5%？（国内发展中面临诸多矛盾。）

②这一调整符合唯物论的什么观点及方法论要求？（这符合唯物论物质第一性、意识第二性、物质决定意识的观点，符合一切从实际出发、按照实际情况办事的方法论要求。）

③如果不进行调整行不行？（不行，从主观出发，主观不符合客观，政策制定不建立在客观实际的基础上，会不利于我国经济发展和提高人民生活水平。）

（2）提醒学生：本活动回答问题要自主思考，单独回答。

3.可能遇到问题：这里的“唯物论”是特指马克思主义辩证唯物论，但是，除了马克思主义辩证唯物论，哲学的海洋中还有很多其他的哲学流派，这一知识点有些学生可能已经忘了，如学生反映冷淡，教师可通过板书来帮助进行知识唤醒。

4.特别提醒：“唯物论”是特指马克思主义辩证唯物论，这节课我们将继续我们的哲学发现之旅，领略不同哲学家们的独特的哲学思想。

活动三：复习相关概念基础知识

1.活动目的：回忆知识，学生能够熟练应答相关概念，统一认知结构，保证学生们的学习起点在基础知识上基本达到一致，并通过以小组竞赛的形式提高学生课堂学习的兴奋度、紧张度，保证课堂环节的顺利开展。

2.操作步骤：

（1）教师向学生提出活动设计流程（幻灯打出）：

①学科长流动到其他组检查其组员记忆效果，注意只评价不纠正。

②每小组成员各选择一个问题回答。

③由各学科长给出每个人的分数及小组分数，并把小组分数公布到黑板上。

④学科长对比赛结果进行评价，表扬优秀，鼓励落后。

（2）教师提供问题清单（幻灯打出，详见《学案》）。

3.可能遇到问题：问题中第二、三、四难度较大，有可能会超时，因此必须在5分钟时叫停。遗留问题根据学科长的反馈请个别同学作展讲。

活动四：合作探究（时间：8~10分钟）

1.活动目的：培养学生的学习能力，学会向同龄人学习。

2.操作步骤：

（1）提供问题清单（预设）。

①在区分哲学家的哲学思想时，我们要先判断什么？再判断什么？各自的依据如何确定？

②预习检测题：3、7、9、10

（2）提出要求：

同伴互助，完善讲解。运用自己总结的方法解决问题，充分发挥小组优势，补充讲解，进行方法的修正。

（3）教师巡视，深入小组，进行个别指导并发现记录问题。鼓励学生动脑筋，总结方法，发现规律，做智慧型学生。

注意事项："没有人能教会任何人任何东西"，学生要学会任何东西，最终都要通过他们自己去实现。放手相信学生能自己教会自己，教师要管住自己的嘴，要多听少说，多说鼓励的话，少说问题答案。

活动五：展示交流

1.活动目的：培养学生新的学习理念——摒弃"学生感"，勇于做"教师"，帮助他人，成就自己。提高学生的语言组织能力，在相互辩难中提高他们的质疑水平和辨析能力。

2.操作步骤：

（1）教师认真倾听，适时点拨，提醒其他学生做好记录。

（2）组织评价。

（3）对学生们解决不了的问题，教师进行规范讲解。

3.注意：调控好时间、课堂气氛。

活动六：师生总结

1.活动目的：引导学生感悟哲学——不论具体的哲学观点是怎样的，都是对哲学基本问题的思考和总结，从而达成基本共识：马克思主义哲学是科学的世界观和方法论的统一，我们要学好哲学用好哲学。提升学生对本课知识的整体认识；进一步梳理本课收获，形成及时总结的好的学习习惯。

2.操作步骤：

（1）祝翠媛结合提纲做知识小结。其他同学点评。

（2）学生代表结合做题，做解题思路小结。

3.可能遇到问题：学生可能总结不系统，不注意做笔记，教师要及时参与，提醒学生作好记录。

活动七：拓展延伸检测

活动步骤：提供拓展延伸检测单，进行限时训练，做好个别指导。

学　案

一、学习目标

1.准确表述哲学基本问题，并阐明其根据。

2.区分唯物主义和唯心主义的根本观点。

3.区分可知论和不可知论。

4.针对古今中外许多著名思想家的言论，区分其所属的阵营及具体形态，并尝试总结区分方法。

5.说明哲学两个对子之间的关系。

学习重点：哲学的基本问题。

学习难点：区分唯物主义、唯心主义的不同形态。

二、导学问题

1.哲学的基本问题是什么？

2.哲学的基本问题包括几个方面？

3.为什么思维与存在的关系问题成为哲学的基本问题？

4.唯物主义的基本观点是什么？

5.唯心主义的基本观点是什么？

6.唯物主义与唯心主义的根本分歧是什么？

7.可知论的观点是怎样的？

8.不可知论的观点是怎样的？

9.可知论和不可知论的根本分歧是什么？

10.唯物主义的基本形态有哪些？其相同点有哪些？不同点有哪些？

11.唯心主义的基本形态有哪些？其相同点有哪些？不同点有哪些？

12.如何区分不同的哲学阵营及具体形态？（友情提示：总结步骤1、2、3）

13.哲学上的两个对子是什么？二者之间的关系？

三、预习检测单

（一）本课提纲结构

（二）重难点突破

1.哲学的基本派别——唯物主义和唯心主义

<table>
<tr><td>两大阵营</td><td colspan="3"></td><td colspan="2"></td></tr>
<tr><td>基本观点</td><td colspan="3"></td><td colspan="2"></td></tr>
<tr><td>派　　别</td><td></td><td></td><td></td><td></td><td></td></tr>
<tr><td>主要区别</td><td></td><td></td><td></td><td></td><td></td></tr>
<tr><td>基本评价</td><td></td><td></td><td></td><td></td><td></td></tr>
<tr><td>根本分歧</td><td colspan="5"></td></tr>
</table>

2.方法总结——如何区分不同的哲学阵营及具体形态？（友情提示：总结步骤）

（1）____

（2）____

（3）____

3.关于两个对子（用图示表示其关系）

（三）预习评价题

1.哲学的基本问题是( )

A.物质和意识的辩证关系问题　　B.物质和意识的关系问题

C.思维和存在何者为第一性问题　　D.思维和存在有无同一性问题

2.2010年7月16日在北美正式上映的《盗梦空间》连续三周蝉联北美票房冠军，并获得了观众的广泛好评。在影片中男主人公不仅可以进入别人的梦境对其植入思想，而且认为这些思维的能量是不可限量的——人们靠思维就可以建造城市，可以穿越时空，人们甚至可以通过思维来进行犯罪。这反映了哲学基本问题的___内容。( )

①思维和存在有没有同一性　　②思维和存在何者为第一性

③思维和存在谁决定谁　　④思维能否正确认识存在

A.①④　　B.②③　　C.①②　　D.③④

3.贺岁片《非诚勿扰2》捧红一首小诗《见与不见》：“你见，或者不见我/我就在那里/不悲不喜……”下列与这句诗所蕴含的哲理相一致的是( )

A.古今异俗，新故异备　　B.我思故我在

C.理在事先，理生万物　　D.心外无物

4.苹果并不是真实存在的东西，而是人们看到一定的形状和颜色，闻到某种香气，尝到某种滋味，把这些感觉组合在一起，而后给这感觉的组合起个名字，叫苹果。这种观点( )

A.承认客观事物依赖于人的主观精神

B.否认了思维是世界的本原

C.正确回答了思维和存在的关系问题

D.把物质归结为具体的物质形态

5.子夏认为：“生死有命，富贵在天”，孟子认为：“万物皆备于我”。两种观点的主要区别在于（　　）

A.前者强调客观条件，后者强调主观条件

B.前者是客观唯心主义，后者是主观唯心主义

C.前者属于唯物主义的观点，后者属于唯心主义的观点

D.前者是封建迷信，后者强调意识反映物质

6.“一般来说，互联网对社会的发展利大于弊，其积极作用是主流，而对于痴迷网络的少数青少年来说，则弊大于利。”人们的这一评论说明(　)

A.哲学是关于世界观的学问

B.哲学是对具体知识的概括和总结

C.思维和存在的关系问题是社会的首要问题

D.哲学的基本问题和我们的生活息息相关

7.日常生活中经营看到这样一种情况：有的干部不研究市场，不懂行情，拍脑袋决策，造成工作上的严重失误。这种“拍脑袋决策”从哲学上说，是(　)

A.否认物质 决定意识的客观唯心主义

B.否认物质决定意识的主观唯心主义

C.否认意识对物质有能动作用的形而上学唯物主义

D.否认意识对物质有能动作用的古代朴素唯物主义思想者园地

8.（2011·银川模拟）道家哲学认为“道”是宇宙的本源。下列观点与此一致的是（　）

A.万物产生于水，又复归于水

B.人不过是一架像钟表那样的自动机，心脏是发条，神经是游丝，关节是齿轮

C.世界是感觉要素的复合

D.万物皆是一理，有理则有气，天者，理也

9.列宁把唯心主义哲学称作是“一朵无实花”，是因为(　)

①唯心主义包含某些合理的思想

②唯心主义片面夸大意识的作用

③以唯心主义为指导也能正确认识世界和改造世界

④唯心主义和唯物主义相比较而存在，相斗争而发展

A.①②　　B.②③　　C.①④　　D.①③

10.下图漫画中公鸡的观点与下列选项的哲学思想一致的是（　）

A.人不能两次踏入同一条河流　　B.谋事在人，成事在天

C.存在就是被感知　　D.天不变，道亦不变

四、直面高考

1.（2010·全国新课标卷高考26）王安石提出"形者，有生之本"，与之相对立的观点是（　）

A. "心外无物"　　B. "天地为万物之本"

C. "夫形于天地之间者，物也"　　D. "舍天地则无以为道"

【答案】A。试说明理由。

2.（2010·江苏卷高考25）唯物主义和唯心主义是哲学史上的两个基本派别，唯心主义者都主张（　）

A.事物是感觉的集合　　B.事物是理念的影子

C.意识是世界的本原　　D.世界是不可认识的

【答案】C。试说明理由。

3.（09·江苏卷高考25）下列选项与"我思故我在"观点相一致的是（　）

A.未有这事，先有这理　　B.吾心即宇宙，宇宙即吾心

C.死生有命，富贵在天　　D.世界的本质是"绝对精神"

【答案】（　）。试说明理由。

4.（09·广东高考14）民谚"南人不梦驼，北人不梦象"说明了（　）

A.物质决定意识　　B.意识反作用于物质

C.意识具有相对独立性　D.意识决定社会存在的变化

【答案】（　）。试说明理由。

五、拓展延伸

1.整个世界是“绝对观念”的“外化”和产物。（黑格尔）

2.我国北宋哲学家张载提出了以“气”为核心的宇宙结构说，认为世界是由两部分构成 的，一部分是看得见的万物，一部分是看不见的，而两部分都是由“气”组成的。

3.你未看此花时，此花与你同归于寂，你来看此花时，则此花颜色一时明白起来，便知此花不在你的心外。（王守仁）

4.理生万物，理主动静，未有此气，先有此理，万一山河大地都陷了，毕竟理却还在这里……若在理上看，则虽未有物，而已有物之理。（朱熹）

5.原子是世界的本原，原子及其属性都是不变的。（伽森狄）

6.气者，理之依也。（王夫之）

7.观念的东西不外是移入人的头脑并被人的头脑改造过的物质的东西而已。（马克思）

8.宇宙便是吾心，吾心即是宇宙。（陆象山）

9.生死有命，富贵在天。（子夏）

10.没有调查就没有发言权。（毛泽东）

请对以上名人名言按照哲学流派进行分类。

案例二：生物

《植物芳香油的提取》教学设计案例

鹿泉一中　　焦立新

预　案

活动一：呈现目标

1.活动目的：提醒学生本节课目标。

2.操作步骤：PPT显示、学生读、教师简单解释。

（1）能够说出提取植物芳香油的常见方法和基本原理。

（2）能够不看资料说出蒸馏装置的组成和安装顺序。

（3）能够准确简述提取玫瑰精油的实验操作步骤。

（4）说出NaCl、无水Na_2SO_4在玫瑰精油提取中的作用。

活动二：预习检测

1.活动目的：督促学生做好预习工作，防止有学生不做；查看学生预习情况，发现学生存在问题，以便为上课确定起点。

2.操作步骤：

（1）PPT展示以下问题：

①植物芳香油的化学性质具有很强的______，主要包括______及其_____。

②植物芳香油提取方法：主要有_____、_____和_____等，具体采用的方法要根据_____的特点来决定。

③水中蒸馏对于有些原料不适用（如___和___），原因是水中蒸馏会导致______和______等。

④玫瑰精油是制作_____的主要成分。

⑤水蒸气蒸馏的原理：利用______将______较强的植物芳香油携带出来，形成_____，冷却后，混合物又会重新分出_____和_____。

⑥萃取法原理：植物芳香油不仅_____，而且易溶于_____。

⑦玫瑰精油化学性质_____，难溶于_____，易溶于_____，能随水蒸气一同蒸馏。

⑧方法：一般可采用_______提取；同时根据其化学性质，也可采用______提取。

⑨流程：鲜玫瑰花+_______(1∶4) ⟶（　　）⟶（　　）加入NaCl分离油层加入（　　）除水（　　）玫瑰油。

（2）借助点名助手软件，面向全体学生，随机抽测，了解学生自学效果。结果预测概念性问题掌握的较好，但玫瑰精油的提取过程掌握的不是很熟练，预备通过活动三、活动四来强化玫瑰精油、橘皮精油的提取过程。

活动三：解决学案问题一 —— 玫瑰精油的提取过程

1.活动目的：交流《学案》中研讨问题训练评价单第8题

2.操作步骤：

（1）观看学生的探究实验视频，并邀请学生展讲玫瑰精油的提取实际操作流程。

（2）根据PPT中展示的提取玫瑰精油的实验流程示意图，请学生用语言表述过程。

（3）展示激发兴趣的问题：假如你是玫瑰精油生产公司的老总，在玫瑰花盛开的季节，蒸馏设备不足，为了获取最大效益，你有什么办法？如果用萃取法，对材料有何要求？假如你是高级香水的购买商，你如何看待玫瑰精油价位高这一现象？

3.可能出现的问题及应对办法：

由于同学们观看的是本班学生的实验视频，容易关注实验者而非实验过程，故邀请一名学生在屏幕前展讲实验操作过程，以提高同学们的学习兴趣。由于是新授课，学生对本节知识掌握的还不是很熟练，回答拓展问题时有一定的难度。因此要做好充分准备。

活动四：解决学案问题二——橘皮精油的提取

1.活动目的：解决《学案》问题二——橘皮精油提取问题。

2.操作步骤：

（1）借助组内力量，交流研讨问题训练评价单第9题。

（2）学生展讲。

（3）教师深化问题，拓展延伸。

（4）根据PPT中展示的提取橘皮精油的实验流程示意图，请学生用语言表述该过程。

活动五：课堂小结

1.活动目的：形成整体认识，建立认知结构。

2.操作步骤：

（1）学生小组交流，形成共识。

（2）小组间进行交流。

（3）最后教师与同学一起达成结论。

活动六：课堂检测

详见《学案·课堂检测设计》。

学　案

一、学习目标

1.说出提取植物芳香油的常见方法和基本原理。

2.说出蒸馏装置的组成和安装顺序。

3.简述提取玫瑰精油的实验操作步骤。

4.说出NaCl、无水Na_2SO_4在玫瑰精油提取中的作用。

二、重点

植物芳香油的提取技术；针对原料的不同特点，采取适宜的提取方法。

三、难点

植物芳香油的提取技术；针对原料的不同特点，采取适宜的提取方法。

四、导学问题

（一）植物芳香油的来源、特点和提取方法

1.来源：__________。

2.特点：具有很强的____，主要包括______及其______。

3.提取方法：主要有_____、_____和_____等，具体采用的方法要根据的特点来决定。

（1）水蒸气蒸馏法。

①原理：利用_____将____较强的植物芳香油携带出来，形成_____，冷却后，混合物又会重新分出______和______。

②分类：根据蒸馏过程中______的位置，可以将水蒸气蒸馏法划分为_______、_______和_______。

③局限性：水中蒸馏对于有些原料不适用(如_____和_____)，原因是水中蒸馏会导致_______和______等。

（2）萃取法。

①原理：植物芳香油不仅________，而且易溶于________。

②步骤：将______、_____的植物原料用浸泡，使______溶解于有机溶剂后，只需蒸发出_____即可达到目的。

③注意事项：用于萃取的有机溶剂必须事先精制，除去______，否则会影响_____。

（二）玫瑰精油的提取

1.用途：是制作_____的主要成分。

2.性质：化学性质______，难溶于______，易溶于_____，能随水蒸气一同蒸馏。

3.方法：一般可采用__________提取；同时根据其化学性质，也可采用__________提取。

4.流程：鲜玫瑰花+______(1∶4) → ______ → ______ $\xrightarrow{\text{加入NaCl}}$ 分离油层 $\xrightarrow{\text{加入(　)}}$ 水除水 $\xrightarrow{(\quad)}$ 玫瑰油。

（三）橘皮精油的特征及提取方法

1.橘皮精油的特征。

（1）性质：______，具有诱人的______。

（2）成分：主要为______。

（3）用途：是______、______和______的优质原料。

2.橘皮精油的提取。

（1）方法：一般采用______。

（2）流程：___浸泡→漂洗→____过滤→再次过滤→橘皮油。

（四）操作提示

1. 玫瑰精油的提取：

蒸馏时温度不能______，时间不能______。

2. 橘皮精油的提取：

橘皮在______中浸泡时间为______以上，这样压榨时不会______，出油率______，并且______时不会堵塞筛眼。

（五）拓展性问题

阅读以下材料，完成相关问题：

从玫瑰花中提取出的玫瑰精油称为“液体黄金”，是世界香料工业不可替代的原料，多用于制造高级香水、化妆品等。提取出的玫瑰精油不含有任何添加剂或化学原料，是纯天然的护肤品，具有极好的抗衰老和止痒作用，能够促进细胞再生、防止肌肤老化、抚平肌肤细纹，还具有使人放松、愉悦心情的功效。

玫瑰精油的化学性质稳定，难溶于水，易溶于有机溶剂，挥发性较强。

1. 根据材料中介绍的玫瑰精油的性质，要提取玫瑰精油可以用水中蒸馏______法，但一般采用水中蒸馏的方法，其原因是该法具有______的优点。

2. 某同学在实验中设计了如下图所示装置提取玫瑰精油，指出该装置中的两处错误，并予以改正。

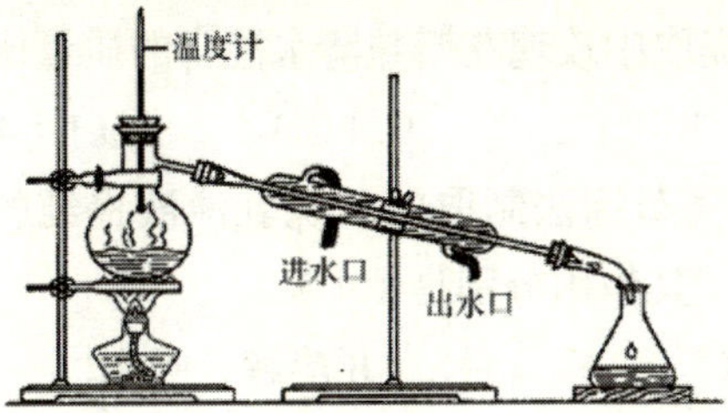

（1）错误1：________________。

改正：________________。

（2）错误2：________________。

改正：________________。

3. 对用上述装置接收到的乳浊液进行如下处理：

玫瑰油与水的混合物 $\xrightarrow{试剂A}$ 分层 $\xrightarrow{装置B}$ 油层 $\xrightarrow{试剂C}$ 无水玫瑰精油 $\xrightarrow{过滤}$ 纯净玫瑰精油。

试剂A是______，试剂C是______，装置B是______，试剂C的作用是______。

五、训练问题

（一）选择题

1.提取玫瑰精油的方法是（　）

A.水气蒸馏　　B.压榨法

C.水中蒸馏　　D.萃取法

2.下列属于植物芳香油理化性质的是（　）

①具有较强的挥发性　②易溶于水

③易溶于有机溶剂　④具有特殊植物香味

A.①②③　B.②③④　C.①③④　D.①②④

3.若植物的有效成分易水解，则不宜采用哪种方法提取（　）

A.压榨　B.萃取　C.蒸馏　D.渗析

4.关于植物芳香油的叙述，错误的是（　）

A.挥发性强，易溶于有机溶剂，一般来说价格昂贵

B.都是天然植物的茎、叶、树干、花、果实和种子等部位经过萃取而来的浓缩液体

C.它是植物免疫和维护系统的精华

D.马蜂或蚊虫叮咬后，只需涂一滴精油就能很快消除疼痛

5.玫瑰精油的提取中玫瑰花瓣与清水混合的质量比为（ ）

A. 1∶1　　B. 1∶2　　C. 1∶3　　D.1∶4

6.在把用水蒸气蒸馏法制取的玫瑰乳浊液提纯的过程中，先后使用NaCl、无水Na_2SO_4，其作用分别是（ ）

A.分层、吸水　　B.溶解、吸水

C.吸水、分层　　D.分层、萃取

7.分离出的橘皮精油一般要放在5～10℃的冰箱中，静置5～7d，其主要目的是（ ）

A.低温保持橘皮精油的活性　　B.低温降低精油的挥发性

C.去除水和蜡质等杂质　　D.低温使精油凝固

（二）非选择题

8.据图完成下列问题：

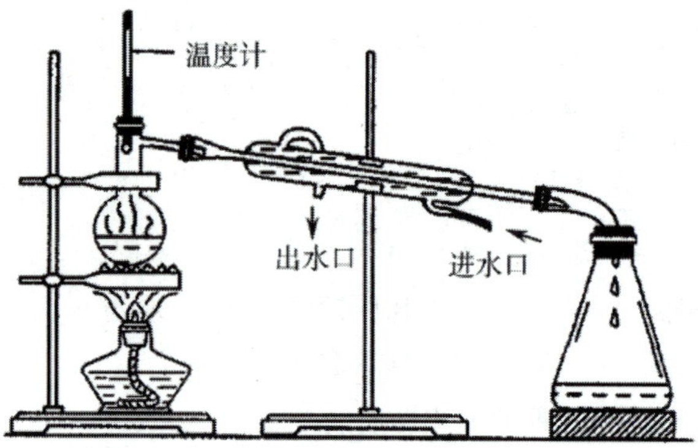

水蒸气蒸馏装置

（1）水蒸气蒸馏装置，包括_____、_____、_____三部分。

（2）蒸馏过程中，要控制好______、_____来提高产品质量，如果提取的是高沸点成分的芳香油，为了提高产品质量和得油率，可采取____。

（3）写出粗提取玫瑰精油的实验步骤：

①在开花的______（时期）采收玫瑰花瓣，与清水以______的比例进行混合。

②在_______装置中进行蒸馏，在锥形瓶中收集到_________（颜色）的乳浊液。

③向乳浊液中加入______，增加盐的浓度，______，出现______。

④用______将其两层分开，得到______。

⑤向油层中加入一些______吸水，静置约______，______。

9.根据提取橘皮精油的实验流程示意图，回答下列问题：

石灰水浸泡 $\xrightarrow{①}$ 漂洗 $\xrightarrow{②}$ 压榨 $\xrightarrow{③}$ 过滤 $\xrightarrow{④}$ 静置 $\xrightarrow{⑤}$ 再次过滤 $\xrightarrow{⑥}$ 橘皮油。

（1）①步之前对橘皮的处理是______________。

①处理的作用是____________________________。

（2）新鲜的橘皮中含有大量的________、________和________，如果直接压榨，出油率较低。

（3）压榨是个机械加压过程，要求是____________________。

（4）为了使橘皮油易与水分离，还要分别加入__________，并调节pH至__________。

10.物质的提取广泛应用于轻工业、化妆品、饮料和食品制造等方面。请结合你的操作实践回答以下问题：

（1）用萃取法提取植物芳香油利用了植物芳香油的什么特点?

（2）在采用鸡血为材料对DNA进行粗提取的实验中，若需进一步提取杂质较少的DNA，可以依据的原理是____________。

A.在物质的量浓度为0.14mol／L的氯化钠溶液中DNA的溶解度最小

B.DNA遇二苯胺在沸水浴的条件下会染成蓝色

C.DNA不溶于酒精而细胞中的一些物质易溶于酒精

D.质量浓度为0.1g／mL的柠檬酸钠溶液具有抗凝血作用

（3）在用压榨法提取橘皮精油时，影响出油率的关键操作是______________________________。

（4）用水蒸气蒸馏法提取芳香油时，影响产品品质的主要因素有____________________________________。

六、课堂检测题

1.植物芳香油的主要化学成分是（　　）

A.酚类化合物及衍生物　　B.萜类化合物及衍生物

C.醚类化合物　　D.烃类化合物

2.玫瑰精油提取的过程是（　　）

A.鲜玫瑰花＋水→水蒸气蒸馏→油水混合物→分离油层→除水

B.鲜玫瑰花＋水→油水混合物→水蒸气蒸馏→分离油层→除水

C.鲜玫瑰花＋水→油水混合物→除水→分离油层

D.鲜玫瑰花＋水→油水混合物→水蒸气蒸馏→分离油层→除水

3.在用水蒸气蒸馏法制取玫瑰乳液提纯过程中，先后使用NaCl和无水Na_2SO_4的作用分别是（　　）

A. 分层、吸水　　B. 溶解、吸水

C. 吸水、分层　　D. 分层、萃取

4.在橘皮精油提取过程中石灰水的作用（　　）

A. 使溶液呈碱性

B. 为彻底清洗脏物

C. 防止橘皮压榨时滑脱，提高出油率

D. 漂去橘皮颜色

5.蒸馏时要提高产品质量，应采取的措施是（　　）

A. 提高蒸馏温度，延长蒸馏时间

B. 提高蒸馏温度，缩短蒸馏时间

C. 降低蒸馏温度，缩短蒸馏时间

D. 严格控制蒸馏温度，延长蒸馏时间

6.据图回答

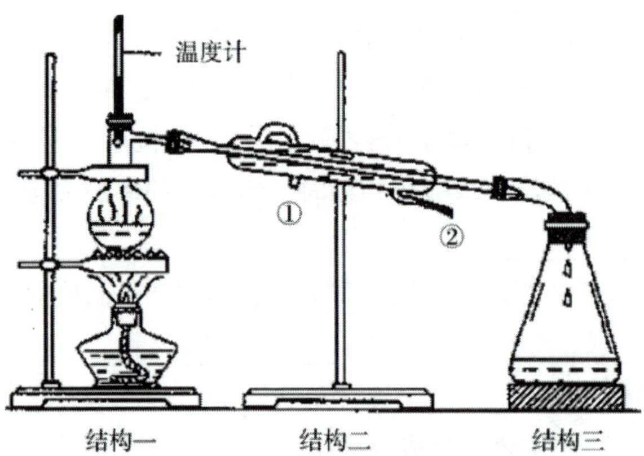

水蒸气蒸馏装置

1.蒸馏装置包括_____、_____、_____三部分，安装时顺序为 ______。

2.图中①为_________，②为_________。

案例三：语文

《漫话清高》教学设计案例

鹿泉一中　张伟静

预　案

活动一：呈现目标

1.整体感知全文，结合上下文，筛选有关信息，完成第一部分问题。

2.通过体会句子含义，分析作者的感情倾向。

3.正确认识清高在当代存在的价值。作为一篇具有现代意义的文章，本课的学习主要针对以下两种能力的培养：

一是结合上下文，筛选有关信息。

二是通过体会句子含义，分析作者的感情倾向。

活动二：预习检测

此环节的设置主要是为了巩固学生们的基础知识，加强对字词的积累，相对来说比较简单，只要用心读课文、认真预习，问题应该不大。

活动三：筛选信息

设计此活动的目的是练习学生筛选信息的能力，考虑到学生直接回答这个问题准确度不好把握，所以采用化整为零的办法，通过回答小问题理清思路。

这五个小问题都比较简单，学生回答起来问题不大，但第五个小问题需要引导学生联系现在正确认识清高的意义，这就需要教师举一些生活中的事例加以引导。这样，在解决小问题的基础上就能概括出每段的段落大意。

设计此题，目的在于训练学生筛选信息的能力，将知识由课内拓展到课外。由于本题属于能力拓展题，在具体操作过程中有可能出现一些问题，比如：学生回答问题不全面，没有全局意识，这在以后的练习中要多加培养，毕竟现代文阅读的能力不是一两天能提高的。

活动四：体会感情

（选择文中重要句子两句）

1.唐尧是人人称颂的圣君，圣君是因为给天下人办了好事所以受到称颂；然而他所选的接班人却不愿为天下人办事，不愿办事却同样受称赞，真不知是什么道理。

2.想无名而终于有名，其原因大概一则……二则因为有才艺本可做官，而他们竟然不做，这才证明是真正的清高。至于那才艺是否适合做官的要求古人往往是不加深究的。在他们心目中，好像认为只要有才便可以做官。

设计此活动目的有二：一是紧扣单元说明，好的说理散文理中含情，情中有理，通过文学语言，字里行间渗透着作者的情感；二是抓关键句，问题往往迎刃而解，比如两个句子的最后一个分句很关键的。“真不知是什么道理”很明显带着作者的主观情感：对古代士人混乱价值取向的不认同。

此题对于学生来说有一定的难度，他们很可能不能够抓住关键的句子进行理解，所以需要老师通过教给学生抓关键句的一些方法来加以引导，比如抓文段的起始句或收尾句，或能体现作者观点、情感、态度的句子。

活动五：课堂总结

请同学们自己总结、整理本节课学到的一些学习方法，教师相机点拨。

学　案

一、学习目标

1.整体感知全文，结合上下文，筛选有关信息，完成第一部分问题。

2.通过体会句子含义，分析作者的感情倾向。

3.正确认识清高在当代存在的价值。

二、学习重难点

1.筛选有关信息。

2.新时代是否需要“清高”这种风范。

三、相关链接

金开诚，1932年11月生，江苏无锡人，汉族。1981年加入九三学社。任九三学社第十一届中央委员会副主席，北京大学校务委员会副主任、《北京大学学报》编辑委员会副主任。教授，博士生导师。第十届全国政协常委、全国政协文史资料委员会副主任。中央社会主义学院、中华文化学院副院长，华夏文化纽带工程副主席。长期从事中国古代文学、京剧、书法及文艺心理学的研究，著有《文艺心理学论稿》《楚辞选注》《艺文丛谈》《文艺心理学概论》等及论文120篇。

四、字词积累

给加横线字注音：

禅（ ）让　怪癖（ ）　孤僻（ ）　模（ ）式　恬（ ）淡

钟罄（ ）　辅佐（ ）　颍（ ）水　勾（ ）当　蓬蒿（ ）

五、整体感知，理清思路，概括段意

（温馨小提示：以下小问题帮助你解决这个大问题）

1.解释“清高”的含义。

2.作者举许由与陶渊明的例子分别说明了什么？

3.林和靖、倪云林的例子是为了说明什么？

4.李白与孟浩然的例子又分别说明了什么？

5.作者认为“清高”在当前市场经济的社会里有什么意义？

六、精读课文，分析含义，体会感情

1.唐尧是人人称颂的圣君，圣君是因为给天下人办了好事所以受到称颂；然而他所选的接班人却不愿为天下人办事，不愿办事却同样受称赞，真不知是什么道理。

2.想无名而终于有名，其原因大概一则……二则因为有才艺本可做官，而他们竟然不做，这才证明是真正的清高。至于那才艺是否适合做官的要求古人往往是不加深究的。在他们心目中，好像认为只要有才便可以做官。

七、巩固延伸

阅读下面的文字，完成1~3题。

求　好

（台湾）林清玄

①有好多人喜欢讲生活品质，他们认为花的钱多，花得起钱就是生活品质了。于是，有愈来愈多的人，在吃饭时一掷万金，在置衣时一掷万金，拼命地挥霍金钱，当我们问他为什么要如此，他的答案是理直气壮——“为了追求生活品质！为了讲究生活品质！”

②生活？品质？这两样东西到底意味着什么呢？

③如果说有钱能满足许多的物质条件就叫生活品质，是不是所有的富人都有生活品质，而穷人就没有生活品质呢？如果说受教育就会有生活品质，是不是所有的大学生都有生活品质，没有受过教育的人就没有生活品质呢？如果说都市才有生活品质，是不是所有乡下人就没有生活品质？是不是所有的都市人都有生活品质呢？

④答案都是否定的，可见生活品质并不是某一阶层、某一地区、或甚至某一时代的专利。古人也可以有生活品质，穷人、乡下人、工匠、农夫都可以有生活品质。因为，生活品质是一种求好的精神，是在一个有限的条件下寻求该条件最好的风格与方式。

⑤工匠把一张桌子椅子做到最完善而无懈可击的地步，是生活品质。农夫把稻田中的稻子种成最好的收成，是生活品质。穷人买一馒头果腹，知道同样的五块钱在何处可以买到最好品质的馒头，是生活品质。家庭主妇买一块豆腐，花最便宜的钱买到最好的豆腐，是生活品质。

⑥整个社会都能摒弃那不良的东西，寻求最好的可能，这个社会就有生活品质了。因此，我们对生活品质最大的忧虑，并不是小部分人的品味不良，而是大部分人失去求好的精神了。

⑦一个失去求好精神的社会，往往使人误以为摆阔、奢靡、消费就是生活品质，逐渐失去了生活品质的实相。进而使人失去了对生活品质的判断力，只好追逐品牌，用有名的香水、服装、皮鞋以至名建筑师盖的房子，来肯定自我的生活品质，这是为什么现代社会名牌泛滥的原因。

⑧有钱人从头到脚，从房子到汽车，从音响到电视用的都是名牌，那些名牌多得让人忘记了自己的名字。

⑨一般人欣羡之余，心生卑屈，以为那是生活品质，于是想尽方法不择手段去追求，甚至弄到心力交瘁的地步。君不见被警察抓到的大流氓乃至小妓女，戴劳力士，开进口车，全身都是名牌吗？

⑩真正的生活品质，是回到自我，清楚衡量自己的能力与条件，在有限的条件下追求最好的事物与生活。再进一步，生活品质是长久培养求好的精神，因而有自信、有丰富的心胸世界；在外，有敏感直觉找到生活中最好的东西；在内，则能居陋巷而依然能创造愉快多元的心灵空间。

⑪生活品质就是如此简单；它不是从与别人比较中来的，而是自己人格与风格求好精神的表现。

1.文中“生活品质”的含义是什么？（不超过20字）

2.文中以工匠，农夫，穷人，家庭主妇为例子，意在说明什么？（不超过25字）

3.文中说对“生活品质最大的忧虑”。“忧虑”的内容包括：

①

②

案例四：数学

高中数学《合情推理》教学案例

鹿泉一中 田爽

预 案

活动一：自主学习

1.活动目的：通过阅读文本对知识初步形成自己的认识和理解，在完成导学案的过程中发现自己存在的问题，为上课展示交流做好准备。

2.操作步骤：

（1）教师通过已学过的数学实例和生活实例，引导学生身临其境。

（2）发放学案，创设问题情境，让学生分析情境创设中的实例，按照导学问题的引领，分析问题，解决问题，提炼知识内容，并将思维过程提炼、总结到知识层面。

（3）学生尝试完成问题发现建构单。

（4）下课时，学科组长收集《学案》，教师整理问题，校对《预案》。

活动二：预习检测

学生回答导学问题；在过程中，引导学生解决回答不规范、概念理解有误的问题。

活动三：总结推理步骤

1.活动目的：帮助学生总结归纳推理、类比推理一般步骤。

2.操作步骤：

（1）引导学生对比圆、球的某些相似特征，猜想结论。由学生讲解。

（2）引导学生寻找平面几何到立体几何的类比对象；进行问题导

学，帮助学生，将自主学习时形成的知识片段进行梳理、连贯、总结。

____

____

____

____

____

活动四：完成问题解决建构单例1~例5

操作步骤：

（1）完成问题解决建构单例1~例5。

（2）小组交流结果，消化个性问题，生成共性问题。

（3）引导学生将归纳推理、类比推理进行应用；教师随时观察3~4个组，收集小组共性问题。

（4）小组间交流，尝试解决全班共性问题。

（5）教师相机点拨引导。

活动四：师生总结

1.活动目的：使学生从思想方法上得到提升，理解合情推理的重要意义，类化提升，形成合理与合情推理的思维习惯，从而培养学生的创新能力。

2.操作步骤：

（1）首先请学生小组内相互讨论，形成小组意见。

（2）小组选派代表在班内交流各自结果。

（3）教师相机参与，最后形成结论。

3.合情推理：

（1）归纳推理（从特殊到一般）；

（2）类比推理（从特殊到特殊）；

（3）思想方法总结：合情推理是指“合乎情理”的推理。数学研究中，得到一个新结论之前，合情推理常常能帮助我们猜测和发现结论；证明一个数学结论之前，合情推理常常能为我们提供证明的思路和方向。

学　案

学习目标

1.理解归纳推理、类比推理的含义，并能运用解决实际问题。

2.能概括合情推理的原理和实质，并能初步运用。

3.经历发现问题、提出问题、分析问题、解决问题的过程，提高逻辑思维能力。

重点：了解合情推理的含义，能利用归纳和类比进行简单的推理。

难点：用归纳和类比进行推理，作出猜想。

导学问题一

1. “阿基米德曾对国王说，给我一个支点，我将撬起整个地球！”

提问：大家认为可能吗？他为何敢夸下如此海口？理由何在？

2.1742年，德国数学家哥德巴赫发现：6=3+3，8=3+5，10=5+5，12=5+7, 14=7+7 …

他大胆猜想：任何一个不小于6的偶数都等于两个奇质数的和。

提问：你认为这是正确的吗？

3.阅读课本71页，回答下列问题：

（1）什么是归纳推理？上述两位科学家采用的推理方法是归纳推理吗？

（2）你能举出几个归纳推理的例子吗？

（3）你能概括归纳推理的一般步骤吗？

（4）归纳推理的结论一定正确吗？

导学问题二

1.春秋时代鲁国的鲁班，一次去林中砍树时被一株齿形的茅草割破了手，这桩倒霉事却使他发明了锯子。他的思路是这样的：茅草是齿形的——茅草能割破手——我需要一种能割断木头的工具——它也可以是齿形的。这个推理过程是归纳推理吗？

2. “火星上是否有生命？”科学家把火星与地球作类比。

地球	火星
行星	行星
围绕太阳运行、绕轴自传	围绕太阳运行、绕轴自传
有大气层	有大气层
一年中有季节变更	一年中有季节变更
温度适合生物生存	大部分时间的温度适合地球上某些生物生存
有生命存在	猜想：

3.类比圆的特征，填写球的相关特征。

圆的概念和性质	球类似概念性质
圆的周长	
圆的面积	
圆心与弦（非直径）中点的连线垂直于弦	
与圆心距离相等的两弦相等；与圆心距离不等的两弦不等，距圆心较近的弦较长	
以点（x_0，y_0）为圆心，r为半径的圆的方程为 $(x-x_0)^2+(y-y_0)^2=r^2$	

4.阅读课本73页，回答下列问题：

（1）上述三个例子采用的是什么推理方法？如何定义？

（2）你认为平面几何中的哪一类图形可以作为四面体的类比对象？为什么？

（3）类比推理的一般步骤是什么？

（4）你类比来的结论一定正确吗？

预习小结

1.回顾上述推理过程，可以概括为：

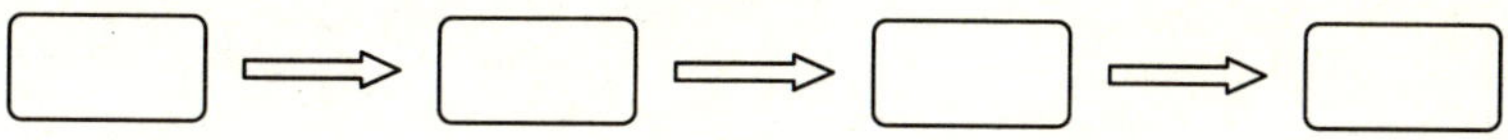

2.合情推理的定义：

3.合情推理的结论可靠吗？合情推理有什么意义？

训练问题

1.观察 $\frac{2}{3}<\frac{2+1}{3+1}$， $\frac{2}{3}<\frac{2+2}{3+2}$， $\frac{2}{3}<\frac{2+3}{3+3}$

猜想结论：____________________

2.已知数列｛a_n｝的第1项$a_1=1$，$a_{n+1}=\frac{a_n}{1+a_n}$，且（$n$=1，2，3，…），试归纳出这个数列的通项公式。

3.类比实数的加法和乘法，列出它们相似的运算性质。

加法	乘法
两个实数经过加法运算，结果仍为实数	
加法满足交换律、结合律	
加法的逆运算是减法	
任何实数与0相加不改变大小	

4.试根据等式的性质猜想不等式的性质。

等式的性质：

（1）$a=b\Rightarrow a+c=b+c$;

（2）$a=b\Rightarrow ac=bc$;

（3）$a=b\Rightarrow a^2=b^2$。

猜想不等式的性质：

（1）________________

（2）________________

（3）________________

问：这样猜想出的结论是否一定正确？

5.类比平面内直角三角形的勾股定理，试给出空间中四面体性质的猜想。

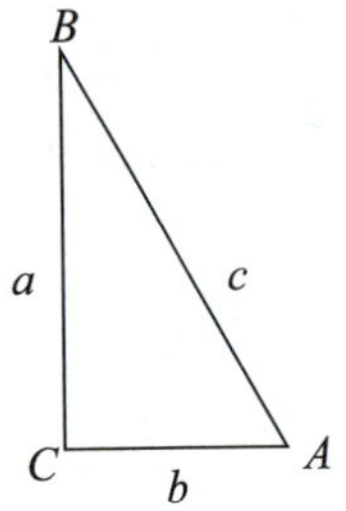

$c^2 = a^2 + b^2$

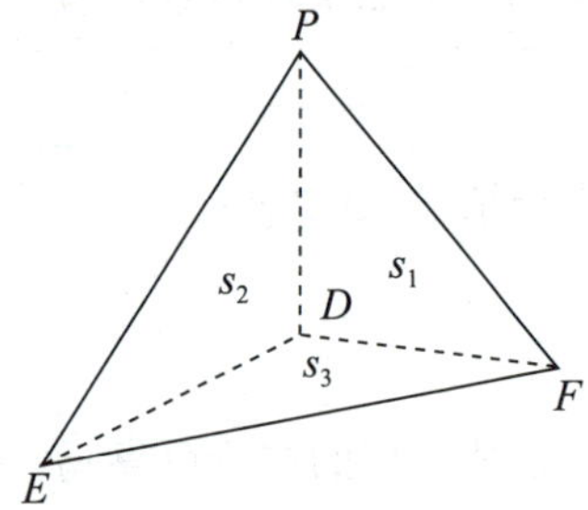

?

总结提升

1.知识总结：

2.思想方法总结：

高考题赏析

1.设平面内有n条直线（$n \geq 3$），其中有且仅有两条直线互相平行，任意直线不过同一点。若用$f(n)$表示这n条直线交点的个数，则$f(4)=$__________；当$n>4$时，$f(n)=$__________。（用n表示）

2. 由图（1）有面积关系：$\frac{S_{\triangle PA'B'}}{S_{\triangle PAB}}=\frac{PA' \cdot PB'}{PA \cdot PB}$，则由（2）有体积关系：

$\frac{V_{P-A'B'C'}}{V_{P-ABC}}=$________。

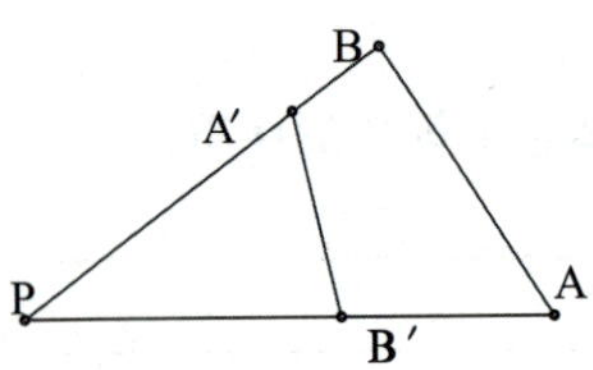

图（1）

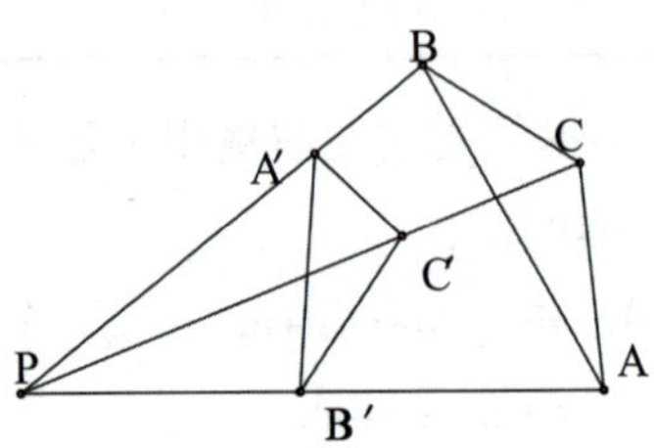

图（2）

第三部分

为学生提供最适合的教育

鹿泉一中师生与特教学校学生在一起

没有最好的教育，只有最适合的教育。

为每个学生提供最适合的教育才是最公平的教育。

——顾明远（中国教育学会会长）

以前人们总是追求给孩子提供“最好的教育”，为此不惜花费巨资把孩子送到“最好的学校”，希望他们受到“最好的教育”。如今，越来越多的人认识到，没有最好的教育，只有最适合自己孩子的教育。为学生提供最适合的教育成为越来越多教师和家长的追求。

“为每个学生提供适合的教育，体现了以人为本，人尽其才的思想。”中国教育学会会长顾明远教授指出，“为每个学生提供最适合的教育才是最公平的教育。怎样理解教育公平？教育公平有入学机会的公平、教育过程的公平，而最终公平应是使每个儿童的潜在能力得到充分发展，都能获得教育的成功。”

也就是说，我们必须使各种文化背景、各种认知层次、各种智力领域的不同学生，最后都能成才，才是真正“以人为本”，才能实现教育公平。因此我们必须纠正目前存在的功利化的教育人才观，认识到只要在自己可以发挥才能的工作岗位上，做出对人民、对国家、对社会有利的贡献的人都是人才，而并非必须出人头地，做明星、做企业家、做文学家、做科学家才算是人才。

教过几年书的教师都十分清楚，每个学生都是不同的孩子，他们都有自己的个性、智力、情感和特长。他们感兴趣的事物不同，对各学科学习的深入程度和了解的广泛性也不同。每个学生成长的快慢也不同，有早成才的，也有晚成才的。

由于这些不同，要想给他们都提供适合的教育绝非易事，需要教师去潜心观察，认真研究，提出具体的对策，才能使我们的教育成为尊重学生成长规律的适合每个学生的教育。

为学生提供最适合的教育，让禀赋不同的学生能各展其长，人人成才，依靠目前统一同质的教材是不可能的。因为统一的教材，统一的大纲，不能体现出个性，教材的伸缩张力也不够，很难为不同学生提供最适合的学习平台，因此必须实现课程创新。顾明远提出：“课程要改革，要减少必修课，增加选修课。我主张必修课要降低程度，让所有学生都能学懂学会，这样有余力的学生就可以选学他喜爱的学科，有的学生可以跳级，提前毕业，有的可以到大学选学一些课程，这样才能涌现出各种杰出创新人才。”

因此要克服现行教材对学生发展的局限性，就必须进行课程创新。我校努力为有学科特长的学生提供本学科更高层次的教材，使这部分学生真正得到发展。同时为不具备学科发展能力的学生提供其他课程，比如技术类、工艺类、制作类、绘画类、写作类等选修课，及早地使学生培养兴趣和爱好，逐步形成自己的志向和特长。通过课程创新，来拓展学生的发展视野，点亮学生的成才渴望，让禀赋不同的学生能各展其长，促进每一位学生的充分发展，这是素质教育的应有之义，也是教育公平的最高境界。

为了使不同程度的学生都能有收获，我校还在教学上特别注意了层次性，对学习成绩不同的学生提出不同要求，采取不同方法对待，总的原则是使每个学生跳一跳，都能“摘到果子”。任课教师的积极性被调动起来了，他们和班主任在一起讨论什么教学方法才是最有效的，如何才能提高课堂效率，帮助不同的学生解决学习上遇到的不同问题。

在注重保障各类弱势学生机会公平的同时，我校也充分重视优秀学生的培养，为他们的发展提供跑得更快的场地。

教师因材施教，学生才能各得其所。

一、营造学生自由成长的生态环境

人本主义心理学家认为，人的成长源于个体自我实现的需要，自我实现的需要是人格形成发展、扩充成熟的驱动力。所谓自我实现的需要，马斯洛认为就是“人对于自我发挥和完成的欲望，也就是一种使他的潜力得以实现的倾向”。人格的形成就是源于这种压力，人格发展的关键就在于形成和发展正确的自我概念。

学校培养的对象正是一个个活生生的人，他们不同于工厂加工的机件，而是类似于农民种植的庄稼。我们所做的一切工作都必须立足于以人为本、以学生为本的观念。必须全力营造学生自由成长的生态环境，才能促进每个学生自我实现的需要和自身潜能得以实现、保持和增强。

营造学生自由成长的生态环境，需要落实我们常念叨的三句话：“关爱一切学生，关心学生的一切，一切为了学生。”

首先，我们必须“关爱一切学生”。

每一位学生从家长的身边来到我们学校，无论贫富，无论家庭背景如何，也无论智力、情感如何，他们都是来追求幸福的，都是来追逐梦想的，他们都有权利受到最好的学校教育，得到老师和学校领导最好的关怀和爱护，去实现自己的梦想。

我们特别关注成绩暂落后的“学困生”。因为我们懂得，无论从教育学还是从社会公平的角度来看，他们都比学习成绩优秀的学生需要更多的关注和指导，学校也有责任帮助他们和学习成绩优秀的学生一样取得学业的成功，从而“不让一个学生掉队”。因此鹿泉一中对“学困生”给予了特别的关注，把“特别的爱给特别的你”。教师们对这一常常被遗忘被忽视的特殊群体始终怀着积极的期望，耐心辅导和帮助他们克服学习上的种种困难，使其认识到自己也有和学习好的学生一样的学习能力，一步一步获得成功。

事实上，在这些被我们的教育遗忘的角落里，只要教师洒给他们一点阳光和雨露，他们就能灿烂地茁壮成长起来。

我们必须用发展的眼光去看待学生，而不应该用停滞、僵化的观点去看学生。如果你把“学困生”看成未被开垦的“处女地”，你就会对他们充满信心，也就会对收获充满渴望。把“学困生”的工作做上去了，就会自然地带动中间状态的学生，更好地激发优秀生。我们坚信，如果想提高学校的整体教学质量，帮助学习困难的学生比帮助学习好的学生能获得更大的效益。

当然，在帮助学习困难的学生取得进步的同时，鹿泉一中也为优秀学生提供充分发挥自己潜能的机会。美国第三任总统、独立宣言的主要起草人之一杰斐逊曾说：“再没有比以相同的态度去对待不相同的人更不平等的了。”学生基础各不相同，个性千差万别，要想教好每一个学生，教师必须充分考虑每一个学生的知识基础和认知水平，乃至其个性特征。鹿泉一中对不同的学生采取不同的教育，力求使每个学生都能充分发挥自己的潜力。

其次，我们必须“关爱学生的一切”。

人的教育是在人的成长过程中完成的，人的成长有多种需求，学生当然也是这样，他们当然需要科学文化知识，但他们也要有健康的身体，有充满情感的生命，有丰富多彩的业余生活，有发展自己个性和特长的活动空间……这一切都应是学校教育的内容。要“关爱一切学生”，就必须关注他们的每一项生命发展的需求，并创造条件，建立平台，促使学生生命的成长。

我校在这方面做出了巨大的努力，做了很多工作，比如我们加强学校食堂、宿舍管理，解决学生的生活需要；我们开设活动课，上好体育活动、体育课和课间操，创建体育节，保证学生身体活动的健身需求；

我们开设音乐、美术课，组建课外音、美活动小组，举办合唱队，开展艺术节等，以满足学生对艺术的追求；我们通过开放阅览室、开设阅读课、鼓励学生借阅图书、举办师生读书节等活动来满足学生情感发育的需求，等等。

《一中传媒》社团小记者制作电视节目

最后，我们必须“一切为了学生”。

必须坚持“以人为本、以学生发展为本”这一理念。我校的一切工作都围绕学生来做。广大教师确实是在“一切为了学生”而工作，很多教师对待学生就像对待自己的子女或兄弟姐妹一样，他们知道学生需要什么，自己应该做什么，应该怎样去做。

高中时期是学生们世界观、价值观快速发展，充满激情、富于梦想的人生阶段，如果不能给学生提供自由成长的生态环境，就是我们教育的缺位，就没有按照教育的本质去办教育，就是一个校长的失职。

（一）“鹿泉一中无差生”

我校从2001年就提出了“鹿泉一中无差生”的口号。事实上，所谓的“差生”大多是人们在分数至上的环境下制造的标签，我们决不能一刀切地只以考试分数看待学生的优劣。每个人的智能千差万别，但每个人都有自己相对强势的智能领域。教育者的任务就在于发现和发掘每个学生的优势智能，使他们才干得以加强，智慧得以发展，使每个学生都能为社会贡献独特的力量。

1.尊重每一个学生

霍华德·加德纳的多元智能论为我们提供了理论依据，他认为每个人至少都具有8种智力。每个学生都有自己的优势智力领域，有自己的智力类型和方法，学校并不存在智力上的差生。而我们通常认为的“差生”，只不过是有些学生还没有自觉地发现和认识到自己的优势智力种类，没有发挥出自己的特长来。这样的学生正亟待我们教师去开发他们的潜能。

人的智力是多元的，同样，社会对人才类型的需要也是多样性的，每个学生都是有用之材。有了这样的理念，我们还有什么理由不认真对待每一位学生呢？

要让每个学生成才，就必须尊重每个学生的差异，为每个学生创造不同的发展空间。尊重学生的个体差异是有效教育的前提。因为学生是人，而不是工厂里加工的机件，不同的学生有不同的知识背景、思维方式、性格特点和兴趣爱好，以及不同的优势智力领域。

苏霍姆林斯基说过，教育的核心就其本质来说，就在于使儿童始终体验到自己的尊严。他还说，自尊心是人性的顶峰，热爱学生是尊重学生的前提，而尊重学生则是教育学生的基础。

每个人都有得到社会和他人尊重的需要。我们要求教师首先要尊重每一个学生的人格和特质。

因此我们没有理由对学生说三道四，挑肥拣瘦。放弃学习不好的学生对于从事教育工作的人来说是一种不可饶恕的罪过。谁也不敢保证那些“差生”在今后的成长过程中不会做出惊天动地的大事，即使是在平凡的岗位上做着平凡的工作，他们也为社会、为人类做出了自己应有的奉献，也是应该得到人们尊敬的。同时谁也不敢保证他们在学校受到了歧视和打击不会走入歧途，从而失去终身的幸福。所以我们只有为关爱他们而尽心，为培育他们而尽力，才是尽到了一位为人师者应尽的义务。

2.让学生自主

陶行知先生的一个教育案例给了我们很大的启发。有一次陶先生上课时手里抓了一只鸡，另一手抓了一把米，把米放在鸡的嘴边，鸡并不吃米，而是急于挣脱。然后陶先生把鸡放在了地上，把米也撒在了地上，鸡自由自在地在地上行走，同时不停地啄米粒吃。

这一案例告诉我们，只有在自由的空间里，自主地去学习、发展，才能使学生正常成长。而回过头来，看看我们的教学效率为何低下，正是由于我们的教师满堂灌和题海战术造成的。这种非生态的教育，掠夺了学生自由发展的时间和空间，破坏了学生健康成长的生态环境。时间是学生最大的资源，空间是学生自由发展的舞台。我们必须把时间和空间还给学生，促进其自主学习和自主发展。

教师是课程实施的组织者、促进者，也是课程的开发者和研究者。在教学目标的设计、教学活动的组织、课程资源的选择、现代教育技术的运用等方面，都应有利于每一个学生的发展。教师的教学应是富有创造性的活动。每一位教师都有责任爱护和培养学生的探索精神、创新精神，营造崇尚真知、追求真理的氛围，促进学生自主学习、独立思考，为学生的禀赋和潜能得到自由充分的发展而创造宽松的育人环境。

3.建立素质教育评价体系

人们常说评价是“指挥棒”，是一只充满力量的“看不见的手”。学校教育离不开评价。素质教育强调学生个性的发展和综合素质的提高，而目前的评价却往往将发展性与创造性、实践能力、交往能力、合作能力等多方面素质排斥在外，多以考试成绩的高低来评价学生，片面追求升学率和分数，扭曲了人才多元化、多层次的良性格局和素质教育的目标，因此建立新的学生评价体系迫在眉睫。

我校积极探索多元化、多层次的学生评价体系，将学生的个性发展和综合能力的提高作为评价学生的最终目标，研究在德育、智育、体育和美育以及社会实践活动中学生评价的目标、方式、途径和标准，使评价成为鼓励学生个性发展和提高各种综合能力，特别是创新精神和实践能力的推动力，促进学生的全面发展。

（二）让顽石变成美玉

过去社会对好学校的评价主要看这个学校出了多少高才生，这就使得教师们把注意力主要集中在成绩优异的学生身上。

常常会在一所学校听课后发现，整个课堂表面上进行得非常顺利，内容充实，效率很高，但每节课与教师交流互动的都是优等生，学困生总是成为“被遗忘的角落”，几乎没有机会和教师交流，教师也很少考虑到学困生的接受能力，从而调整教学内容。教师把主要的精力只放在了成绩好的学生身上，却忽视了学习较差的学生。教师教案中抽象的“学生”，多数是指优等生，而不是那些学习能力弱的学生，这样就在无形中形成了教育的不平等。

新课程要求教师必须树立“人人可以成才的观念”。我校要求各年级和学校各有关处室制订相应的评价体系，把面向全体学生、帮扶学困生的工作，落实到每位教师和领导的心目中和行动上。以抓学困生为契机和动力，带动中间状态的学生，激发优秀学生的发展。

我们相信每一个学生都渴望成才，都能够成才。

立足于这一朴素的观念，我们在学困生身上花费了巨大的精力，确定学习成绩暂在后面的10~20名学生为帮扶对象，而且专门举行“学困生学习沙龙”。学困生在我校可以得到与尖子生同等甚至更多的关照和帮助。正因为工作重心的转移，才使得更多的学生获得了享受高等教育的机会。

学困生由于克制能力差、缺乏学习的主动性等种种原因，导致学习成绩不好，往往有较重的自卑感，因而严重地影响了他们的智力发展，阻碍了他们的进步。消除自卑心理最有效的办法就是对不同的学生进行具体分析，采取“因材施教”的策略，挖掘学困生身上的闪光点，最大程度地给他们提供机会，让其在某个特长方面得到发展。

我们首先了解学困生的消极心理，并分析出他们学习困难的原因，从而帮助他们克服消极心理，激发他们的学习热情，提高学习主动性。让他们体会到教师的关心和信任，并体验到成功的喜悦，摒除自卑心理，树立自信心。

每一个孩子都是一个潜在的天才。在传统教学一刀切、一勺烩、一锅煮的模式下，学生身上独特的闪光点被忽视了，致使他们内在的潜力没有发挥出来。我校教师给予他们更多的鼓励，努力发掘并把握每个学生的闪光点，并给他们创造成功的机会，让他们在学习中体会成功的快乐，增强学习的自信心，使每一个学生的潜能都得到开发。

我们要求教师在教学中以热烈的期待、充满真诚的信任和坦诚的爱，去点燃学困生心中自信的火种。这种期待流露于举手投足之间，甚至一个微笑、一个眼神，都会使学生受到感染和激励。

赵辉老师经常在放学后把班里的学困生请到办公室，对他们进行认真辅导，还特意在其他教师面前表扬他们。慢慢地，让人惊喜的事情发生了：这些学生迟到的现象少了，而且竟开始主动问问题了，上课不再是病怏怏的状态了，成绩也有了一定的提高。

有一位对数学彻底失望的女生，在赵辉老师教她之前，数学从没有上过90分，她心里很自卑，觉得自己根本没有能力再学好数学了，几乎已经要放弃了。她的改变从一次上课讲题开始的。她虽然声音不大，但是思路清晰，语言规范，赵老师着重表扬了她在思维和表达方面的优势。从那以后，这位成绩不是很好的学生表现越来越出色，成绩也稳步提高。后来她给赵老师写了一封信表达感激：“从小到大的教师里，有讨厌的，有害怕的，有不想看见的，有尊敬的，但是无论遇到多少教师，你就是我心里认定的教师。其中有一个很简单的理由，就是你及时地发现了我的优点，让我重新树立了学习数学的信心，才有了我今天的成绩。”

史义静老师任班主任的21班刘某某是一名体育特长生，文化成绩很差，而且跟不上老师讲课的进度，再加上课余时间体育训练强度大，学习时间得不到保证，逐渐掉队了。久而久之，课堂上再也见不到他对学习知识渴求的眼神，取而代之的是伏案大睡。在史老师为学生们准备的“谈心本”上，他只写了一句话：“老师，我觉得你们已经放弃我了，我对咱们班没有任何贡献，净给你们扯后腿了，对不起老师！”

史老师怎么也没想到，这位学生天天无所谓的表现，背后居然隐藏了这样一颗自卑的心。看到这种情况，史老师万分着急，担心这样下去他不仅高考不能保证，而且对人生的态度也会消极悲观。恰好一星期之后学校要举行运动会。史老师就找他谈话，鼓励他参加运动会，为班级展示他的特长，为班级做贡献，让他做小老师，训练班里的男生。不久他脸上逐渐有了自信的笑容。运动会当天，他成了全班人的偶像。随即，史老师在他的“谈心本”上写下这样一句话：“你拥有21班其他学生所没有的天赋，你是咱们班最耀眼的明星。”接过本子之后，他的眼中泛出异样的光芒。自此史老师每天鼓励他完成适量的学习任务，并在课上给他表现的机会。他的成绩逐渐有了起色，最终他的专业分和文化分都超过了本科分数线，进入了理想的大学。

王玉曾是一个极胆怯的女孩，但有一个最大优点是，很懂事，很信任教师。一次学校举办的读书演讲比赛，班主任杨金燕老师认为更应给这样的孩子锻炼的机会，便推荐了她。王玉很认真地进行准备，但在班里试讲时，只说了一句就满脸通红，呆呆地站在前面。下课后，她找到杨老师说：“老师，我真的不行，您换人吧！”杨老师鼓励她说：“你能行，因为你是一个认真的人。你每天找时间找听众练习，肯定能过关！”

正式比赛那天，她得了感冒，鼻音很重，她担心因此影响成绩。杨老师开玩笑似的安慰她：“你的声音与众不同，评委说不准给你打高分。”平素胆小的她，终于鼓起勇气，在“众目睽睽”之下开始自己的演讲，兴起时眉飞色舞，甚至还加上了手势，让人刮目相看。比赛结束，王玉获得了一等奖。

她后来在自己的随笔中写道："没有什么让你害怕的事，只要你勇敢面对，一步步走来，成功就会属于你。"

葛秋风老师班里的一位学生在班里总成绩倒数第二，但是他的记忆力特好，每次要求背诵的课文，他都能够很快背会。知道这一点后，葛老师便在课堂上让他去示范背诵，背完之后，学生们很吃惊并报以热烈的掌声，他感觉很受鼓舞，认为自己不比别人差。下课之后，葛老师再和他单独沟通，要求他以语文去带其他的科目，先利用自己的优势，把其他科需要记忆的知识先记住，慢慢地，他对自己也有了信心，学习劲头越来越大。

美国心理学家布鲁纳说："学习最好的动机是对所学学科的兴趣，兴趣是最好的教师。"而学困生最根本的病因是对学习不感兴趣，对学习态度冷漠、厌恶、排斥，不能从中体会到学习的乐趣。

我校教师依据因材施教的思想，千方百计调动学生的积极性，通过多种方式让这些学生进行有趣的脑力劳动，使其获得学习成功的乐趣，成为再学习的动力。

学困生往往没有自信，有可能会由学困变成厌学，甚至最终弃学。作为教师要培养学困生的自信，让他们自己感受到自己的成功，在成功中培养自信。自信心是培养学习兴趣的关键。

在课堂教学中，我校教师十分关心学困生的听课表现，认真听课就给他们一个赞许的眼光，以资鼓励，注意力不集中时，就给他们一个暗示，以提醒他们注意听课。课堂上教师多给他们发言的机会，回答对了就给他们肯定和表扬，增强学困生的学习兴趣和自信心；回答错了就多鼓励他们，激发他们的学习热情。

我校教师还精心设计教学，让课堂充满生趣，把微笑带进课堂，让学困生真切地感受到他们是被教师关注的。教师们重视学困生的学习参与，经常用鼓励的语言去引导和评价学生，有意识地为学困生创设能展示学习成功的机会，让他们在学习中享受成功之乐，从而把成功的喜悦转化为进一步学习的动力，从而使学困生对学习逐渐产生兴趣，变"要我学"为"我要学"，提高学习的主动性。

事实证明，我们只要多一点用心，多一点关注，多给学生创造机会，善于发现他们的优点，并及时地鼓励，学生就会和我们一起进步，共同分享成长的快乐。

教师一定要关心和留意每一个学生，观察他们平时的言谈举止，及时发现他们的优点，善于鼓舞他们，让学生体会到得到他人赏识的愉悦。这样，积极的肯定可以让我们的学生逐渐摆脱平庸和自卑心理，成为一个有所作为的人。

（三）构建和谐的师生关系

师生关系是学校生态的重要组成部分，师生关系的好坏直接决定着学生的学习和生活质量。我校建立了民主平等、合作互动、和谐融洽的师生关系，为实施新课改和学生自由健康成长奠定了基础。

师生关系是学校教育教学过程中最基本的人际关系，师生关系无时无刻不影响着教育的过程和结果。感情的接近、心灵的共鸣、知识的启发、能力的培养都与师生关系息息相关。师生之间只有建立良好的新型关系，才能取得最佳的教育教学效果。

教育家赞可夫说："就教育工作的效果来说，很重要的一点就是要看师生的关系如何。"落实新课程改革的首要前提，就是要大力优化师生关系。没有师生关系的根本性变化，新课程理念就不会有真正意义上的落实。建立平等、民主、和谐的全方位、多途径的新型师生关系，是顺利实施新课程改革的根本保证，也是新课程改革的重要内容。必须在新的课程理念的指导下，以学生的全面发展为本，有意识地对师生关系进行调整，建立符合时代要求、适应教育需要的新型师生关系。

我校进行了一项对学生的调查，结果显示：有74.9%的学生认为，师生关系对自己的学习有很大的影响，有57.5%的学生认为，现阶段师生关系起着主导地位，但是对现阶段师生关系很满意的仅占2.9%，不满意的占37.9%。而在影响现阶段师生关系的因素中，教师占40.2%，学生占31.9%。即使如此，学生还是秉承了我国优良的文化传统，有66.6%的学生对教师特别尊重，83.3%的学生在路上遇到教师主动打招呼。但与此同时，大多数学生都不会和教师经常主动性地交流。这些都表明，调整师生关系是这次课改的要务之一。

传统教学理论片面强调教师的教，形成了以教师为本位的教学关系。表现为两点：一是以教为中心，学围绕教转。教师是课堂的主宰者，教学就是教师将自己拥有的知识传授给学生，教学关系就是我讲、你听，我问、你答，我写、你抄，我给、你收。不是教师的教服从、服务于学生的学，而是学生的学服从、服务于教师的教。二是以教为基础，先教后学，教多少、学多少，怎么教、怎么学，不教不学。教与学本末倒置，导致学生的亦步亦趋、囫囵吞枣，最后摧毁了学生学习的主动性、自主性和创造性，甚至导致教师越教，学生越不会学，越不爱学。更糟糕的是，教师对成绩差的学生不是积极帮忙查找原因，采取开“小灶”、结对子等措施弥补不足，而是歧视、排挤，甚至放弃，使得师生关系充满紧张、矛盾和对立，酿成教育的悲剧。

在传统的教育教学中，教师是高高在上的“圣人”，抱着“师道尊严”不放，站在三尺讲台上滔滔不绝，学生一见就怕。沉淀几千年的“一日为师，终生为父”的观念在教师和学生的心中打下了深深的烙印，从而使学生对教师敬而远之，不敢和教师进行心灵与心灵的沟通。师生关系既是一种指令与顺从的关系，也是一种示范与复制的关系。这种师生关系严重制约了学生的个性和创造力的发展。

新课程呼唤新型的师生关系。新课程理念下课堂教学中的师生关系，强调学生是与教师平等的具有完整人格和个性的独立个体，教师则是教学的导航者、设计者和促进者，由权威者转变为学生创造力的激活者、培养者和欣赏者。它注重师生间的交流、沟通、启发与补充，使师生成为一个民主、平等、和谐的“学习共同体”，进行知识、经验和情感态度的交流与分享，形成平等、理解、互动的双向交往活动，建构师生平等、对话、宽容、理解的学校文化。

民主平等是师生关系的首要原则，其核心是师生互相把对方看成是完整意义上的“人”，而不是“物”。

学生具有与教师平等的人格，因此教师必须尊重每一位学生做人的尊严和价值，不伤害任何一个学生的自尊心。我校教师以尊重的态度面对每一个学生的人格和尊严，不伤害学生的自尊，杜绝体罚、辱骂、呵斥、冷落、羞辱、嘲笑、随意当众批评学生等现象。

我们要求教师必须建立民主平等的师生关系，过去那种“学生毕竟是学生，教师才是知识权威”的思维定势已经过时。现在新型的师生关系完全是平等的，在教师的引导下师生共同探讨问题，始终保持相互交流、相互沟通、相互启发、相互补充的课堂气氛，以求得新的发现。

正如19世纪美国哲学家、诗人爱默生所言："教育成功的秘密在于尊重学生。"要想建立良好的师生关系，教师必须对青少年学生充分理解，对学生有诚心诚意的爱，注重学生的独特性，对所有学生一视同仁。

教育首先应是温暖的、有人性味的。爱心、热心是责任心的源泉，只有热爱学生、尊重学生，才能使师生心灵相通，才能使学生"亲其师，信其道"。陶行知先生说："真教育是心心相印的活动，唯独从心里发出来的，才能达到人心灵深处。"以前我们为自己提出了这样一个问题：我们热爱学生，那么如何让学生爱你呢？陶行知先生的这一教导给了我们一个圆满的答案。几年来，我们就是这样要求我们的教师的，要求每位教师一定要爱学生，同时也要让学生爱教师，这就需要一种和谐的师生关系。教师应实行教学民主，建立平等的师生关系。教师要尊重学生的人格，爱护和培养学生的探索精神、创新精神，营造崇尚真知、追求真理的氛围，促进学生自主学习、独立思考，为学生的禀赋和潜能充分发展创造宽松的育人环境。

我们要求教师首先摒弃师道尊严的传统观念，从"人—人"关系上认识师生关系，使教师的作用从外在于学生转向情境共存，把自己的外在权威转化为内在权威，注重塑造以渊博的知识和高尚的师德为核心的具有亲和力的人格形象。

我们还要求教师要诚心诚意信任和鼓励学生，对学生以诚相待，以热心换热心。我们要求教师经常接触学生，教师要承包若干名学生，每周至少要与学生做一次面对面的交流，了解学生的身体、心理、家庭、学习、生活等各个方面，给予真心的关怀。要求教师经常进行与学生家长的沟通，在家长面前多谈学生的长处、优点和进步，使学生感觉到真爱。我们有些教师经过努力得到学生热爱后，深有体会地说："爱学生容易，让学生爱自己就不那么容易，只有投入真情，才能感动上帝。"

教师手握"生杀予夺"大权，成功的教育能成就一个学生，失败的教育能毁掉一个学生。教师能够爱学生，就是让学生"生"，就是"予"，就是对学生实施了有效教育；教师不能给予学生爱，就是"杀"，就是"夺"。一个才智平平的学生遇上了一位有爱心的教师，也可能会成为一个出类拔萃的人才；一个天才的孩子，如果遇到一位没有爱心的教师，也可能会成为天下最大的笨蛋。

因此营造良好的师生关系和学校氛围，给学生创设一个安全的心理氛围与宽松自由的学习环境，对促进学生的自主发展有着十分重要的意义。著名教育专家布卢姆曾指出："在教学中要使学生尽可能少地感受到威胁，因为在自由、轻松气氛下，学生才能最有效地学习……"学生只有在心理安全和自由的条件下，在相对宽松的环境里，怀着快乐的心情学习，才有可能发挥出最大的潜能。

在鹿泉一中，教师努力和学生之间建立良好的关系，作为他们的伙伴和支持者，激励和鼓舞他们学习成长。学生的点滴进步，学生每发现一个新问题，提出一个新思路，教师都会给予表扬，从而增强他们的自信心，激励他们再接再厉，百尺竿头，更进一步。

鹿泉一中的教师不仅经常对学生进行鼓励性评价，更重要的是引导学生进行积极的自我评价，鼓励学生在困难和挫折面前永不屈服，在成绩面前再接再厉。这些激励增加了学生的自我效能感，帮助他们树立合理而积极的自我期望，改善了自我认识，调节了学习行为，从而提高了学习的积极性和学习效果。

构建和谐师生关系的另一条战线是学生的理解，我们通过许许多多的主题班会，让学生自己构思、自己主持与教师的沟通，并且通过各种宣传渠道，和"感动校园人物"评选活动，把教师中的先进模范事迹介绍给学生，使学生感觉到教师的辛苦、教师的真诚、教师的高尚。通过节日（元旦、春节、教师节、青年节等）活动，师生互相勉励，互相祝福，拉近师生关系。通过多年的努力，一种和谐的师生关系在鹿泉一中已经初步形成，学生热爱教师已成风气。

和谐融洽的师生关系使学生从内心感到，教师的爱是诚挚的爱，是由衷的爱护和帮助。这样不管在课堂外，还是在学习生活中，都让学生从教师那里感受到真诚的关怀和热爱，以及积极的期待和希望。他们就会有一种受到信赖、鼓舞与激励的内心情感体验，从而在内心升腾起对教师的信任和爱戴，由喜欢教师而喜欢他所教的学科，从而乐于聆听教师的教诲，并努力将教诲转为行为，实现教师的积极期望。

（四）为学生全面发展提供丰美的食粮

高中阶段是学生人生的重要阶段，是学生生命成长的关键时期。生命是在自主中发展的，自主是在选择中实现的。

校本课程即以学校为基地，根据学生发展需要而开设的课程，能够足量地开发出适应地方经济与文化特点、凸显学校办学特色的校本课程，是实现新课程改革的选择性，从而实现学生自主发展的重要基础。我校把关注学生的需求和发展放在首位，对学校校本课程进行了初步建构，为学生全面发展提供了丰美的食粮。

我们依照办学理念和开发原则等明确了我校课程开发的几大领域。这几个领域从不同的角度，聚焦于以人为本的新课程理念。

1.幸福成长领域

我校的办学愿景是“立足师生幸福，培育学生梦想，为学生终身发展奠基”。学校所有工作都是为学生一生幸福和终身发展打基础的。因此我们按照马斯洛的“需求层次”理论，确立了开发学生成长领域校本课程的五个系列，依次为珍爱生命系列、高中身心健康系列、公民素养系列、人文科技素养系列、职业生涯人生规划系列。

在五个系列中，我们开发出不同的模块。五个系列的课程框架为学生提供了选择的机会。例如，我们在珍爱生命系列，开设了交通安全课程和生命健康教育课程等；在高中生身心健康系列，开设了合理饮食课程等。

2.有效教学领域

为了满足“以学定教，少教多学”的课堂教学改革需要，我们编写成与教材相配套的“学与导”校本教材系列，实现学生的自主学习、合作学习，促进学生更好地完成学业，实现能力培养目标。

3.发展特长领域

学校组织了活动小组，参加面向社会职能部门和社会团体举办的各种比赛和竞赛活动，培养学生兴趣，促进学生的特长发展。学校据此总结出版相应的辅导丛书。如《奥林匹克竞赛系列》《音体美专业特长系列》《三模一电系列》《中青少年创新大赛系列》《俱乐部式特长大赛系列》等。

4.提高人生情趣和生活品位领域

从一个人的角度来看，事业是幸福生活的主料，情趣是幸福生活的调料；主料加调料是一道美餐，事业加情趣是一个人人生幸福的完整结构。因此开发提高生活情趣类校本课程，对于学生一生幸福同样重要。

我们的目标是，让每一个学生都具备一项终生受用的体育健身技能和一项充满兴趣的业余爱好。只要学生有需求，我们就要创造条件满足，为学生的健康成长、快乐成长提供最大限度的选择性。

鹿泉一中文学社成立大会

（五）关爱生命，呵护心灵

关怀生命是现代教育的核心价值。教育教学不仅是教学科知识，也应有生命安全、生命价值的教育，引导学生珍惜生命、尊重生命、热爱生命，提升人的生命意义与境界。中学教育必须加强对学生的生命教育，使学生了解生命、认识生命、尊重生命，热爱包括自己在内的一切生命，不要轻易地漠视生命，损害生命。与此同时，学校还需切实加强对学校安全的认识，让学生学会在困难面前自救和互救的方法，使之成为学会生存技能的重要内容。

1.以智慧珍爱生命

生命是美丽的，但生命又是脆弱的。尤其是现在的孩子生理早熟与心理幼稚的反差，更加大了易冲动的倾向，轻生与伤害的案例时有发生。因此尊重、珍爱自己与他人生命的意识亟待强化。

珍爱生命，发挥生命能量，提升生命质量，是教育的终极价值。

我校一直非常重视生命教育。我们编写了《弟子规讲解》《远离毒品》，从“身体发肤受之父母”，自己“无权伤害”的角度对学生进行教育，强化学生珍爱自己和他人生命的意识；我们编写了《心理教程》，开设了心理课程，建成了“心理维护中心”，对学生进行心理疏导，使学生保持积极、乐观、开朗的心态，为生命筑起一道“防火墙”；我们编写了《灾害预防与逃生》《紧急救护》等校本教材，提高学生的生存技能。通过开展生命教育活动，让学生提高生存技能，远离危险，实现生命的健康发展。

我校还成立了“安全法制办公室”，建立了完善的管理制度，制订了防震、防火等各种应急预案，并定期进行逃生演练，为学生安全提供了保障。

我们推出“生命教育”系列，通过唤醒人的生命意识，提高人的生存技能，让学生们在生命教育的过程中，学会珍惜生命、关爱生命，促进人的生命发展，展现生命历程的完整与充实。

鹿泉一中师生为汶川地震灾区捐款

2.健康第一，享受体育

珍视生命，以人为本，不仅是让学生活着，更是要学生健康地活着。“少年强则国强”，青少年身心健康，体魄强健，意志坚强，充满活力，是一个民族旺盛生命力的体现，是社会文明进步的标志，是国家综合实力的重要方面。

当前，人类比以往任何时候都更加关注自己的健康状况和生活质量。近年来，人们对健康的概念有了新的认识，健康不仅是没有疾病和不虚弱，而且是在身体、心理和社会方面都保持良好状态。在学校教育中，“健康第一”的理念日渐深入人心，但有待落实到行动中。让学生养成良好的锻炼习惯，掌握基本的运动技能，提升自身的健康状况和生活质量，从而为个人幸福、社会进步和国家发展打下基础，是高中体育的重要责任。

学校要发展，必须“以人为本”，那么关心师生健康是最起码的人道主义关怀，没有师生的健康，何来学校的发展和人才的培养？因此我们必须把“健康第一”的思想作为学校发展的基础。人是一个和谐的整体，只有在体质和心理都健康的情况下才能得到全面发展，体育对提高人的智商和情商有重要作用。

然而我们必须清醒地看到当前我国青少年令人担忧的健康和体质状况。一方面，由于片面追求升学率，社会和学校存在重智育、轻体育的倾向，学生课业负担过重，休息和锻炼时间严重不足；另一方面，由于体育设施和条件不足，学生体育课和体育活动难以保证。近期体质健康监测表明，青少年耐力、力量、速度等体能指标持续下降，视力不良率居高不下，城市超重和肥胖青少年比例明显增加，部分农村青少年营养亟待改善。

这些问题如不切实地加以解决，将严重影响青少年的健康成长，乃至影响国家和民族的未来。应把加强学生健康教育提升到“以人为本”的高度来认识。人需要健康地活着，这是人的本性要求，也是国家和民族的期望。

在“健康第一”思想的指导下，我校的体育课程和体育活动力求适应时代要求，以增强学生体质为主，促进学生身体健康、心理健康和社会适应。体育教学努力达到三个层次的目标：第一，让学生喜欢；第二，让学生感到健康的重要，养成锻炼的习惯；第三，让学生享受体育，终身参与体育。

我校认真落实“阳光体育”，至少保证每个学生每天有一小时的体育活动时间。即使高考前夕，我们的高三学生依然坚持早操和锻炼身体。另外，我校还通过努力，让学生在学校期间学会1~2项终身受用的健体方式，为学生的发展和走向社会奠定基础。

鹿泉一中学生团体操表演

我校大力开展好群众性的体育活动，在传统的篮球、足球、乒乓球比赛的基础上，组建更多的课外活动小组，逐步成立多个单项的体育俱乐部，吸引更多的学生对体育产生参与的兴趣，学到运动技能，让学生在欢乐和享受中增进健康，提高心理素质和意志品质，最终实现人人参加体育运动，人人都是运动员。

我们还对学校体育运动会进行改革，增加各单项活动的表演项目及体现集体力量和精神的团体项目，让学生真正爱体育，积极参与体育并增强集体主义和协作精神。

3.让阳光照进学生的心灵

学生健康不仅仅是身体强壮，而且很大程度上取决于心理健康和社会适应能力。必须把学生的心理健康教育和训练，以及适应社会的锻炼，作为重要课题来研究和解决。学生心理健康教育的对象，不是专指有心理障碍的学生，而是全体成长中的、正常的、健康的学生。心理健康教育不是专门关注“健康”与“不健康”的教育，更重要的是关注学生生命成长，促进学生的正常发展。

（1）目前中学生心理问题日益严重

在人类的一切实践活动中，心理因素都起着至关重要的作用，对学生而言，更是如此。当代中学生处于一个知识不断更新、信息日新月异、竞争十分激烈的时代。学习压力、竞争压力、就业压力，使得目前的高中生的心理负担过重，心理问题日益严重。

据权威部门统计，现在的中学生中，有1/3左右的人有不同程度的心理疾病和心理障碍。使得一些学生对学习没有热情，不愿吃苦，害怕困难，没有责任感，缺少上进心，不能正确对待成绩，不能建立良好的社会关系，不能正确地估价和认识自己，讨厌劳动，自私懒惰，等等。这些问题严重地影响了中学生的身心健康发展和学习成绩的提高。

更需要注意的是，目前学生出走、自杀、自残、伤害他人乃至老师和父母的事件屡见报端，反映出学生中的心理健康问题，已经严重地影响到了他们的健康成长和全面发展，因此重视和加强学生心理健康教育刻不容缓。

（2）心理健康问题是影响学生学习质量的主要因素

在1993年召开的“国际学校心理学会”会议上，专家们一致认为，心理健康教育的地位之重要和教学并列，教学和心理健康教育是现代学校的两个轮子，缺少任何一个轮子，现代学校都不能启动。

美国教育心理学家夫兰德森曾经指出，心理健康与学习中的成功是极其密切相关的，在情绪的适应不良和智力的低效之间存在着一种复杂的因果关系。心理卫生是有效学习的基础，而各种学习兴趣的产生和自我提高则是心理健康的一种标志。

学生的心理健康问题是影响学生学习质量的主要因素。开展心理教育工作，开设心理健康教育校本课程，增进学生心理健康，是提高教学成绩的一条非常有效的途径。可以毫不扩张地说，抓住了心理教育，就等于牵住了学校教育的牛鼻子，对于促进其他工作的开展和学生的全面发展来说，可以起到牵一发而动全身的效应。

（3）关注心理健康，培养健全人格

关注心理健康，培养健全人格，是新课程理念中一个重要的组成部分。当前，随着素质教育的实施，在我们的教育教学过程中也出现了许多新的问题，特别是学生在心理方面表现出来的问题，值得我们教育工作者重视。

学校教育的主阵地在课堂教学和班级生活中。因此除了必要的心理健康课、辅导、咨询外，我们切实加强了课堂教学和班级活动中的心理健康的渗透，同时让学生多了解社会，多参与社会活动，体验适应社会的需求，培养适应社会的能力。

心理健康教育的内容和途径是多方面的，每位教师都有自己的独特见解。我校充分发挥教师资源的作用来充实心理健康教育，让阳光照进每个学生的心灵。

课程改革是一个复杂的过程，在改革过程中不可避免地会出现各种各样的问题。新课程实施后如何解决学生的心理适应问题，显得尤为迫切。我校教师在传授知识的同时，给学生进行必要的心理疏导，让学生尽快地从过去被动的学习模式中走出来，适应当前的教育教学形式，和教师一同投入到当前的课程改革中去。

我校还开设心理健康校本课程，从预防及发展的角度入手，针对高中生的身心发展特征，从适应、学习、人际交往、自我意识、情绪情感、人格、挫折应对等方面对学生进行教育辅导，旨在使高中生从心理发展的角度，用科学的眼光认识自我，不断提升自身的心理素质，培养和塑造健康的心理，顺应新课程改革的浪潮，以应对未来的学习和生活。

（六）艺术滋养，科学启智

1.艺术滋养心田

假若一个国家或民族忽视了艺术和人文精神，就必然导致社会精神文明的滑坡和社会群众行为的庸俗化。中学教育要让学生选修包括艺术在内的人文学科课程，开展丰富多彩的课外文化艺术活动，增强学生直接的美感体验，努力营造一种浓厚的文化氛围和艺术氛围。这样培养出来的学生更富有活力、创造力和进取精神，具有更开阔的胸襟和眼界、更深刻的人生体验、更健康的人格和更高远的精神境界。

钱学森曾经说过："我在科学研究的道路上能够有一些成就，应归功于夫人蒋英。"蒋英是位女高音歌唱家，而且是专门唱最深奥的德国古典艺术歌曲的歌唱家。这些艺术里所包含的诗情画意和对于人生的深刻理解，使得钱学森丰富了对世界的认识，学会了艺术的广阔思维方法，避免死心眼和机械唯物论，想问题能够更宽一点，更活一点。钱学森不止一次地告诉我们："一个有科学创新能力的人，不但要有科学知识，还要有文化艺术修养。"

我们可以想象，在一首乐曲、一幅绘画中，许多复杂和相互对立的音符、许多复杂和相互对立的色彩，经过艺术家之手，变成了和谐、协调、浑然一体令人们赏心悦目的作品，其中值得我们去领悟的东西实在太多了。所以加强艺术教育对实施素质教育，促进学生全面发展，使学生享受终身幸福实在是不可缺少的。

为此，我校在高一、高二年级开设音乐、美术、设计、工艺制作等选修课，在高三年级开设艺术欣赏课，在艺术中心开辟学生艺术作品展览大厅，收集学生创作的绘画、剪纸、布艺、陶艺等艺术作品参加展出，组织相应的爱好者成立艺术兴趣小组，组建学生乐队、学生合唱队、学生话剧队等，每年举办一次学生艺术节。

2.科学启发智慧

尽管五四以来"科学"成为我国学习西方最重要的成果之一，如今更成为国家和社会发展的核心理念。但科学教育当前在我国仍然是一个薄弱环节，由于科学教育的缺失，学生的智力发展受到严重影响。所以加强科学教育是我们的当务之急。

我校努力让科学真正走进学生的心灵，而不是以硬灌的方式强行塞给学生。我们让学生了解科学的过去、现在和未来，以及科学在社会和生活中的应用，让学生认识到科学的美好，认识到科学的重大意义，认识到科学对于社会和我们个人生活的深刻影响，认识到科学精神、科学方法和科学文化对我们精神生活和思维方式的积极意义，同时也认识到科学的局限。

科学教育的使命不仅在于培养学生的科学知识，而且在于培养学生的科学文化素养，所以科学与人文融合等主题的教育也是非常必要的。我们让学生更多地了解与科学相关的人文精神，比如科学究竟是什么，科学最根本的思想观念是什么，等等。

我们加强了我校“空中课堂”中有关“科技博览”节目内容的播出，在每集播出前，有关学科的老师做出简单介绍，并留给学生思索的空间。自然科学各个学科定期为学生举办讲座，并和学生产生互动，让学生产生共鸣。加强有关科学家、科学史、科学幻想影视资料的收集，并定期播放（如学生休息的周六或周日晚上）。

我们还以科技中心各个学科功能教室为场所，组织有兴趣的学生成立科学小组，进行标本制作、资料收集、整理编排，把各个学科功能教室变成学科博物馆，使科技中心逐步变成科学教育中心和博物馆。

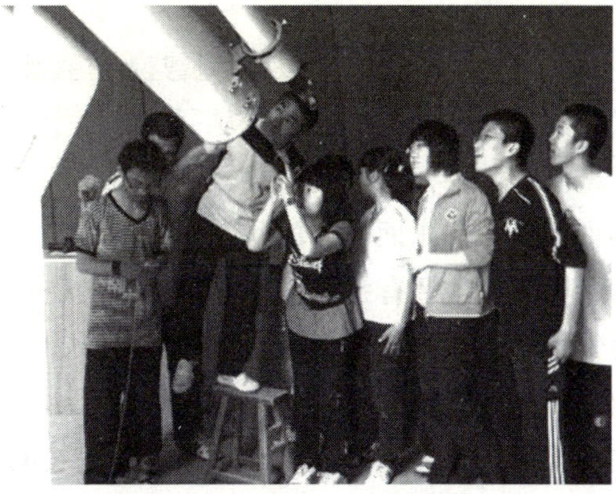

鹿泉一中学生在进行天文观测

二、让学生做“最好的自己”

教育的根本作用是促进人的个性的发展，使个人的潜能得到最大限度的发挥和实现。把学生培养成为“最好的自己”，让学生学会学习，学会自我成长、自我发展，才是学校最大的成功。我校在这方面做了很多尝试和努力。

（一）兴趣是最有效的动力

学习兴趣是吸引和激励学生学习最有效的动力。科学研究证明，学习的效果与兴趣的强烈程度成正比，兴趣越浓，学习的效果就越好，而没有兴趣和乐趣的学习是徒劳无功的——“苦学无益，其去必速”。孔子说：“知之者不如好之者，好之者不如乐之者。”有兴趣才能学进去，才能愿意学。

古今中外，凡有成绩者无不对自己所从事的事业有着浓厚的兴趣，兴趣推动着他们孜孜不倦地追求，并最终取得成功。获得诺贝尔奖的华裔科学家丁肇中，用6年时间读完了别人10年的课程。记者问他：“你如此刻苦读书，不觉得很苦很累吗？”他回答：“不，不，不，一点儿也不，没有任何人强迫我这样做，正相反，我觉得很快活。因为有兴趣，我急于要探索物质世界的奥秘，比如搞物理实验，因为有兴趣，我可以两天两夜，甚至三天三夜呆在实验室里，守在仪器旁。我急切地希望发现我要探索的东西。”

上个世纪最伟大的物理学家爱因斯坦曾说：“兴趣是最好的教师。”杜威也曾讲过，兴趣是一个人能力的可靠征兆。一个人在探索自己感兴趣的东西时，完全沉醉其中，全身心地投入到所关注的对象中，忘记了自我的存在，精神处于一种快乐而积极的状态。在这种状态下是最容易做出伟大成就的。对世界和人生怀有强烈的兴趣是天才最主要的品质之一。

兴趣能使学生的注意力集中，观察敏锐而深入，记忆持久而准确，思维灵活而丰富，能够激发和强化学生学习的内在动力，从而培养学生学习的积极性和主动性。从某种意义上来说，教育最重要的责任就是要培养和发展学生对知识和学习的兴趣。学校和教师应该把激发学生的好奇心当做自己最主要的任务之一。在基础教育阶段，每个人都可能对周围世界产生浓厚的兴趣。基础教育的主要任务就在于努力激发学生的学习兴趣，进而促进学生潜能的发展，培养他们的健全人格。

今天，鹿泉一中的教师更是特别注意激发学生的学习兴趣，在学习和生活的点点滴滴中，培养他们对学习的兴趣，从而积极地投入到学习中去。鹿泉一中的教师们懂得，“未来”是由每一个“现在”织成的。教育不应仅仅为未来做准备，更要关注学生当下的存在，让学生在充满兴趣的学习中健康快乐地成长。因此鹿泉一中的教师力求使课堂成为学生兴趣发展的园地，引导和帮助学生在学习中培养兴趣，在兴趣中快乐学习。

教师对学生好奇心的尊重、理解和鼓励，对激发学生的兴趣有重要作用。我校教师注意保护学生的好奇心，激发他们的求知欲，鼓励他们大胆地提出自己的困惑和问题，引导他们展开创造性思维，使学生主动参与到课堂中来，充分调动学生的学习积极性。

教师精心设计和组织课堂的每一个环节，力求使学生对自己新颖的教学方法产生兴趣和神秘感。教师还注意加强学生对学科本身意义的了解和认识，让学生懂得学习这门学科的意义，认真思考和掌握每个学科的内在结构，懂得每个定理和公式的内在规律，并且用它们解释现实中的一些现象，由此使学生对这门学科产生兴趣。

一些教师还密切联系学生的生活进行教学设计，引导学生运用所学知识解决生活中的实际问题，让学生在解决实际问题的过程中获得成就感，产生学习的兴趣。教师还通过让学生自己动手实践操作，引起学生的学习兴趣，加深学生对知识的理解。有的教师还会结合教学内容，精心组织一些饶有趣味的游戏或比赛，激发学生的学习兴趣，使学生真正“动”起来。在愉快的游戏和比赛中学习，不仅提高了他们的学习兴趣，还增强了他们的成就感和自信心。

教师还根据学生在战胜困难时会感到快乐，进而形成自己的学习兴趣，为学生设计一些有一定难度的任务，让学生完成，在他们取得成功时进行鼓励和表扬，激发他们的成就感和进一步学习以挑战更大困难的兴趣。教师还注意运用生动、幽默的语言使学生感到学习的乐趣。

当教学过程充满情趣时，学生才会有学习的兴趣，夸美纽斯曾说：“兴趣是创造一个欢乐和光明的教学环境的主要途径之一。”教育心理研究也表明，当学习兴趣受到激发时，学生才会积极、主动、心情愉快地学习，不视学习为负担，则教学就能起到事半功倍的效果。

在课堂教学中，如何让学生以最大的热情参与教学过程，从而获得理想的教学效果，是每一位教师关心的问题，也是我们始终在认真研究的课题。教学实践证明，情境设置是可行的方法之一。在教学活动中，情境设置可通过多种途径来实施，如语言、演示实验、教具、多媒体等，其中语言情境是最常采用的方法。

很多生物教师都认为《神经调节》这一节非常难讲，原因是：神经冲动传导过程本身就是难点，学生不好理解。尤其是高中生，他们从没上过解剖课，没有亲眼看到过真实的神经是怎样的，甚至连想象都有困难，再让他们理解反射弧、反射过程，确实有很大难度。

这样抽象深奥的知识该怎样讲授给学生呢？把抽象的内容赋予形象的情境，学生的注意力马上就会集中，情绪也会随之高涨，接受知识的效果也较为理想。

李春莲老师讲《神经调节》的第二课时是这样开场的："在生活中我们离不开电，电流得通过电线输送给各家各户，实际上我们人体内也有生物电的现象。"

学生立刻都张大嘴巴："啊？真的吗？"李老师说："当然了，上节课我们学习了'兴奋'这个词，实际上兴奋在神经纤维上的传导就是一个生物电的现象。那你们想象一下，人体内的生物电靠什么来传导呢？"学生想了想说："神经纤维。""对，人体内的神经纤维就像一条电线，而且我们人类的神经进化得非常合理，轴突相当于铜丝，轴突外面的髓鞘就如电线外面的橡皮管，起到保护、绝缘的作用。"说完李老师就开始在黑板上画神经纤维图。学生的兴趣到这时已经激发起来了。

画好图后，李老师接着说："物理上讲电流在电线上传导是由于电势差引起的。那兴奋在神经纤维上的传导是怎样的？下面看书自学兴奋在神经纤维上的传导。"学生听了以后都非常感兴趣地说："生物教师要讲物理了"。尤其爱学物理的学生更来劲了，更加认真地看书、讨论、听讲。

（二）点燃学生的创造火花

建设创新型国家，关键在人才，人才的成长靠教育，学校教育要为创新型人才的成长提供最好的条件。我们的教育不在于告诉学生真理，而在于教会学生怎样去发现真理，给学生一个善于探索、善于提出问题、善于批判、善于怀疑、勤于思考的头脑。因为没有怀疑和思考就不可能有批判，没有批判就不会有创新，我们必须把学习的权力和空间交给学生，使他们自主学习，自主发展，用教师的创造之火去点燃学生的创造火花。

素质教育的核心是培养学生的创新精神和实践能力，要实现这一要求必须实行科学与人文艺术相结合的人才培养模式。科学和人文艺术的结合，有助于学生左、右脑的协调作用与和谐发展，有助于学生逻辑思维与形象思维、直觉思维的共同发展，有助于学生的理性与感性、思维与情感、道德与人格的全面发展。科学与人文艺术的结合，为学生成为优秀的创新人才搭建起坚实宽阔的桥梁。

学生的创新意识和能力决不是一朝一夕就能形成的，它需要经过长时期有目的的教育及培养才能实现。考虑到目前中学生接受教育的条件及环境，课堂教学毫无疑问地成为接受知识和信息的主要形式，也是学生萌生创新意识、积累创新经验、培养创新能力的主渠道。

创造能力不是自发产生的，在教学中，教师必须善于培养、发现和鼓励学生的创造精神，否则学生许多宝贵的创见就会被扼杀、被埋没，学生终生也只会模仿而已。教师在教学中要积极活跃学生的思维情绪，鼓励学生敢于独立思考，敢于“别出心裁”，敢于“独树一帜”。独立思考要反复多想，正所谓“多想出智慧”。多想将导致人们走向创造性的道路，攀登科学文化的高峰。因为只有多想，才能超越常规，不为前人的结论所局限；只有多想，才能深入事物的精髓，得出新的结论。一个经常动脑、勤于思考的人，才能在知识的海洋中获得创造性的成果。

我校教师尊重学生，重视他们的创见，这样学生才有勇气说出自己与众不同的看法。有时候学生提出一种新的见解或方法，但是与教师原来想的不一样，我校教师没有横加批驳、冷嘲热讽，而是认真研究，积极给予鼓励，保护学生的独创精神。

只有彻底解放思想，破除种种清规戒律，学生的独创能力才能得到充分的培养。在我校的八环节学案型教学中，教师不仅仅是知识的传授者，更重要的任务是为学生创造一个宽松开放的学习环境，提供获取知识的多种渠道，启发他们将学到的知识加以融合，并应用于实践，最终促使他们形成积极的学习态度和良好的学习习惯。总之，教师的职责不是重在“教”，而是重在指导学生“学”和教他们“会学”。教师的主导作用主要表现在“引导”上，教师的根本职责在于“引路”，而不是代替学生或背着学生“走路”。

作为教学活动的组织者和指导者，我校教师围绕教材内容及时地提出或精心设计一系列富有挑战性的问题，并引导学生大胆尝试、积极思考，培养和发展学生的创造性思维。

爱因斯坦曾经说：“提出一个问题比解决一个问题更重要。”在教学活动中，创新始于问题的提出，而问题的解决过程又是培养学生的创新精神、锻炼学生创新能力的重要过程，并且问题的解决又为新的创新活动的开始奠定了基础。就中学生而言，学习上的创造性主要是指学生对人类已有知识的“再发现”“再创造”或“创造性”的运用，其实质是学生在学习活动中表现出的创造性思维品质。我们要求教师在教学中注重培养学生的问题意识，不仅让他们通过自己的合作探究，完成学案上的问题，还要让他们在文本的学习过程中，学会发现问题并解决问题。

学科问题的解决，往往是以设置恰当的教学情境为前提的，一个好的教学情境能激发学生的学习动机和创新意识。教师创设教学情境，重在引导和培养学生的观察能力与分析能力。学生只有大胆猜想和探索，才能更有效地挖掘出隐藏于学科问题中的内在知识联系，并在此基础上寻求问题的解决方法。

学生的创新意识、创造能力不是一朝一夕就能形成的，需要长期有意识地教育培养才能形成。在平时的教学活动中，教师要善于抓住各种有利时机，精心创设提出问题（发现问题）的教学情境，多方向地激发学生的创造性思维，在尊重学生个体思维的基础上，充分发挥学生在学习中的主体作用。

在“函数的应用举例”这一节中，我校谷成印老师结合农民建温室大棚的生活实例，对学生提出了如下的问题：现有一定数量的建筑材料，怎样设计，温室的面积最大?

由于学生观察到的温室大棚都是矩形，所以依据二次函数的知识，很快求出在正方形的形状下，面积最大。为了使学生对此类问题有更深入的认识与研究，谷老师又引导学生在看电视时，注意观察某些城市中心的草坪（花园）形状，有些学生发现不是正方形而是圆形，难道这仅是为了美观吗?

通过对学生计算方法的指导，发现随着正n边形边数n的增加，在周长不变的情况下，n越大，正n边形的面积越大。学生对这种现象感到好奇，究竟n取多少时，面积最大呢?学生探求的欲望十分强烈，对此，谷老师委婉地告诉学生，要解决这个问题，还需要利用其他的数学知识，同时向学生指出，我国古代的数学家祖冲之，正是用这种对圆内接正n边形边数无限增加的方法，最早地计算出了圆周率π的近似值。

现实的问题，古代科学家的故事，对陶冶学生的思想情操，激发学生研究数学问题的兴趣，起到了巨大的鼓舞作用。

（三）让学生学会学习

在当前信息时代和教育变革的背景下，鹿泉一中把教会学生学会学习，培养他们养成终身学习的习惯当做学校的重要任务之一。学会学习，培养终身学习的能力，是联合国教科文组织提出的未来教育的四大支柱之一。国际教育发展委员会的研究报告《学会生存——教育世界的今天和明天》指出："那种想在早年时期一劳永逸地获得一套终身有用的知识或技术的想法已经过时了……我们要学会生活，学会如何去学习，这样便可以终身吸收新的知识；要学会自由地和批判地思考。"

联合国教科文组织出版的《教育——财富蕴藏其中》一书认为"终身教育是进入21世纪的关键所在"，并指出"终身教育是不断造就人、不断扩展其知识和才能以及不断培养其判断能力和行动能力的过程"。"教师的职责现在已经越来越少地传递知识，而越来越多地激励思考，除了他的正式职能以外，他将越来越成为一位顾问，一位交换意见的参加者，一位帮助发现矛盾论点而不是拿出现成真理的人。他必须集中更多时间和精力去从事那些有效果的和有创造性的活动：互相影响、讨论、激励、了解、鼓舞。"

在当前瞬息万变的信息时代，每个人的发展之路上都充满着各种挑战，传统的教育已远远不能适应未来社会的需要，只有终身教育才能担此重任。而这就需要我们转变传统的教育观念，从以往的"教会学生知识"转向"教会学生学习"。鹿泉一中的教师没有躺在原有的知识上怡然自得，更没有千篇一律地重复自己的教学，而是在思考如何恰当地把握教育的时机，灵活处理教育中的矛盾和冲突，做出正确及时的判断，促进学生的独立思考和探索，帮助他们学会学习，养成终身学习的习惯。

1.培养学生提出问题的能力

课堂是学校教育的主阵地，如何把握和利用这短短的45分钟，充分发挥其作用，是学校也是每一位教师必须面对的核心问题。课堂教学的终极目的是学生的收获，而不是教师的付出，教师应该弄清楚自己教学的出发点和归宿到底是什么。由此出发，衡量一节课好坏的标准应该是，在45分钟的时间里学生真正学会了多少，理解了多少，收获了多少，而不是教师教了多少，解释了多少，付出了多少。

要实现新课改和素质教育的目标，一个前提是必须给学生足够的自主空间。一个人最宝贵的特性就是其自主性，没有自主成长的空间，人的道德、智慧、审美、创造性等也都无从谈起。有效的学习一定是主动的学习。主动的学习可以提高学习效率，更可以给学生带来学习的兴趣和快乐，激发学生学习的动力和潜能。主动学习，学会学习，乐于学习，是我们在教育中应该培养学生达到的目标，这样才能为他们将来的可持续发展打下良好的基础。

"一个坏教师奉送真理，一个好教师则教人发现真理。"我们有多少教师真正在"教人发现真理"呢？长期以来，教师往往将教学目标仅仅定位于知识的传授，让学生最大限度地识记教师课堂传授的知识成为教师永恒不变的追求，教师只顾埋头于自己的"教"，而忽视学生的"学"。在这种教育模式下，教师成为知识输出的机器，而学生则成为被动接受知识的容器，"填鸭式"的教学因此得名。

一个好教师应该为学生提供宽松的学习环境，鼓励学生自由地思想和表达。在鹿泉一中，教师充分信任学生，尊重学生的自主性，使他们的人格和思想得到充分发展。他们懂得，教师不再是拿出现成真理的人，自己的权威不是建立在权力的基础上，而是建立在学生自愿承认的基础上。

鹿泉一中积极倡导和鼓励教师在课堂上多留给学生思考的余地，让学生自己发现和探索知识形成的过程，亲历成功的体验。鼓励学生以自己的方式来学习，让他们自己去观察和思考，动手操作，探讨争论。帮助学生自己主动认识自己，培养他们的独立思考和分析判断能力。

自主性和怀疑精神是分不开的。质疑是思维的导火线，是探索与创新的源头。古人云"学贵在疑"，"学起于思，思源于疑"。明代学者陈献章指出："前辈学贵有疑，小疑则小进，大疑则大进。疑者，觉悟之机也，一番觉悟，一番长进。"事实上，不仅是"学贵在疑"，教学也贵在设疑。

我校教师在这方面下了很多功夫。他们根据每一节课的教学内容和学生的实际认知情况精心设计问题和教学情境，力求引起学生的质疑和好奇，造成"问题情境"，使学生情不自禁地对寻求问题的答案产生兴趣，进而积极思考和探索。在学生感到困惑时教师及时予以启发引导，鼓励他们去积极探索，充分发挥自己的想象力和创造力，从多种角度，用不同方法，去寻找答案，解决问题。

鹿泉一中不仅重视培养学生解决问题的能力，更重要的是培养学生提出问题的能力。正如爱因斯坦所说的那样："提出一个问题比解决一个问题更重要。"在一个缺乏反思的时代，如何正确地提出问题显得尤为重要。我们强调要注重培养学生自己发现问题、提出问题的能力。我们鼓励学生积极主动地思考和表达，勇于提出自己的问题，乃至对教师、教材提出质疑。

培养学生的自主学习能力关键是教给学生学习的方法和策略。俗话说："授之以鱼，不如授之以渔。"授之以鱼，仅充一时之饥；授之以渔，可供终身之用。

近代哲学之父、解析几何的创立者笛卡尔认为："最有价值的知识是关于方法的知识。"我国老一辈教育家叶圣陶先生也曾指出："教是为了达到不需要教"，"内容方面固然不容忽视，而方法方面尤其应当注重"。他反复强调教师在教学中要特别注重让学生掌握学习方法，以达到"不待教师讲"，"不待教师教"，学生便"自能读书"，"自能作文"，自能在学海中获得知识的宝藏。诺贝尔物理学奖华裔得主丁肇中则劝诫教师"不要教死知识，要授之以方法，打开学生的思路，培养他们的自学能力"。

鹿泉一中的教师们非常注重教学生学习的方法，培养学生的观察、归纳、比较、分析、综合、概括等能力，改善他们的学习方法，使学生真正成为学习的主人。他们教学生如何获取有用的信息，并综合运用各种方法对之进行分析和选择；引导学生根据学科特点及自己的学习状况，选择适合自己的学习方法，制订合理的学习计划。在这种环境下，我们的学生学会了自我反思，自我评价，自我修正，学会了利用已有的知识去发现问题、分析问题和解决问题。学生学会了学习，真正成了学习的主人，不再是消极被动地等待教师灌输的"鸭子"。

2.开展研究性学习

当前，改变学生学习方式，培养他们发现问题、研究问题、解决问题的能力已成为世界各国教育改革共同关注的焦点。

研究性学习的意义主要是培养学生积极的学习态度、良好的学习策略、科学的学习精神和学习方法，进一步提高我们的创新精神和实践能力。

我们生活在信息时代，面对的是知识经济社会，在这样一个社会背景下，要想成功地适应这个社会，能力和智慧比知识更重要。一个人的知识总可以通过读书来获得，而一个人的能力只有在实践的“历练”中才能养成。实践才是培养人的能力和智慧的摇篮。

研究性学习正为我们提供了一个实践的空间和时间，在这个空间和时间里，我们可以培养和锻炼学生的动手能力、参与社会实践的能力，从而获得对社会的直接感受；让他们体会科学研究的艰辛和快乐，培养科学能力和科学精神；通过合作研究，培养人际交往能力和团队合作精神，等等。一些终身受用的能力都可以在研究性学习中获得，所以研究性学习可以为学生的终身发展打造良好的素质。因此开设研究性学习课程，正是为了弥补学科教学在满足信息时代知识经济社会对人的新要求方面的局限和不足。

我们课题组组织学生选题，就充分尊重学生的主体性和创造思维。我们的选题内容十分广泛，如第一阶段课题包括：《电冰箱与臭氧层》《玉米粘虫的发生和防治》《鹿泉市旅游资源调查》《石家庄市水资源及未来发展》，以及《UFO微探》等广泛涉及工农业生产、环保、人文、经济等多方面内容。第二阶段有《中外教育遐想》《中学生上网情况调查》《学生社会交际》《农村安全用电情况调查》等内容广泛的课题。在选择研究性学习研究什么的问题上，我们绝不束缚学生的思维，而是努力提倡创新发散思维，这是搞好研究性学习的前提。

培养学生创新精神和实践能力是研究性学习的核心，充分发挥学生的主体性作用是研究性学习取得成功的根本保证。研究性学习更关心学习的过程，而不是结果，在这样的学习过程中，学习者能否掌握具体知识并不重要，关键是能否对所学知识有所选择、判断、解释、运用，从而有所发现，有所创造。也就是说，研究性学习的过程本身也就是它所追求的目的。在研究性学习过程中，学生自身通过问题的提出、探讨、课题设计、模拟体验、实验操作、社会调查等各种形式，探索与社会生活密切相关的各种现象和问题，使学习变得更主动，启动大脑活动的最大功效，并学习与人交流与合作，培养协作精神。这个过程绝非教师能包办代替的，必须是学生的主体参与过程。

我们在研究性学习过程中充分发挥了学生的主体性，充分做到了让学生亲身体验学习过程。例如，学生进行石家庄市水资源调查时，就大胆走进石家庄市自来水公司和污水处理场，向工作人员进行采访调查。为了解鹿泉市旅游资源和开发状况，有的课题组学生利用假期，骑车从北边的黄壁庄水库到莲花山抱犊寨，再到龙泉寺，最后到南边的龙凤湖，行程上百里。为了调查一个小山村岭口的历史和现状，有的课题组行程几十里，亲临现场观察、采访和思考。还有的课题组学生为了解农作物病虫害，暑假天天到地里认真观察。学生们通过体验有了巨大收获，除知识的收获外，更多的是精神和学习过程的体验。在总结中，学生们深有体会地说：“在研究性学习中，我们学到了许多在学校学不到的东西，扩大了眼界和知识面，明确了学习目的。我们学会了吃苦，学会了忍耐，学会了合作，学会了坚持不懈地为我们的理想付出辛勤的汗水……”

研究性学习突破了学科界限，也突破了课堂教学的模式，它的开放性、社会性、实验性十分突出。学校的教学资源已远远不能满足学习的需要，所以研究性学习亟待解决的一个重要问题就是开发教学资源问题。我校课题组采用一些有效措施较好地解决了这一问题。

首先，充分利用学校教学资源。如图书、资料、实验室，以及许多学科知识丰富的教师和众多的在校学生，都可以成为研究性学习的教学资源。

其次，充分利用网上资源。网络是现代信息的高速公路，有很多信息可以通过网络获得，网络资源是目前最丰富的教学资源之一。

最后，充分挖掘社会教学资源。例如各行各业的专家、学者，从事各种行业的工作人员、专业技术人员，各级政府、各个部门的公务员，都可以作为教学资源加以应用。另外，地理环境、动植物、工厂、农村各种第三产业等，也可以作为研究性学习的教学资源加以开发利用。

总之，社会教学资源是丰富无比的，就看我们如何去开发利用。

研究性学习让学生改变了学习方式，而且在这个过程中，学习态度得到了很大的改善，探究精神得以发扬，学生以前所未有的主体精神主动地、满怀兴趣地参与学习，培养了他们求知上进的精神，唤醒了他们的各种潜能。学生因此提高了学习品质，培养了良好素质，对其今后的学习和生活都会发生深刻的影响。

通过研究性学习的实施，教师不断增进了对自己工作的新的理解，改变了以往的角色定位，成为学生的学习伙伴，和学生共同探索新知，教师也进一步学会了怎样学习。在课程的展开过程中，教师并不只是知识的传递者，而更多地成为学习的促进者；教师也不再只是课程的执行者，而是课程开发的参与者和实践者。这种学习更有利于学生创新精神和实践能力的培养，更能充分展示师生教学活动的生命价值。

（四）教育的最高境界是自我管理

现代管理学之父彼得·德鲁克说过：“未来的历史学家会说，这个世纪最重要的事情不是技术或网络的革新，而是人类生存状况的重大改变。在这个世纪里，人将拥有更多的选择，他们必须积极地管理自己。”面向未来的教育最需要培养的是积极主动做出选择和善于自我管理的人。自主学习和自我管理能力常常是分不开的。

鹿泉一中对培养学生的自我管理十分重视，这不仅对学生自主学习习惯的形成起到了潜移默化的作用，而且培养了他们遵守规则的习惯，以及健全的人格和社会责任感，为他们今后成长为现代公民打下了基础。

传统的班级管理方式是以教师为中心，教师在班级管理中拥有绝对权威，学生对老师必须绝对服从。在这种权威下培养出来的学生固然听话守纪，但他们亦步亦趋，依赖性强，独立性差，缺乏主动性、创造性，更谈不上具有时代所要求的创新精神和独立自主能力了。

要培养学生的自主管理能力，必须改变传统的班级管理方式，解放学生的大脑、双手与时间。要善于管，更要敢于放。只放不管，就成了以学生为中心，放任自流，教学秩序建立不起来，教学工作无法进行；只管不放，就束缚了学生能力的发展。

首先我们从转变观念、提高认识入手，把学生从被动管理中解放出来。我们相信学生在学校和老师的正确指导下，通过实践可以实现自我管理。凡是学生自己能做到的事情，学校一律放手让他们自己去干。让学生在自我管理中实现教育的价值，在自我管理中提高自主发展的能力。

学校加强了学生会、团委会等学生组织的建设及自我管理的培养，充分发挥学生组织的独特作用。学校还成立了以学生为主体的宿务管理委员会、食堂管理委员会和管理日常学习生活的值周工作队。学校的各种活动，都尽量吸收学生参加。由于学生参与学校管理机会增多了，学生对学校“管”与“教”的反感减少了，主人翁意识增强了。

每个学生都有巨大的潜能，只要充分挖掘，方法合适，恰当引导，学生就会成为班级管理的真正主人。我校尝试让学生自己来管理班级，培养他们的自主管理能力，让他们学会当家，学会理财，学会处理各种人际关系，学会处理各种社会事务，为以后顺利步入社会打下基础。

为此，我们制订了良好的班级管理制度，并采用了两项行之有效的措施。

一是配备良好的、有威信的班委会。

要使学生的自主管理成功，就必须配备一个良好的、有威信的班委会。班委会由学生毛遂自荐产生候选人，由全体成员采用无记名投票的民主方式产生。这样的班干部具有一定的能力与威信。

要让班干部负责班级日常管理工作，并且让班干部实行“承包制”，班主任一周召开一次主题班会，检查一次工作情况。这样，班主任只需做好后盾和导演工作，对整个班级系统起一些统筹、分配和指导作用，充分发挥学生的自主管理能力。

二是激励学生参与班级管理。

首先，在班级中设立一些“临时性职务”，例如“每日监督员”“小小板擦员”“图书管理员”“领操员”等。这些职务由学生轮流担任，以激发学生爱集体的热情，让他们更好地投入到班级管理中去，真真切切地感到自己是班级的主人。

其次，引导学生自己组织开展班级活动。对于班级开展的各项活动，应尽可能让学生参与到活动的设计、准备和组织中去。例如要开展一个“做一个文明公民”的主题班会，对整个活动的过程、开头设计、主持人讲话、节目准备、资料搜集等均由学生分头去干，然后在班主任的指导下预演一遍。这样就为每个学生提供了参与和施展才华的机会，同时提高了学生的独立自主能力，何乐而不为?

为了培养学生的自主管理能力，我校还特意邀请了著名青少年自我管理训练专家黄泰山老师，对我校学生进行了系列训练活动，有效地提升了学生自主管理的情商。

附1：李志英老师关于学生自我管理教育的一篇日记

“我的青春，我做主”

“教育的最高境界是自我管理！”

当黄泰山老师的激情演讲还在耳边回荡时，当我们的孩子们看到了希望但找不着方向时，《杰出青少年自我管理手册》再次让我激动不已。90后的孩子，未来的杰出青年，他们拥有青春，他们渴望自主。但自以为很有经验的我们却舍不得放手甚至松一下手，因为我们害怕我们的放手会成为他们放纵的理由，因为我们害怕我们的放手将再也无法收手，更因为我们不知道该如何指导我们的孩子怎样去自我管理，去为自己的青春买单。

2009年12月11日，是我们高一（1）班重生的日子。这一天，我们迈出了第一步，我们在尝试中体验到了从未有过的快乐，我们的杰出青少年自我管理情商训练召开了第一次大组会。当所有的课桌都撤到两旁，当《创造奇迹》的歌声在教室里回荡，同学们兴奋的神经已经再也按捺不住寂寞，表现出了他们的年龄本应该有的活泼和可爱。我们从搭档A和搭档B的活动开始，提出问题，如介绍一下你的家人，介绍一下自己从小到大最喜欢的老师及理由，介绍一下自己从小到大最开心的事及理由等。让我们的同学有话说，又要学会彼此倾听。从中去体会有人可以认真听自己诉说的幸福，体会有人可以把自己的心里话说给自己听的幸福，让我们彼此感谢，学会感恩。

活动二，组建团队，竞选组长。A与B不分开，小组合大组，最终组成14人组，逐个介绍“我是一个××样的人”，要求内容积极向上，声音一遍高于前一遍10倍的效果喊出来，让学生们在群体效应下，抛去羞涩亮出不一样的自己。喊声此起彼伏，震耳欲聋的喊声中爆发出青春的力量，为接下来的竞选组长做了很好的铺垫。“我是一个负责任的人，如果我当组长，我会让我们组成为最优秀的组”“我是一个激情的人，如果我是组长，我会把我们组打造成最有激情的组”……每位同学都参与竞选，每位同学都热情高涨，最后通过投票的形式在掌声中选出小组长，又从五位组长中选出班长。

尔后的颁发奖牌将活动推向了第一次高潮，“奥运金牌”象征着荣誉，更代表着责任。当班长、组长在同学们的掌声中戴上金牌，同学们信任的掌声让他们自豪，但他们更明白在这一个月的任职中，他们肩负着一个组乃至一个班的责任。有了组长的团队更加有序，每组领到一张白纸和一支彩笔，他们需要在纸上签上本组所有成员的名字，设计出代表性的组名和组标、口号，但至少要用三种以上颜色的笔书写，在活动中让学生们体会团队配合的重要性，完成后要喊出自己组的组名和口号，以示祝贺。“我们组是动感一组，我们的口号是：动感地带动感组，我的青春我做主”，“我们的组名是共进社，我们的口号是：先富带后富，共奔富裕路”，等等，喊声中透漏着无尽的青春活力。

而接下来的A点到B点的体验式游戏则把活动推向了第二个高潮。同学们争先恐后地用自己的独特的方式从A点走到B点，有倒着走的，有闭着眼走的，有单腿走的，还有边走边和同学握手的，等等。70位同学，70种方式，在同学们掌声的邀请下，韩校长和王主席都用自己独特的方式从A点走到了B点，让学生们可以如此亲切地感受到校领导的智慧，赢得了同学们更加热烈的掌声。通过体验式活动，让学生们自己提炼活动的意义，从而达到自我教育的目的。

最后一个活动是同学们在班长带领下宣读《个人宣言书》，洪亮而激情的宣誓声，把学生们的情绪推到了高潮。为了让同学们珍惜这份承诺，同学们请在场的五位任课老师在承诺书上签上自己的名字，以作见证。相信我们的同学们能把他们的承诺进行到底。

两节课的大组会活动过得很快，但学生从中得到的快乐和收获却是以往班会所不能及的，在大组会中，我们班主任不再是站在讲台上给学生讲人生道理，而是走进学生和学生一起参与，共同探讨，共同成长，在学生逐步实现自我教育的基础上，达到黄泰山老师所倡导的"成就学生，解放老师"的目的。一次活动让学生们看到了方向，找回了信心，365天，一天一个脚印，一年则是对青春的一次洗礼。我们坚信在学校领导的鼎力支持下，在黄老师的专业指导下，我们的自我管理情商训练必将成为我们学校的另一个亮点。

当我们的学生自信地喊出"我的青春我做主"时，我们不再是担心，而是给予他们肯定的掌声。

附2：韩爱学校长在成人仪式上的讲话

学生们、老师们、家长朋友们：

大家好！

今天我们在这里隆重举行十八岁成人仪式，能参加这样非常有意义的活动，我感到十分高兴。刚才，学生们面对五星红旗，进行了庄严宣誓，学生们已经步入了中华人民共和国公民的行列。在此，我向你们以及你们的同龄人表示热烈的祝贺，并向培育你们健康成长的老师、家长们致以崇高的敬意！

我们走过了繁花似锦的年少时节，成了名副其实的中华人民共和国的公民，拥有了法律意义上成人所享有的所有权利，获得了法律意义上的自主权，你们就像一只雏鹰，就要离开母亲的怀抱，展翅翱翔于蓝天了！

但是，权利和义务是一对孪生兄弟，有多大的权利，就有多大的责任和义务。拥有了法律意义上的公民权，就必须履行法律规定的义务和社会赋予的责任！公民的权利是神圣的，公民的权利是不容侵犯的；同时，公民的义务也是光荣的，公民的责任也是义不容辞的！

成人首先要从思想上成人，从意识上成人，要有远大的理想，要树立正确的价值观和人生观，但更重要的是落实在行动上。

“眼中有社会，心中有祖国。”这是我们今后做事的一个准则。过去，我们“只管自己走路，不管他人摔跤”，今天我们“走路看左右，做事看前后”了，这就是成人了；过去我们不关心国家大事，现在意识到“国家兴亡，匹夫有责”了，这就是成人了；过去我们做事情的时候只想自己，现在我们做事情开始想“对他人、对集体、对社会有什么影响”了，这就是成人了；过去我们看到一只垃圾袋会视而不见，今天我们看到的时候弯腰捡起来了，这就是成人了。一句话，把自己融入社会和集体，做事开始考虑“利己、利人、利社会”了，对社会、对国家、对集体负责了，这才是真正的成人！

“眼中有兄妹，心中有父母”，这是我们今后做事的又一个准则。过去我们回家“衣来伸手，饭来张口”，今后我们回家知道帮父母做些家务了，这就是成人了；过去，我们走进超市时“只想自己花钱痛快似流水，不知父母腰弯背驼头发白”，现在我们意识到这是父母的血汗钱，知道节省了，这就是成人了；过去，父母把饭盛到饭桌上还得招呼自己吃饭，现在知道给父母盛饭了，这就是成人了。一句话，懂得了尊敬父母、心疼父母、爱护弟妹了，承担起了相应的家庭责任，这就是成人了！

成人最重要的标志是对自己负责任，这是成人的根本条件。对自己不负责，根本就难以成为真正意义上的人。现阶段甚至可以这样说：对自己负责就是对社会、对家庭负责，而对自己负责的表现，就是使自己成为一个人格健全的人，成为一个德才兼备的人，成为一个对社会对家庭有用的人。

学校正为我们提供了这样一个成长的环境和平台。我们要从日常生活的点点滴滴做起，把成人落实到我们学校生活的各个角落。要落实到和学生相处过程中，落实到校园里，落实到课堂上，落实到宿舍里，落实在作业本上。学生之间相处由野蛮粗鲁变得文明有序，课堂交流由胆小怕羞到勇敢大方，完成作业由被动变成主动，由完成得少到完成得多，等等，这些都是成人的表现。也只有如此，我们才能一步一步地逐步走向成熟，成为一个真正意义上的人。

鹿泉一中学生参加社区服务

第四部分

教研——学校发展的第一生产力

鹿泉一中承办的新课程培训研讨会

教育科研是学校发展的永恒动力，是学校永远的增长点。

研究不是一项独立的工作，而是一种工作方式。以研究为工作方式，以工作为研究过程。

——鹿泉一中

当今时代，要促进教育改革与发展，教育科研的地位和作用显得越来越重要，如同科技是经济发展的第一生产力，教育科研是教育发展的第一生产力。学校要发展，就要用发展的眼光、开放的思维去思考学校的前途，向教育第一生产力要发展。

教育科研是教育现代化的依托，也是学校可持续发展的关键因素，关系着一个学校发展的前途和命运。教育科研是学校发展的永恒动力，是学校永远的增长点。科研强校的发展策略，是我们不变的选择。

从上世纪80年代中期到90年代中期，鹿泉一中走过了曲折的路程。1989年至1991年，我校受社会和自身的影响，教育教学质量出现了大滑坡，高考升学人数急剧下降，1991年，几百名高中毕业生只有60多人达到了大专分数线。新的领导班子上任后和全体教职工一道苦干三年，三年三大步，每年都跃上一个新台阶，到1995年高考升学建档率达到了88.6%，创我校历史最好成绩。

在胜利面前，我们表现出了冷静和深思。如何使学校进一步发展，如何适应现代教育的需要，如何进一步提高办学质量和效益，在向前看的同时，也回顾了走过的道路。我们虽然取得了成绩，但那是因为广大教职工付出了巨大的艰辛，是苦干使我们走出了低谷。要向前发展，再上新台阶，只靠苦干不行。我们教师队伍很年轻，有热情，但缺乏经验，有一定教学水平，但不出类拔萃，怎样才能适应素质教育的要求呢？

我们在思索的同时把目光逐步扩展到了全省、全国的先进学校，我们也多次参加各种教育理论的学习班、研讨班。眼界的开阔，先进经验的启示，理论水平的提高，使我们逐步悟出了“科研兴校”的道理，认识到要使鹿泉一中得到进一步发展，根本出路在积极创新，走科研兴校之路。面对当前教育中存在的种种问题，我们必须用加强教育科研的方法去解决，用先进的教育理念武装全体教师，造就一支研究型、专家型的教师队伍，从根本上改变过去那种靠拼体力、耗时间、高投入低产出、高消耗低发展的教育教学方式。

教师参与教育科研和教学研究，有助于教育教学由“经验型”向“科研型”转化，使教师由“教书匠型”向“专家型、学者型”发展，这是提高教师素质的有效途径和方法。

认识的提高，使我们对教育科研投入了最大热情，决心下大力气抓教育科研。

我们多次在全校教师大会上进行思想动员，校长亲自兼管教科研工作，在组织上落实，建立规章制度，经济上给予保证。学校在每学期的计划和总结中，都把教育科研工作放在十分重要的地位，赋予较大的篇幅和较浓的笔墨，使教科研工作获得了强大的动力，也使教育科研成了鹿泉一中的特色之一。经过多年的不懈努力和发展，鹿泉一中成为河北省教育科研先导型实验学校。由于多年的研究积淀，学校走向了全面的内涵发展的道路。

我们让教育科研渗透到学校的每项工作中去。不管哪个部门、哪个年级，都是为教育教学服务的，必定都有自己的中心工作，而这些工作都是为了解决教育教学工作中的某个问题或某个矛盾而确立的。有了问题，想办法去实践、去反思、去总结、去提升，其实这就是研究。研究并不神秘，如今，我校各部门领导和教师都能把自己的工作纳入到教育科研的轨道上来。中小学教育科研的过程，就是教师针对在教育教学过程中存在的具体问题，学习理论，积累素材，收集案例，分析研究，站在理论的高度去解决问题的过程。

我校的教育科研工作在前几年发展的基础上，正在步入方向明确、思路清晰、规范有序的良性发展新阶段。

一、教研：为解决问题而生

在积极推进新课程改革的过程中，我校各方面的转变是令人振奋的，但问题也是不容回避的。问题是通向更深入的变革和达到更高目标的契机，是促进我们成长的有利条件。只有意识到这一点，坦诚地面对问题，而不是回避问题，才能不断走向成功。迈克·富兰说：“问题是我们的朋友。问题不可避免要出现，但是如果没有问题，你就学不到东西，也不能成功。”

鹿泉一中从不回避问题，总是勇敢地面对问题，发现问题，研究问题，从而解决问题。在明晰我校教育科研思路与实践方法之前，我们认真地总结了我校教育科研曾经存在的问题。

第一，教育科研的属性认识有待于明确。部分领导和教师，对教育科研工作的属性认识存在误区，把教育科研和教学工作分割开来甚至对立起来。这严重影响着教育科研工作的进展，也影响了教育教学工作的科学化进程。

第二，领导和教师们的总结反思意识有待于提高。我们一直都在进行着研究。在教育教学工作中，我们有着非常丰富的经验，但是我们动笔积累的意识相对淡薄，许多宝贵的经验不能变成文字积累起来，丢失了许多丰富生动而又鲜活的素材。甚至有的教师在写反思随笔的时候，应付态度非常明显，从网上“原装”下载。

第三，教师研究能力、研究水平有待于提高。由于个人积淀不丰厚，读书少，理论学习不够，有些教师也进行研究，也写反思随笔，但这些反思随笔大多只停留在表层。

第四，学校管理工作研究有待于深入系统化。管理出效率。但学校这方面存在着系统问题，全校管理资源需要充实，学校管理制度需要健全，制度化管理需要加强，特别是教育科研管理制度化需要加强。由于对教育科研工作与教学工作的关系认识不到位，加上教育科研取得的成效周期性长等特点，在学校升学压力加大、竞争激烈的社会背景下，教育科研工作在与教学这项中心工作结合的过程有时被边缘化了。

第五，在课题研究上，存在着为研究而研究的倾向。我们研究课题有装门面的思想。好像一个学校没有课题研究就不上档次。研究方法、研究过程欠科学、欠规范的现象还比较普遍，因此重申报、重立项、重结题、轻过程的现象还不同程度地存在。

除以上问题外，学校评价制度研究也相对欠缺。

针对以上在教科研中曾经存在的问题，我校从多方面进行了大力整改。首先确定了教育科研工作的指导思想。

（一）以问题为主题

教育科研的真正“秘密”隐藏在日常教育教学的具体经验之中。一线教师是教育教学工作的实践者，对教育实践中出现的问题有着切身的体会，在教育实践问题上最有发言权，这是一个最宝贵的资源。我们充分利用这一资源，坚持理论联系实际，注重教育科研的实效性，改变了“教育科研就是写论文”的狭隘的教研观，树立了“工作中的问题就是科研的主题”的崭新的教育科研观。

要想课题研究更加有效，就必须找准我们教育教学中的问题，因为问题才是研究的源动力。问题是研究的基点，没有问题的研究是出于功利的研究，不是我们所需要的。同时，问题是创新的前提，研究的目的在于创新，没有问题，就不可能有解决问题的过程，何来创新？再者，问题是产生实际效用的基础，研究是为了推动实践向前发展，使实践更有效用。只有找准问题，通过探索研究，成功解决问题，才能使研究产生实际效用。而我们找准问题后的课题研究，是我们解决问题的科学轨道，也是提高教师科学素养和研究能力的重要途径。

我校教师研究都是从自己的实际工作出发的。以提高课堂教学效率为例，课堂教学有效性必须重视教师引导下学生课堂活动的有效性。而以提高课堂有效性为目的的校本教研活动应源于教学需要，它应是以学生学习中存在的问题为驱动，以具体课例为载体，围绕教学中某一层面的具体问题，相应学科教师全员参与的教学研究活动。我校的教研主题都是从问题中产生，以问题的解决为目的。每次活动都要解决一个具体问题，教师带着问题去探索，在探索中实践；带着问题去研讨，在研讨中学习、反思、提高。

我校教师的教育教学随笔都是自己实际工作中遇到的问题及解决的办法，实用性很强。有的是教育反思、个案分析；有的是教学随笔，是自己课堂教学的经验和体会。这些都凝聚着教师们的心血，是他们智慧的结晶。这些随笔，对全面提升教师的素质起到了很好的作用。

（二）以理论为灯塔

强调教育科研的实效性并不等于可以轻视理论的学习和研究，相反，要真正实现教育科研的实效性，就必须提高教师的理论水平。缺乏理论指导的实践是盲目的，而缺乏实践检验的理论则是没有根基的。

让自己的教育教学实践成为理论指导下的实践，让自己的理论从自己教育教学实践这块沃土上生长出来，把这二者有机地结合在一起，才能使工作得心应手，左右逢源。

我校在新课程改革中，全校教师主要学习、领悟并实践了以下几种主要理论：

1. 建构主义学习理论

学习过程不是由教师把知识简单地传递给学生的过程，而是由学生自己建构知识的过程。学生不是简单被动地接收信息，而是主动地建构知识意义，这种建构是无法由他人来代替的。

根据这一理论，教师不能无视学习者的已有知识经验，不能简单强硬地从外部对学习者实施知识的“填灌”，而应把学习者原有的知识经验作为新知识的生长点，引导学习者在原有的知识经验上，生长新的知识经验。在教学进程的设计上，将知识还原于生活，充分调查研究学生的经验背景，创设问题情境，让学生在小组中进行探索，发现解决问题所需的基本知识技能。在掌握这些知识技能的基础上，使问题得以解决。

2. 学习金字塔理论

金字塔即美国贝瑟尔国家培训实验室的一项研究结果。“金字塔”主要显示了学生在不同的教学方法指导下学习24小时之后，对新学习内容可回忆的百分数。用耳朵听讲授，知识保留5%；用眼去阅读，知识保留10%；视听结合，知识保留20%；用演示的办法，知识保留30%；分组讨论法，知识保留50%；练习操作实践，知识保留75%；向别人讲授相互教，快速使用，知识保留90%。

3. 黑箱理论

黑箱理论即把课改看成一个系统，当作为系统输入的教师和学生的投入增大时，那么作为系统输出之一的成绩也必然得到提高，同时输出的还有更宝贵的学生发展和教师成长。

4. 多元智能理论

多元智能理论即美国心理学家霍华德·加德纳提出的理论。该理论认为，不同的人会有不同的智能组合，主张学校在发展学生各方面智能的同时，必须留意每一个学生的特长，并为其提供发展空间。

5. 韩立福博士的“先学后导—问题评价”有效课堂教学模式

这一模式即在教师指导下使学生和教师以问题发现为主线，进行评价性的自主合作学习，对生成问题进行互导性的合作探究学习，在此基础上进行以任务驱动为载体的问题探究学习。

2007年第一学期，我校为强化理论学习，为全体教师购买了《国际教育新理念》《建构主义教学设计》《新课程课堂教学探索系列》等现代教育理论图书，聘请教育部中学校长培训中心副主任应俊峰教授、全国中语会会长苏立康教授等十多位专家到学校讲学。诸如此类的理论学习在我校已经形成一种传统。

我们通过加强教育科研理论学习，强化了领导和教师的科研意识，明确了教育科学研究的工作属性：教育科研是一种工作方式，而不是一项独立的工作。以科学研究的态度、方式进行工作，在工作中研究，在研究中提高。其目的是使工作更加科学，更加符合规律，从而更高效。要坚决摒弃教育科研耽误教学、冲击教学的错误思想。同时，教育科研工作必须和教育教学工作紧密结合起来，坚决杜绝空耗教师精力而没有实际效果的“教育科研”。

（三）在反思中生成实践智慧

有人说：“教师成功=经验+反思。”反思是教师进行教育教学研究的基本方式，是教师建构教育思想和实践创新的必要环节。教学实践后的反思和总结更能反映教学过程中的智慧和不足。然而这项工作在教师的观念中往往不被重视。我们引导教师强化反思意识，将丰富的经历、生动而又鲜活的素材和思考变成文字，变成财富。

我校提出的“讲讲自己身边的教育故事”，就是要求教师以教育叙事的方式将自己日常的教育随笔、教育心得、教育反思、教案设计、教学策略、教学方法、教育教学研究过程和成果写出来，以讲故事的方式使隐性知识显性化。教育叙事成为教师对教育教学过程反思的载体和平台。

这样下来，无论是老教师还是年轻教师，都有着各自不同的收获和体会。我们引领每位教师及时反思、总结、提炼、升华，共享这些宝贵的收获和体会，对教师的专业成长起到了非常重要的作用。

学校教科室主办的《鹿泉一中报》，汇集了广大教师的教育反思和科研总结，每一段文字都闪耀着教师的智慧，彰显着他们的成就。学校对收集的教育教学随笔和教研、科研论文进行筛选，编辑成专辑印发全校。这样，个人在教育教学中遇到的问题以及解决问题的方法经验，就成了大家的经验和方法，一个人的智慧成了大家的智慧，真正做到了资源共享。而且这些体验、感受都是发生在教师自己身边的真人真事，具有更强的说服力，真正起到了校本培训的作用。

二、落实制度才能产生力度

在教育科研工作中，我们特别强调制度建设。制度管理是避免人为操作失误的重要保证。没有制度作保证，教育科研工作就难有推动力。我们根据学校的教育教学实际，建立了自己的教育科研队伍和规章制度，落实制度化管理，向管理要效率、要质量。

（一）教育科研制度

从1997年开始，我们分别制订了《鹿泉一中1997～2002年教育科研总体规划》《鹿泉一中关于进一步加强“教育科研”的实施方案》等相关规划和制度，明确了教育科研的目的、意义、实施步骤和具体要求。

1998年暑假后，我校成立了教育科研管理职能部门——教科室，制订了《教科室工作章程》《科研处主任职责》，委任具有30年教育经验的原教导处副主任、高级教师为专职主任，并配备专职干事一名，每年划拨3万元专用经费，使教科研工作有了制度、组织和经费上的保证。

教科室突出师资队伍建设，将教师的业务管理、培养和评价集于一身，它包括常规的教研活动、以课题为单位的科研工作、课程建设、综合调查研究、业务综合评价、继续教育管理等，属学术性管理机构。教科室有以下五项职能：

第一，研究职能。教科室必须承担全校性的综合课题研究，为学校行政决策及科学规划提供方案或依据。同时又必须承担一些解决微观问题的课题，以起到带动和帮助教师群体的作用。

第二，管理职能。这是教科室工作的主战场，它体现在两条线索的管理上。一是常规的教研活动管理。教科室是对全校性教研活动进行计划和组织的机构，它通过多种形式序列化的教学研究活动，推动教师教学素质的提高。形式可以有观摩教学组织与指导、微格教学实验、材料学习与讨论、名师公开课等。二是以“课题—成果”为主线的研究活动的管理。包括对全校性课题的规划、各级课题申报的组织、课题设计的指导咨询、课题过程管理、课题结题及成果报奖等。围绕课题的系列工作，也包括教师论文评比、科研成果展览、科研成果汇编、成果报告会等形式。同时另有一项覆盖全程的探索建设与科研统计工作。

第三，培养职能。它表现在两个方面：一是请进来，即邀请一些专家组织各种讲学活动，提高教师学科教学能力或综合的研究能力；二是走出去，即对教师外出进修培训的计划管理。在这一职能的发挥上务必要防止走过场或被动接受，而要将教师的参加变为自觉的主体行动。师资队伍建设是教育科研的目标之一，培养职能是其具体体现。

第四，评价职能。它主要是指对教师教学与科研业务的综合评价及相应的激励政策管理。主要包含教师参加学习、培训教核、科研工作量的换算，课堂教学评估，科研津贴等方面的工作。评价职能的另一大作用是教师考核与职评的学术依据。

第五，服务职能。这是对学校教育科研的全面支持，主要形式是信息服务，如管理信息、科研情报和文献等。

1999年，我校制订了《鹿泉一中教师教科研工作评价方案》，将教师教科研工作纳入教师定量考评之列，在教师职能业绩评价中占30%的分数。其中规定：

全体教师应用行动研究法、个案研究法和反思研究法，根据各自的教育教学实际，每年必须选定至少一项研究课题。每周三下午第3～4节为教研活动时间，雷打不动，做到三定，即定主题、定内容、定主讲人。请假须经主管校长批准，由教科室工作人员检查出勤情况，教研活动应将活动记录交教科室备案。

每位教师每周必须至少听课两节，留有记录和点评，并及时与授课教师交流，听课记录每学期期中、期末各检查一次，并记分考核。

每个教研组每学期至少举行2～3次观摩教学，每次观摩要求四有，即有主题、有教案、有主讲教师书面构思材料、有课后评议记录。

……

（二）听课评课制度

为了帮助教师改进教学，提高质量，鹿泉一中实行严格但开放的听课评课制度主要有以下几点：

第一，实行课堂开放制度，任何人不得以任何理由拒绝校内人员或上级领导及来宾进入课堂听课。

第二，各教研组或备课组每学期都要认真制订听课计划，听课不能集中于少数人，不能集中于某段时间，要使每个人都经常听课、被听课。

第三，各个教师每学期都应安排不同层次的公开课，邀请校内教师听课，学校统一安排好时间、地点、内容和执教教师。

第四，实行“推门听课”制度。推门听课是对教学进行针对性调研、指导的重要途径。

第五，实行学校领导听课制度。学校领导要深入课堂，了解课堂教学及教学改革情况，指导课堂教学和教学改革健康发展。校长每周听课不得少于2节，中层领导每周听课不得少于4节。

第六，实行教师互相听课制度。每位教师每周听课不少于2节，要诚心邀请他人听课评课；每学期每人至少举行1次公开课。

第七，听课人员要尊重授课教师的劳动，全面听、认真记。从不同角度，按照观察量表细心观察，客观记录。

第八，学校举行的公开课或观摩课应由专人负责召集听课教师评课，并认真做好评课纪录，写出评课总结，存入业务档案。

第九，听课教师要认真评课，实事求是，在肯定成绩和优点的同时，指出失误、不足及需商榷的问题，提出改进教学的建议；被听课教师要认真做好记录，虚心听取各种意见，不断改进教学。

第十，教科室对学科教研组长、备课组长及任课教师的听评课进行定期检查和不定期抽查。

（三）领导听课调研制度

“凡事预则立，不预则废。”新课程改革带来的一系列变化，给每一位教育工作管理者提出了新的课题。学校领导从战略高度看问题，决定设立领导听课日，带着问题深入课堂搞调研，从教学观、学习观、学生观、评价观等方面和教师一道进行系统研究探讨，占领教育教学制高点，从而更好地分析、评价并予以指导。

设立领导干部调研性听课日，是强化教学研究的重要环节。学校制订并实施了《鹿泉一中领导参与教研活动制度》，标志着学校管理向科学化、精细化、务实化，向领导参与教育科学研究规范化、制度化迈出了坚实的一步。

该制度规定，领导不仅要听课，更主要的是参与研讨课和集体备课；不仅要参与，还要有记录；不仅要有记录，还要有交流，还要有研究，有评审，有改进。这是一种科学的管理理念。因为这种管理方式的核心是教学研究，而且摒弃了“注重结果忽视过程”的陈旧简陋的管理模式，代之以“加强过程控制”的新理念和新模式。

领导深入一线参与教研活动，开辟了一条领导和师生沟通的绿色通道，实现了与师生的“零距离”接触，创造了与师生交流的平台，可以随时随地和师生进行交流，为教育科研积累了第一手资料。同时，可以利用评价这个工具，对集体备课、研讨课及师生互动的课堂过程中每一个环节和教师共同体验、共同建构、共同成长，从而实现过程达标进而目的达标。

那么，领导参与教研活动主要内容是 什么？

一是管目标。一要保证目标明白而确定。明白就是师生都要明白，确定是指一般情况不允许更换。教师的教、课堂组织、学生的学通通受制于它。喧宾夺主、舍本逐末是课堂大忌。二要关注该目标在整个知识网络内的纵横关联。三要管目标难度，太难学生做不了，太简单学生不屑去做，都不会激发学生的兴趣。

二是管容量。容量包括知识量、思维量和活动量，容量太小，学生吃不饱，浪费时间；容量过大，学生应接不暇，囫囵吞枣，“消化不良”，滋生逆反心理。

三是管设计。情景设计是否巧妙，能否激发学生兴趣；思路设计是否科学，是否清晰，是否流畅；结构设计是否完整，是否严密，是否具备逻辑关联；问题设计是否合理，是否有层次；学生学习方法是否有指导，是否有提示，是否给学生搭了“小台阶”，是否照顾到了所有学生。以上这些都要管到。

四是管程序。程序是过程中的环节。每一个环节都有意义：学生的自学（预习）、交流、检测、教师的总结等；集体备课研讨前的自备、集体研讨时的主备人的讲解、非主备人员的质疑及相互间的交流、交流过后的改进等；研讨课前的准备、课中的观察与笔记、课后的研讨、研讨的总结及结论等，这些环节都是必不可少的。要敦促教师树立程序意识，完成各项工作程序。

五是管时间。课堂教学与集体备课、研讨课等，都有时间限制。特定的时间段做什么一定要明确。该做的一定要在规定时间段内做，不该做的一定不要做。要强化时效观念，保证各个时段目标定时实施，定时完成。确定师生各自开口的时间比例，以及学生动手、动口的时间比例。

六是管角色定位。教师是导，学生是学。既不要放任自流，也不要越俎代庖。要让学生成为学习的真正主人。

这些既是领导参与教研活动所关注的焦点，自然应该是教师们在各项工作中应该关注的焦点。领导深入到一线参与教育科研活动，主要目的就是强化教育科学研究，特别是通过领导的过程参与强化过程控制的研究。通过强化过程控制，实现目的达标。

学校设立领导听课日，要求领导进课堂开展调研性听课，并且用文件的形式，从时间、形式、范围及具体做法等方面加以明确而严格的规定，明显加大了对于课堂教学调研的力度。这是学校领导管理教育教学理念的重要形式，更是“领导”本质的回归。

领导干部进入课堂搞调研，开辟了一条领导和师生沟通的绿色通道，标志着鹿泉一中“以教学为中心”“向科研要质量”的办学思想进一步得到强化，是领导评价观念的一次深刻变革，是实事求是、求真务实工作作风的具体体现，是领导更新旧知识、接收新信息、把握时代脉搏的重要途径。

下面是学校一位领导写的“领导听课”实录。

教育科研进课堂

王元吉　鹿泉一中副校长

鹿泉一中实施领导课堂调研日以来，整个学校呈现了瞄准课改整合资源、经营课堂、更新理念的氛围，尤其是“三转五让”真正使学生成为课堂的主人。学生思维活跃了，发言热烈了，兴趣高涨了，讨论研究话题多了，合作学习意识浓厚了，呈现出了集体备课研究化，课堂教学科研化，基础训练规范化，授课内容层次化，教学效益最大化，课堂教学真正成了师生无障碍交流的大舞台。

韩校长是这一活动的策划者、实践者，他率先深入课堂，洞察教学，把教育科研带进集体备课，并引领课堂教学，抓住症结，即教情和学情的不协调而导致课堂教学内容单调、乏味枯燥，学生听得厌烦，教师讲得费劲，效果却事倍功半。韩校长亲临化学组进行调研，走访学生，了解教师，和师生一起共商教改大计。确定了基础训练和高考大纲相结合、课本内容与习题训练相结合、学生展示和教师点拨相结合的整改方案，通过研讨课形式进行深入探讨和研究。赵金素老师自告奋勇在毕业班率先进行。

赵金素老师的授课内容为试卷讲评课，课前翻阅了大部分石家庄市高三年级一检化学试卷得分情况，走访了部分学生，了解产生错误的原因，又与本组教师交流了典型个案。在对每道题的答对率了如指掌的情况下，确定最需解决的知识板块和错例分析。然后精心设计学案和教案，如学生如何活动，活动内容是什么，达到什么程度；教师如何设置学生活动的相应内容，会出现什么样的问题，如何由学生自行解决，教师应如何指导学生深层次挖掘原因。最后归纳小结，使每一个学生都能真正有所收获，把每一个知识点有效地落实到每一个解题环节中，以获取最大效益。

2月1日上午第三节课，高三毕业班全体教师和高三全体领导到（27）班亲临赵金素老师的研讨课。铃声一响，赵老师面带微笑走进课堂，还礼示意，学生坐下。老师微笑的眼神，虽是无声的语言，却如悠扬的音乐，深深地滋润和挑动着每一名求知的学生，刹那间，学生的全部精力都被老师这种无以言状的魅力所陶醉。

赵老师扼要地对石市一检化学试卷做了简评，然后展示配套题目，两名学生在黑板上板演，其余学生冥思动笔。赵老师背着手，略弯着腰，以极快的眼神搜索着每个学生做题的信息，时而微微发笑，时而摇头欲语，或用手指点，或极其简练地提示。六七分钟的时间，她几乎对四十多名学生的做题情况进行了扫描跟踪。十分钟后，赵老师开始点拨讲解，板演者的解题过程及其错误由本人识别，同学帮助分析，总结教训，反思错因，归纳规律，制订措施。然后展示试卷大题，同学们恍然大悟，大家共同研讨归纳总结的练习正是本次检测中的共性问题。

赵老师正是以这个题为例，使大家对试卷中的典型错例有了深刻认识。接着赵老师让一名学生到前边进行试卷讲解和分析，通过自身的多重感悟，学生讲得异常精彩。他的思路、分析过程和解法都有独到的见解和创新。最后赵老师总结说：“同学们，求学中的莘莘学子都会经历很多挫折和失败，但智者都能巧妙地利用挫折和失败，从而孕育成功，大家不是从众多的失败中找到成功的路口了吗？同时失败的味道是很苦的，但它包含的味道却是最甜的，那么今天我们的内心是否最甘甜呢？好！要牢记：突破心理障碍，才能超越自己。”铃声响，赵老师说：“大家辛苦了，好，下课。”

一节课就这样在温馨的讨论中结束了。

课后，韩校长和听课教师一同对这节课进行研究探讨，张彦军副校长做了即席发言，他说赵金素老师这节课是高三复习教学改革的尝试，它最大的特点是教学生之所需，导学生之所困，解学生之所惑，授学生以渔而不是鱼。如果我们每一节课都能上得有声有色，让学生全员参与并且思维活跃，找出自己的问题，敢于暴露并认真解决，那么我们的备考工作才能做得更好。

韩校长最后做了总结："我们的课堂就需要这种以学生为主体、教师为主导的新型课堂，我们要多研究教材，多研究考纲，多研究学生及其心理，多研究学生知识掌握的程度，多研究知识盲点及其漏洞，这样我们才能有得教、教得准。我们的目的不仅仅是教会学生知识，更主要的是让学生会用，而且是融会贯通，要使各个层次的学生都能提高。这就需要我们备课不但要下大功夫，更要提高教学的针对性、鲜活性、实效性和长效性。同时要知道，解决课堂教学的问题，需要教师跳出课堂看课堂，让我们离课堂远一点，再远一点，我们就能把课堂看得更加清楚和明白。让我们消除对课堂已经充溢的感性，培育更多的理性，或许这样才能把课堂从感性的海洋中营救出来。"

一节生动的研讨课，一次热烈的争论，使大家真正明白，学无止境，教亦无止境。让我们多研究教学中的实际问题，力争每一节课都是精品课，把教育的诗意和美好的希望播撒在学生心中！

三、校本教研——科研兴校的必由之路

"校本"这一概念始于上世纪80年代的欧美国家。当时的理论依据是，放权给学校带来的自主权力会大幅度地提高教育教学质量。加强校本教研是科研兴校发展的必由之路。无论是校本课程、校本培训还是校本管理，都必须通过校本教研才能得以实现。

当前我校的校本教研已逐步实现了规范化发展。我校统一要求各年级、各科室、各备课组会同教科室，共同研究好本部门校本研究的课题目标和计划，使学校的所有工作都能用科学的态度、研究的方法进行工作，从而使学校工作在科研中不断提高。

（一）反思性校本教研

我校以《基于专业反思的校本教研实施策略研究》为课题，直面课堂，以课堂教学中实际问题解决为轴心，以学科教研活动为操作平台，开展反思性校本教学研究活动，引领教师们在自主实践反思中，以及在专家临床指导、和同伴教师切磋的互动中，生成实践性智慧，从而促进教师的专业成长。以这个课题为主题，我们的校本教研对教师专业知识、教师培

训和本校教研能力进行了反思。在反思基础上，再提出反思性校本教研的具体实施策略。

一是对教师专业知识的反思。教师具有一般专业人员共同的特征，但与其他专业人员相比，教师专业知识更有情景性、不确定性。如医生、律师的专业知识较为规范、确定，医生积累足够多的病例，就能较成功地医治病人。可教师不行，教师要成功地教育好学生，除了积累丰富的案例知识外，更重要的是根据具体的情景加以策略性的运用。因为每个学生的思想、智力的发展是变化的，不同学生的思想、智力发展的速度不一样，同一学生各个阶段的发展特点也不同。因此一个优秀的教师更需要具有实践性的智慧，而实践性智慧是根植于具体的教学实践中的，是教师不断对自身的实践进行反思的结果。

二是对教师培训的反思。已往教师的培训学习不是以教师在实践情景下直面的具体问题的诊断与解决为轴心，而是对所有教师进行理论知识的培训和实践技能的训练，其基本形式为"授课"。这样的教师培训学习不仅降低了教师专业的"自律性"，而且效益低下，理论不能有效地指导实践，实践与理论相脱离。培训学习在教师的心目中成为一种教条的、机械的、无用的教学，教师的专业水平提高缓慢。

三是对本校教师教研能力的反思。我校老教师具有多年的教学经验和实干精神，但教育教学理念相对滞后，课堂教学仍以"传授式"为主，原来所掌握的专业知识，有一些已经不适合实施新课程的要求。青年教师相对来说上进心强，工作热情高，但由于没有找到理论学习和教学实践的结合点，知识更新较慢，教育研究出现了"高原现象"，课堂教学也处于"迷茫"状态。因此如何促进不同层次教师专业化成长的问题摆在了我们面前，特别是在新课程改革进程中，更新教师的专业知识，提高教师的教学实践能力，是学校教学管理的当务之急。

在以上反思的基础上，我们的反思性校本教研在实践中做出了以下几方面的探索。

1.反思性校本教研工作内容

我校反思性校本教研主要有以下几个内容：

一是抓"学习与积累"，提高"教学反思能力"。

二是教师的"四个一"，即每月一次写2000字的读书笔记（摘录新的教学理念，收集优秀课例，——摘抄加心得），每学期读一本教育理论专著，每年参与一个课题研究，撰写一篇论文。

三是中青年“教研沙龙”的“五个一”，即主持一个课题，作一次主题性发言，精读一本书，写一篇论文，主持一次教研活动。

四是听专家讲座和外出听课学习。有计划地邀请专家来校作专题性讲座。一学年结束后，要对教师进行一次理论学习考核。外出听课学习，实行“学习报告制”，即外出听课学习的教师回校后，写一份学习心得，或者做一次学习报告会。

这样，通过组织教师的理论学习，积淀教学理念，积累优秀的教学课例，进行课堂教学实践。让教师们在学习中实践，在实践中反思，在反思中提升。

2.课前：抓“集体备课”制，倡导“个性化设计”

（1）学会课前思考

启动新课程实验后，最紧迫、最现实的问题是每个教师要上好每节课。上好一节课并不难，难的是上好每节课，这是教师面临的一个挑战。

提高课堂效率，功在课前。我校实行了集体备课制，教师在“集体备课”之前，先有教师个人的“课前思考”，包括通读教材、查阅参考资料、教学目标的确定、教学方法和手段选择、教学流程的设计，等等。

轮到“集体备课”主备的教师，就要主持“说课”，然后是集体讨论，确定教学框架及流程。这样，主备教师把自己的课前思考、课前的教学预设与同伴交流、比较，并及时进行反思与矫正，达到“扬长补短”之功效。

（2）建立集体备课制

我校实施“集体备课”制度，就是通过集体备课这一形式，集教师的集体智慧，发挥教师个人教学特色，优化课堂教学，提高整个年级的教学水平和教学质量。

集体备课操作办法：一是固定集体备课时间。二是固定备课内容。集体讨论课时教学目标、教学重难点、教学内容的安排、教学方法与手段的运用、教学流程的设计，确定基本的教学框架。三是固定人员整理。每次组内安排一名教师执笔，把备课内容整理成教案并打印分发给教师。四是固定修改。执教教师领到教案，根据本班学生实际及教师本人的教学风格，对教案进行修改，穿插自己的“个性化设计”。五是固定反馈。执教教师课后对自己的教学过程进行反思，写出“教学反思”，提出今后教学的改进措施。这样，在形式上充分发挥骨干教师在集体备课的组织、引导作用。在内容上主要是重点难点分析讨论，形成教与学的基本框架，以实现资源共享。

（3）倡导“个性化教学设计”

“个性化教学设计”，指的是在集体备课的基础上，每位执教教师根据本班学生的学习情况及教师本身的教学特点，对集体备课所定的框架式内容进行特色化补充。

教师的备课用纸是本校特别设计的，学校教学常规检查教师备课情况，重点是教师的“个性化设计”和“教学反思”。这样，既省去了教师抄写教案的时间，又能汇聚教师的集体智慧，发挥教师个人的教学特色，优化课堂，提高整个年级组的教学水平和教学质量。

在制度性检查和自愿申报基础上，进行“个性化教学设计”A、B分级奖励，提高教师个性化设计的积极性和能力，切实促进教师教学特色的形成。

3.课堂：抓“问题分析与矫正”，获得实践性智慧

课堂教学反思性教研活动是教师凭借扎根于自主教学实践和有目的、有计划、有分析、有诊断、有指导、有经验共享的教研活动，为获得实践性智慧展开的案例分析、研究活动。

它以年级组为单位展开，以教师在课堂教学中遇到的问题为轴心，教师通过对自己教学问题的梳理，汇集成教研组的研究主题，再借助于“案例剖析”“年级组月跟踪听课”等形式，开展主题性反思课堂教学的研讨活动。

（1）典型剖析

各学科教研组利用教研活动的学习良机，观摩专家、名师的课堂实录，进行“案例研究”。让每个教研组成员一起探讨、研究、剖析、反思与实践。通过与专家、名师直接或间接的交流，从中领悟他们的教学思想，弄清他们“怎样教学”和“为什么这样做”。

这些典型的剖析，为教师们提供了一个个活生生的教育教学思想和方法的范型，成了教师进行教育教学交流与借鉴的渠道，是教师沟通教育理论与实践的桥梁，是教师反思职业和提升专业水准的最好途径。

（2）同伴互动式反思

各年级组采用“年级组月跟踪听课”——每位教师每月上三节成长

课，本组一人上课，其余教师月跟踪听课。同行教师或学科带头人、教学能手对其教学进行诊断性分析。

根据本组研究主题，对照本校《反思性课堂教学评价标准》，每位听课教师都要进行“三个一”的评课（即一句欣赏的话语、一个问题的质疑、一条合理的建议）。执教者对自己的课进行反思（成功与失败、频繁出现的问题、课堂教学的有效性等）。每个教师的成长课分三个阶段进行。

第一阶段：由执教教师上教学研讨课，全年级备课组教师随堂听课，课后针对研讨课进行“教学问题诊断”，提出问题所在及矫正意见，再由执教者进行“教学反思”，结合备课组教师提出的建议，对自己的课堂教学进行整改。

第二阶段：执教者在第一阶段反思的基础上改进教学，再上第二节教学研讨课，全年级备课组教师再次听课，课后再次进行教学问题诊断，提出问题所在及矫正意见，再由执教者进行反思，写出改进方案。

第三阶段：执教者在第一、第二次教学反思的基础上进行方案修改后，再上第三节成长汇报课。由学校组织教师参与听课，并由考核小组进行课堂考核，并对执教者给出“综合性评价”，最后由执教者进行“阶段性反思”。

“年级组跟踪听课”的教学内容可以选择3节相同的教学内容，也可以选择3节不同的教学内容，通过横向比较、纵向分析、年级教师诊断与分析、教师个人反思与矫正等过程，经过一轮的“年级组月跟踪听课”，教师的教学水平的提高非常显著，实现了教师在反思中提高、在反思中成长。

（3）自我反思

通过“典型剖析反思”和“同伴互动式反思”，教师有了专家名师的引领，以及同伴指点和评议，对自身课堂教学的优劣有所认识，因此更需教师自我反思，以科学的理性态度和方法对待教育教学，并自觉地对自己已有教学行为和习惯进行重新审视和考察。如“教育理念”“教学方式方法”及教学过程是否表现了“公正的品质”，是否有“耐心”“豁达的胸怀”“敏锐的判断力”“丰富的想象力”，等等。这诸多品质风格体现着教师的教育教学观，也表达着教师的智慧和素质。

4.课后：抓“教学反思”，养成“自我反思习惯”

（1）如何写反思日记

一节课下来就总结思考，写好课后心得或教学日记，这对教师专业成长非常重要。教学反思是一种有益的思维活动和再学习活动。反思可以进一步激发教师学习的冲动，不断反思就会不断地发现困惑，“教然后而知困”，不断发现一个个陌生的自我，从而促使自己拜师求教，书海寻宝。反思过程也是教师成长过程中的一个重要环节。

那如何写反思日记呢？我们培训教师从以下几方面作尝试：

记成功之举，集经验之谈。将教学过程中达到预先设计的，引起教学正效应的做法，课堂教学中应变得当的措施，某些教学思想方法的渗透与应用的过程，教育学、心理学中一些基本原理使用的感触，教学方法上的改革与创新等，详细地记录下来，供以后教学时参考使用，并可在此基础上不断地改进、完善、推陈出新。

记“败笔”之处，思改进之法。即使是成功的课堂教学，也难免有疏漏失误之处，对它们进行回顾、梳理，作深刻的反思、探究和剖析，使之成为以后再教时应吸取的教训。

记教学机智，促实践智慧。课堂教学中，随着教学内容的展开，师生的思维发展及情感交流的协调，往往会因为一些偶发事件而产生瞬间灵感。这些“智慧的火花”常常是不由自主、突然而至的，若不及时利用课后反思去捕捉，便会随着时过境迁而烟消云散，令人遗憾不已。

记学生见解，拓教学思路。在课堂教学过程中，学生是学习的主体，他们总会有“创新的火花”。教师应当充分肯定学生在课堂上提出的一些独到的见解，这样不仅使学生的好方法、好思路得以推广，而且对他们也是一种赞赏和激励。同时，这些难能可贵的见解也是对课堂教学的补充与完善，可拓宽教师的教学思路，提高教学水平。因此将其记录下来，可以作为以后丰富教学的材料养分。

记再教设计，求更好发展。一节课上完，静心深思，摸索出了哪些教学规律，教法上有哪些创新，组织教学方面有何新招，教学中体现了哪些新理念等，都及时记下，并进行必要的归类与取舍，考虑一下再教这部分内容时应该如何做，写出“再教设计”，这样可以做到扬长避短，精益求精，把自己的教学水平提高到一个新的境界和高度。

总之，写课后反思，贵在及时，贵在坚持，贵在执著地追求。一有所得，及时记下，有话则长，无话则短，以记促思，以思促教，长期积累，必有“集腋成裘，聚沙成塔”的收获。

（2）策略与措施

建立教学反思的激励机制，促进教师进行“课后反思”，从而使教师形成自觉反思的习惯。

①提供范例。经常性地对教师反思记录进行指导，推荐优秀教后反思录。

②定期进行教学常规检查。课后反思的记录，作为备课教案中一个不可缺少的一部分。学校在检查教师的备课情况时，“教后反思”是一项必查内容。

③实施“教后反思”月评比制度。在自愿申报的基础上，评出A、B等级的“个性化”“教学设计和教后反思”，给予奖励，以提高教学写教师反思的积极性和能力。

④开展“案例”评比活动。在记好“教后反思”的基础上，开展“教学案例”评比。教师们把自己记录的一些教学灵感、智慧火花整理成“教学案例”，经过评比，选出优秀教学案例，供教师学习和借鉴。通过一系列措施，帮助教师养成自我反思的习惯，勤写反思笔记，逐步提高自身的专业水平。

过去采用“讲师团”式的简单做法，单纯地我讲你听，缺乏双方互动和自我实践反思，其效果必然是不理想的。只有注重激发教师自我提高的动机，调动教师积极、主动地进行自我反思与实践，通过一系列反思性教研活动，采用有效的策略和方法，使其以主体身份投入其中，教师的教育教学观念、教育教学行为和能力才会有本质性的提高，从而才能使得专家型教师的成长与造就成为可能。

（二）主题式校本教研

建立主题式校本教研活动机制，既是我校教学研究的一次深刻变革，也是探索教师继续教育和专业发展的有效途径。

教研主题的确定源于教学的需要，它是以问题为驱动，以课例为载体，围绕教学中某一层面的具体问题（主题），相应学科教师全员参与的教学研究活动。它把每一次教研活动作为一个实实在在的课题来做，每一次活动解决一个具体问题。问题是校本主题教研的出发点和开展主题教研活动的起点，主题的设计必须与教学实践直接相联系。教师带着问题去探索，带着问题去研讨，在研讨中实践，在研讨中学习，在研讨中反思，在研讨中改进提高。

教研活动从问题中产生，以问题真正解决为目的，这就是主题教研活动的意义所在。

1.校本教研宏观主题的确定

目前要减轻高中生尤其是高三学生过重的课业负担，改变教师的教学方式和学生的学习方式，提高教学质量，必须提高课堂教学效率。对教研来说，优化课堂教学流程，固然至关重要；而重视学生课堂活动的有效性，却更为重要。因为教与学是相辅相成的，教学流程的优化，教学设计的实施，教学任务的完成，最终都必须通过学生这个学习主体本身的努力，以及与教师的配合来实现。

我们分析了目前教学的现状，影响教学效率的因素主要有以下几个：

（1）教学结构单一

系统论认为，结构合理的整体功能大于各部分功能的相加总和；任何事物越是有序，其效能越高。而我们有些教师无视教材的区别，也不看学生的差异，只有“万能”的千篇一律的教学结构。在信息传递上还未突破单一的师生之间的纵向交流模式；在教与学的关系中，没有把握好两者的统一。这样又怎能发挥学生学习的积极性，提高课堂效率呢？

（2）不注意信息的反馈，教学方法陈旧

不少教师还习惯于依靠“一本书、一支粉笔、一张嘴”式的教师讲学生听的传统教学方法。教师在教学中仅仅起了一个现成信息的负载者和传送者的作用，而学生则仅仅起了一个接收器和记忆器的作用。这样的教学方法又怎能激发学生的学习兴趣，提高课堂效率呢？

（3）不注意课堂活动的实效性

有些教师虽然注意了学生的主体作用，注意调动学生参与课堂活动，但在课堂活动中，引导和指导不够，致使学生活动停留在活动本身，只是表面的热闹，不能使研讨探究深入下去，导致课堂活动表面化，缺乏实效性。

综上所述，教学结构单一，不注意信息反馈，教学方法陈旧，不注意课堂活动的实效性，是造成我们目前课堂效率低下的主要原因，所以我们把如何提高课堂有效性作为我们校本教科研的宏观性主题。

2.微观性主题的确定

微观性主题的提炼经历了以下过程：问题累积→沉淀→分析归类→教研主题。

教研主题源于教学问题，教师在教学实践中遇到教学问题时就会产生随机教研话题，当随机教研话题沉淀到一定数量后，对这些话题进行归类分析就可产生教研主题。

在微观主题确立过程中，须遵循以下几个基本原则：

一是适应性原则。即研究主题适合当前学校校本教研的宏观性主题，能 提高课堂教学的有效性。

二是职业发展原则。即对主题的研究可以有效地促进教师对教学的理解和专业发展。

三是科学性原则。即表述要严谨，对主题的理解不能产生歧义和模糊。同时要防止伪问题的出现。

四是平衡性原则。即要注意研究主题的学科本位与教学本位的平衡。

五是普适性原则。即不是局部个体的问题。

六是易操作原则。即根据研究主题的理论基础演绎出来的具体做法要简便易行，可推广。

案例：高三文言文复习教研主题的确定

在文言阅读复习中，我们通过课堂观察、课下师生交流、作业批改及跟踪检测等，发现学生存在以下问题：

1.不注重或不会复习课本上的文言文，缺乏文言知识（实词、虚词、文言特殊句式等）积累意识。

2.不能实现课内积累的课外迁移，不能疏通、理解阅读文段文意。

3.对文意概述、评价类试题把握不准。

4.文言翻译缺乏字字落实、扣点得分意识。

5.对要翻译的语句不能结合语境进行结构分析，不能整体把握，不能灵活、准确地翻译。

6.缺乏规范意识，致使翻译出的语句句意不明确，前后不搭配、不通顺。

通过对这些问题产生原因的分析和相关解决策略的思考，我们确立了如何提升学生文言阅读、翻译能力这样一个教研主题，在这个主题下提出

6个相关的教研点，组成一个完整的教研序列。

这6个教研点是：

1.如何有效复习文言课文。

2.怎样激活、迁移已有文言知识，疏通文意，读懂文章。

3.文意概述、评价类文言试题陷阱归类及应对策略。

4.字字落实，结合语境推断关键词语在文中的含义。

5.文言翻译难点突破（结合语境进行结构分析，注意虚词的语法作用，整体把握，灵活、准确翻译）。

6.树立规范意识，力求使翻译句意明确、通顺。

以其中教研点3的课堂设计为例，如下表。

你的直言，是对我最大的帮助

高三语文研讨课课堂设计

<table>
<tr><th>作课人</th><th>上课时间</th><th>上课地点</th><th>研讨主题</th></tr>
<tr><td>××</td><td>×月×日第×节</td><td>高三×班</td><td>文意概述、评价类试题陷阱归类及应对策略</td></tr>
<tr><td rowspan="2">主题的提出</td><td colspan="2">提出原因（学情分析）</td><td>欲达到目标</td></tr>
<tr><td colspan="2">通过前一段的训练，学生虽能疏通、初步理解文言选文内容，但由于对文意概述、评价类试题的错项设置缺乏总结归类，致使筛选时标准不明，误选答案。</td><td>大纲要求：能阅读浅易的文言文
1.归纳内容要点，概括中心思想；
2.分析概括作者在文中的观点态度；
3.评价文章的思想内容和作者的观点态度。
研讨目标：通过引导学生总结归纳文意概述、评价类文言试题设错类型，明确筛选标准，探讨应对策略。</td></tr>
<tr><td>主题解决方案</td><td colspan="2">解决方案设计（教学手段）
课前准备：以做过的文言选段为素材，引导学生摘录出其中文意概述、评价类试题设错选项并分析错因。
课堂设计：在个体分析基础上，进行合作探究，展示探究成果，总结方法。</td><td>解决步骤（课堂设计思路）
1.明确本节目标、要求及方法；
2.小组合作探究，总结文意概述、评价类试题错项设置类型；
3.分组展示、交流探究成果；
4.教师引导全班概括归纳，探究应对策略；
5.拓展延伸训练（课堂有效性检测）。</td></tr>
</table>

3.“三主”核心思想

“主题式校本教研”的核心思想体现为三个“主”，即课题是主线，课堂是主阵地，教师是主体。

（1）课题是主线

教师在校本教研活动的上课、说课、评课活动中，围绕着“课题”，“上”一节与课题有关联的课堂教学探究课，“说”与课题关联的课堂教学设计思路和策略，“评”与课题的达成度相关的课堂教学及其教学反思。“课题”是“主题式校本教研”活动永恒的主线。

（2）课堂是主阵地

“主题式校本教研”的着眼点必须聚焦于课堂教学。从三维教学目标的制订到教学策略实施，从教与学多元素整合到课堂教学多元评价，诸多问题都围绕着提高课堂教学质量。

（3）教师是主体

“主题式校本教研”活动的主体是教师。教师不仅是个体，而且是群体。一个教师的专业成长，离不开自身的刻苦追求，同时也离不开团队的辛勤培育。个体实践、伙伴合作、专业引领，都需要弘扬团队精神。

教师的主体作用表现在，主动寻求提高教学质量的突破点、切入口，主动获取当今现代教育教学理论，在个体实践、伙伴合作、专业引领的基础上，营造教学研究的团队精神，共同探索、共同发展。

（三）基于课堂观察的校本教研

我们在教育实践中发现以往的研讨课有许多问题。部分学科研讨课没有明确的操作思路和步骤，缺少对问题的持续关注，有时一次研讨尚未解决的问题，下次再研讨已经换了主讲人，结果问题不了了之；研讨问题缺乏典型性，不一定是急需解决的或有意义的问题；缺乏制度规范和保障，环节没有得到落实……这样造成很大浪费，教师投入了大量时间和精力，却收获很少。

通过总结反思和不断地实践摸索，我们找到了规范校本研讨课的切入口，探索出了适合我校的校本研讨的新模式——基于课堂观察的校本研讨课。

这种校本研讨课是以“课堂观察”为基础，以“教师培训和改进教学”为目的，以“发展性评价”为手段的校本研讨课。观察的主体是教师，教师之间的关系是同伴互助的关系。

课堂观察是获取解剖课堂教学第一手资料的唯一途径，是一种合作的研究方式，是发现问题和优点、吸取经验和教训的最好机会。我们的课堂观察是分角色来进行的。

为什么要分角色？

因为有效教学是一个系统，系统中诸多要素都会影响到课堂教学的有效性。首先是教师、学生、课堂文化三大要素，这三个要素又可拆分为很多小项。如教师方面，制订学案预案目标是否明确？是否具体？是大了，还是小了？是多了，还是少了？是否在最近发展区？是否是教材中最具有优势的知识点？是否注意了知识迁移和能力培养？从问题来看，问题是否具有梯度？能否引发学生的思考兴趣？是否创设了问题情境？引导是否到位？

同样，学生方面、课堂文化环境方面也可以拆分出许多小项。过去我们听课大多是谁愿意听什么就听什么，课堂上的众多要素有的被关注多，有的被关注少，有的甚至没有被关注。分角色的好处在于，影响有效教学的各个要素分析清楚，教师听课的观察对象具体，任务明白，因此注意力集中，观察细致，分析到位，效果当然好。

我们对开展此项活动的定位是，研讨课是基于教学中存在的共性问题，为寻求问题解决进行的教学探究，是解决问题方案的求证，更是日常教学的引领和示范，因此要有连续性和前瞻性。

我们的研讨课分为课前、课中、课后三段式。

1.课前准备

（1）梳理问题，确定主题

研讨课必须基于问题或主题。研讨课是为解决问题的，问题的来源是教育教学实践。实践中遇到的问题就是需要研究的问题。从大家遇到的问题中，找出具有代表性的、急需解决的问题，整合成大家研讨的共同问题。

作为课堂研究的问题，首先是真实的问题，是在这个教师执教的这个班级里目前发生的问题；其次是值得研究的问题，是若干个小问题中的核心问题；再次是能够研究的问题，是执教者和观察者的能力和水平足以驾驭的问题。

在此基础上，对问题在教师或学生那里的行为表现做出假设性判断。无论是执教者还是观察者，都有着大量的一般性的课堂教学经验，对问题可能的行为表现也有模糊的感觉。要把这种感觉进一步思考澄清，假设问题与行为表现之间有一定的因果关系，并据此选择观察焦点。

（2）明确角色，共同备课

由组长协调确定出主讲人和观察角色，并确定本研讨课的研讨框架。主讲人主备教学方案和学案，并完成说课稿。之后，组长组织主讲教师就本课实施方案进行说明。在此过程中，主讲人和观察者要做好沟通，主讲人要将自己的设计方案和意图向观察者说明，使主讲人和观察者都能够聚焦研讨意图。

（3）制订方案、准备工具

关于制订方案，有两种情况。一种是主讲人制订观察方案，观课人按照主讲人制订的方案进行观察；一种是观课人自己制订方案，然后按照自己的方案进行观察。

制订方案包括要准备好怎样观察，在什么地方，观察什么样的学生等，制订方案的过程是一个非常关键的过程。这个过程是分析有效性要素的过程。制订方案者要准确把握住影响有效性的要素，制订出合适的观察量表。

制订观察量表是一个比较复杂的过程，需要确定对象、类别、要素、观察点。有的还需要准备好观察器材和工具，如相机、摄影机、录音器材等。

2.课中实施

课中实施时主讲人按照集体准备的方案实施课堂操作，观察者依据方案仔细观察，认真倾听。在此过程中，要做好详细记录，并作出恰当评价。观察者一般情况下，不向学生提问，以免影响学生学习。观察者要做到眼、耳 、手、脑并用。

眼：看你提前制订的和应该看的。

耳：听你提前制订的和应该听的。

手：记下你看到的，听到的，想到的。围绕观察焦点，运用记录表格，把课堂行为记录下来。要比较详细地记下在什么时间、什么地点，对什么对象，做了一件什么事情。事情的开始、过程、结果是什么。尽可能地实事求是，不要主观猜想。

脑：想你应该想的。这是对观察到的要素进行分析归因的过程，这个过程非常重要。

3.课后研讨

自评：主讲人首先谈自己上课的感受，谈自己的意图实现了没有，什么地方成功，还有哪些需要改进。

互评：观课人谈自己观察到的和自己的思考结果，要结合自己的课堂观察记录，有理有据地谈出自己对问题的见解。此过程是大家自由发言时间，就大家的陈述发表各自的观点。

改进：在大家评议的基础上提出改进意见，最后由主持人对大家的意见进行总结，形成结论。这里要淡化那些充实知识、提高技能、提升理念之类不着边际、不具有操作性的意见，也要淡化那些需要长时间积累才能显效的意见。

我们研讨课的要求和做法可以简要概括为三个方面：一是课前充分准备，即梳理问题、确定主题、制订方案、说课、观察量表设计；二是课上探讨验证，即课堂观察形成多角色、多要素、多层次的立体式观察；三是课后客观评价，即完成自评、互评、改进设想。（见下图）

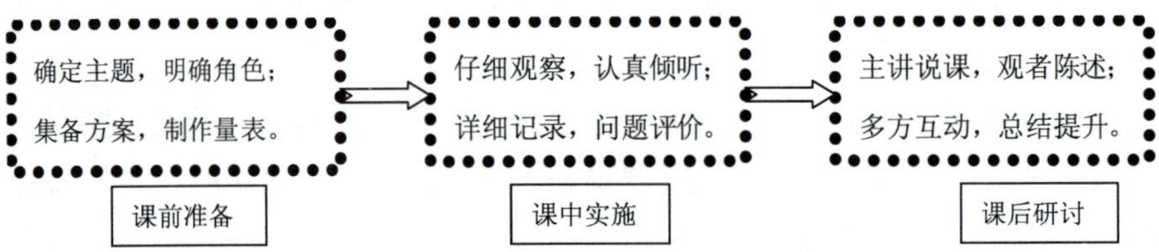

基于课堂观察的校本研讨课流程图

每次研讨课前，上课教师都要有详细完整的教案、学案和说课稿。每位参与课堂观察的教师，根据观察点的品质、观察者和被观察者个体的需要，或根据合作体的需要来确定不同观察点。

课堂观察合作体形成的前提之一就是有共同的合作目标，或是研究一个主题，或是形成合作体的教学风格，或是改进课堂教学的某一方面，等等。因此在确定观察点时还要考虑合作体的需要，如就当今最普遍的教研活动形式——备课组而言，在观察点的选择和确定上，我们思考了本备课组研讨课的课堂教学目标是什么。确定具体的发展目标之后，再考虑与所确定的主题最密切相关的观察点，在这基础上“设计——观察——反思——改进”，从而形成我校以课堂观察为基础的课堂研讨活动的基本模式。

每次课堂研讨都会对课堂研讨内容做较为全面详细的记录，以保证课堂观察有目的性，研讨有具体针对性，评价中肯客观，促进讲课教师更加全面准确地认识到教学中的优点和缺点，从而提高课堂教学的有效性，有效地减少或避免以往研讨课中存在的课堂评论流于形式、课堂观察目标性不强等缺点。

下表为我校2009年9月在高三语文学科研讨课上所做的课堂观察记录表，授课教师为黄丽姝教师。

高三语文课堂观察记录表

时间	地点	科目	授课教师	课题	
2009－9－30	高三11班	语文	黄丽姝	词类活用	
观课教师	**观察记录任务观察**	**教师行为**	**学生行为**	**创新特色**	**改进意见**
杨春倩 司中华	情境创设	通过复习巩固引导学生进入情境，营造和谐课堂氛围。	学生积极配合。		
高金锐 梁江慧	自主合作	教师适时点拨，针对性强。	学生讨论积极，敢于发表个人意见。		
秦丽君 杜维民	展示交流	展示充分，充分利用黑板和多媒体。	黑板板书，书写整齐。		学生总结会更好，教师讲得多，答案与学生交流结果比较、印证会更好。
齐磊 贾彦国	师生总结	板书，多媒体运用有效，总结及时。	积极发言加板演。		师生总结尔后共同改进。
张素恩	目标完成情况	基本完成。	赏析步骤清晰，学生掌握较好。	讲练结合。	
黄利伟	师生参与度	教师引领较好，能适时提出合理的问题。需注意多给学生思考的时间，完善整理思路。	学生参与度很高，能够在教师的引领下准确地回答问题，需注意答题的规范性。	让高考诗歌来带点。	

续表

观课教师	观察记录任务观察	教师行为	学生行为	创新特色	改进意见
杨杰	巩固拓展	关注高考，向高考题延伸拓展，注重答题的规范性。			
吕彩卿	课堂检测	课堂检测效果较好，学生能掌握80%。			

我们开展这种研讨课一开始并不顺利，遇到了各种问题。教师的思想转变需要过程，教师的业务素质、研究能力、分析归因能力和制作观察量表的方法技术，都可能会遇到障碍。我们就遇到了因为换人而使研讨问题中断的问题。于是我们提出：一个备课组共同研究一个问题或主题的，如果本次没有解决，那么下一次研讨课换人不换问题，本次研讨的终点就是下一次研讨的起点，直到问题得到解决，出现什么问题解决什么问题。

我们告诫自己慢慢来，不要着急，因为心急吃不了热豆腐。因为这是一个系统，受到诸多要素制约。必须要有个体体验、逐步认同、点滴积累、自主建构、多元互动和螺旋渐进的过程。

一般情况下，这种研讨课需要经过三个阶段才比较顺利起来。如下表所示。

第一阶段	观察点选择	自由随机
	观察量表的来源	套用成熟量表
	合作特点	仅有课后会议的分享
第二阶段	观察点选择	有一定目的
	观察量表的来源	改造成熟的量表
	合作特点	课前小范围合作，课后分享
第三阶段	观察点选择	教研组确定研究主题
	观察量表的来源	自主开发量表
	合作特点	全程合作

这种研讨课改变了过去课前无主题、听课无重点、课后“你好我好大家都好”的低效教研形式，发现了问题，有了充满活力的思想交锋和智慧共享，使教师充分感受到了研讨课的魅力，从而提高了研讨效率。

除了以课堂观察为方向的教研活动，我们还引领教师对涉及有效课堂建构的各个方向进行校本研究。例如，如何进行有效的学情调查，如何创设教学情境，如何对小组学习进行有效指导，如何开展班级展示交流活动，如何分组等，对各个课堂教学要素进行多层面、多方位的行动研究，这些研究直接服务于有效课堂教学的建构，同时提高了教师的专业素养。

另外，我们还大力开展基于校本的教育叙事研究。对普通教师来说，开展切合实际的叙事研究比理论或课题研究更能得心应手，更会有感而发，更能反映出教师作为教育一线实践者的心声。我们要求教师每月写出两篇教育叙事随笔，教科室每学期整理出版一期《鹿泉一中教师教育叙事研究专辑》。如今，教育叙事研究已经成为我校教师日常工作的一部分。

（四）“以研究为工作方式，以工作为研究过程”

我校把教育科研工作当做学校的头等大事，以教育科研的眼光，从教育科研的视角来看待自己年级和部门的管理工作。各年级、各部门领导对自己工作的总结和下一学期工作的计划，都十分强烈地传达出这样的信息。三个年级和各职能部门的工作计划和实施过程，无不渗透着科学性，各部门的工作计划、工作总结的论文化和学术化正在成为一种发展趋势。

学校管理层逐步、慎重推动“管理工作课题化”进程。以研究的态度和方式进行学校的管理工作，学校中层以上领导每学期要研究一个管理课题，出一份管理研究报告。

如今，我校对教育科研的重视程度是前所未有的，“科研兴校”也让我们尝到了甜头，尤其是“教师成为研究者运动”，使我们教师敢于揭开教育科研头上的神秘面纱，使其从高高的学术殿堂走进了广阔的学校课堂，使学校的方方面面都发生了可喜的变化。

教师们“从教育实践者转变为教育实践的研究者”的观念树立起来了；“教师研究能力是教师基本素养的一个组成部分”的观念得到了广大教师的认同；新型的人才观、教育观、学生观、过程观已深入教师的内心深处。

观念影响进而决定着过程，过程决定结果。教师的观念影响着教育教学过程。教师们自觉地运用教育科研的方法做自己的工作，教师职业心态正在悄悄地发生转变，教育教学工作正在悄悄地呈现出自己的个性。学校出现了许多喜人的气象，涌现出了部分教育科研先进教师。从课堂教学到班会课无不如此。

现在高三年级的班会课搞得有声有色，班会课件制作声情并茂，对学生成人教育起到了很大的促进作用。高二年级的课改论文、教学反思随笔和班主任教育工作反思随笔，都可以反映出教师们目前的心态。高一年级以“知恩——感恩——报恩”为切入点和主线的系列养成教育，以及教师们自发组织起来的班主任沙龙，都在传达着这样一个信息：教师们的科研意识越来越浓厚。我校教育科研工作已经有了较为深厚的基础和浓厚的氛围，教育科研工作正在步入健康发展的轨道。

在鹿泉一中，工作中的问题就是科研的主题。研究与工作合二为一。研究不是一项独立的工作，而是一种工作方式。我们提出的“以研究为工作方式，以工作为研究过程，在研究和工作中感受职业幸福，体验生活乐趣”，正在内化为广大教师的习惯。

目前我校已形成了“人人都做教育科研工作，日常工作科研化”的新局面。“以研究为工作方式，以工作为研究过程”的“教、学、研、训”一体化的工作理念日益深入人心。

“八环节学案型教学模式”本身就是“教、学、研、训一体化”的新型教学模式。领导和教师们以饱满的热情投身到此项研究工作当中。在研究中提高工作效率，促进学生和教师发展，从而促进学校发展。在学校领导的大力推动下，一线教师积极主动地参与其中。

全体教师的参与是学校教育科研工作的根本所在。只有一线教师的积极主动的参与，我们的目的才能实现。全校教师对“八环节学案型教学模式”的研究表现出极大兴趣，进行认真的学习研究，为下一阶段的实施做好了充分准备。因为模式也好，环节也罢，不仅要让操作者知道“怎样做”，更要知道“为什么这样做”，这样可以避免机械执行，提高灵活性，甚至还可以激活教师的创造力。

在这一过程中，学校、年级、备课组的功能得到了充分发挥。各年级利用集体备课这一优势，充分挖掘这一研究过程的潜能。我们“以师生发展为本”，努力研究怎样为学生的发展提供空间，为教师专业化发展创造条件。在这一研究过程中，领导和全体教师的研究意识得到了强化，研究能力得到了提高，并且提高了课堂效率，使我们的教学工作步入了科学发展的轨道。

四、花开缤纷，硕果累累

对历史的尊重，就是对自身的尊重。“以史为鉴，可以知兴替。”我们站在今天去看待历史，思考明天，将会为学校的发展带来很大的益处。经过多年的努力，特别是近年来不断加大教育科研的力度，我校的教育科研已初见成效，对促进教师素质和教育教学质量的提高起到了巨大作用。

教育科研是培训教师队伍的重要手段，是促进教师专业化发展的必然选择。我们的教育科研从本地区、本校的教育教学实际问题出发，根据实际情况开展有特色的研究，使教育科研真正能成为全面提高办学质量，提高教育教学效率，提高教师专业化水平的重要支柱。

青年教师是学校的未来。我校教科研为青年教师提供了优越的成长空间。各种类型的观摩课、研究课、公开课、汇报课持续不断，为青年教师的进步提供了充分的条件。青年各课题组、活动小组、优秀论文评选等活动，也都为青年教师的成才创造了良好氛围，使他们的教学效果和整体素质得以提高，从而为我校的可持续发展战略打下了坚实的基础。

教育科研促进了教育教学过程的优化，改变了广大教师的传统认识，转变了教师观念，使课程改革深入人心，对优化教育教学过程，提高教育教学质量起到了推动作用。教研之风催人奋进，我校全体教职员工齐心协力，刻苦钻研，在全面提高教学质量上下了很大功夫。

由于教科研工作的加强，我们一扫过去盲目自满、故步自封、不思进取的沉闷气氛，使理论学习之风吹遍校园。现在我校青年教师都如饥似渴地在理论田地里汲取营养，学理论、记笔记、查资料变成了广大教师的自觉行动。

在浓厚的研究氛围中，我校课题研究取得了显著成果。

2001年完成了国家教育部“九·五”重点课题《素质教育理论与实践研究》的结题工作，并被总课题组命名为“先进实验学校”。

2002年7月，完成了全国教育科学规划“九·五”重点课题《中小学生学习方法与心理发展的应用实验研究》结题工作，并获得了“优秀实验学校”称号。

2003年4月，我校被河北省教育厅命名为“河北省普通高中自主学习自主发展教育教学改革实验学校”，并开展了国家教育科学规划

“十·五”课题、河北省教育科学“十·五”规划重点课题——《高中学生自主学习、自主发展》实验研究。

2002年我校被命名为“河北省心理健康实验学校”，参加第二轮心理健康教育课题研究。2005年5月成功结题，并印制了《论心灵之光照亮课堂》实验论文集。2006年6月，我校在中国教育报和中国教育学会学校心理辅导专业委员会举行的评选中，被全国学校心理辅导专项评选评审委员会授予“心理辅导特色学校”称号。

2007年，我校承办了“河北省初中高中教学衔接研讨会”，全省300余人参加了会议，会后超过800人次到学校进行交流研讨。

2009年，“八环节学案型教学模式”作为河北省教育科学规划办公室的课题“新课程背景下普通高中课堂教学有效性研究”的成果之一，被评为河北省教学成果二等奖。

2009年，我校承办了“首届全国高中新课程有效教学专题研讨会”，教育部、中央教科所领导专家及全国18个省、市、自治区代表800余人参加了会议。会上有100位教师展示了“八环节教学模式”观摩课。2011年10月，我校又承办了“第三届全国高中新课程课堂教学经验交流与研讨会暨全国高中学校课程改革联盟成立大会”，来自全国23个省1000余人与会。会后全国各地到我校参加交流研讨的人员数以千计，不少学校多批次组织教师到我校进行交流研讨。《中国教育报》《中国教师报》《现代教育报》《教育导报》等媒体多次报道了我校的课改情况。

实践证明，教育科研是我校发展的不竭动力，是全面提高我校教育教学质量的必由之路。“科研兴校”是一面光辉的旗帜，将永远指引我们攀登新的高峰。我们有充分的理由相信，只要我们坚定地走下去，教育科研一定会为我校带来新的更大的发展。

第五部分

教师——课改中华丽转身

教师在学生自学时给予智慧点拨

教师是学校发展最宝贵的第一资源，有了一流的教师，才会有一流的学校和一流的教育。

为了教师的成长，必须坚持培训和科研两只脚走路。

——鹿泉一中

关于教师的作用，美国教育心理学家吉诺特博士有一段名言：“在经历了若干年的教师工作之后，我得到一个令人惶恐的结论，教学的成功和失败，‘我’是决定性的因素。我个人采用的方法和每天的情绪，是制造学习气氛和情境的主因。身为教师，我具有极大的力量，能够让孩子们活得愉快或悲惨，我可以是制造痛苦的工具，也可能是启发灵感的媒介。我能让人丢脸，也能叫人开心，能伤人，也可以救人。无论在任何情况下，一场危机之恶化或解除，儿童之是否受到感化，全部决定在我。”

这段话深刻揭示了教师在学校教育教学中至关重要的决定性作用。优秀的教师能让学生一生幸福，不称职的教师则能让学生一生痛苦。正如一位教育家所说：“一个天才的孩子，只是因为遇到了一位糟糕的教师，便泯灭了他的天才，从而变成了一个庸人。”

“国家的兴衰在于教育，教育的好坏在于教师。”没有高水平的教师，就没有高质量的教育。教师是教育变革取得成功的关键因素，是学校发展最宝贵的第一资源。

联合国教科文组织在其研究报告《教育——财富蕴藏其中》中明确指出，教师是决定教育改革成功的三个关键因素之一，“没有教师的协助及其参与”或“违背教师意愿”的教育改革，从来没有成功过。

美国弗吉尼亚21世纪大学委员会在一份报告中声称，对于一所学校来说，有比建筑更重要的东西，那就是教师。许多发达国家的实践证明，教育设施达到较高水平之后，办学条件的改善对教育质量提高的作用极为有限，而教师素质的提高以及相关教育思想和教育方法的完善和改革显得更加重要。

现代教师的角色发生了重大变化。当前国际社会的一个共同认识是，教师应该发挥新的作用，肩负起新的任务。教师不再被当做单纯的知识传授者，而被看做是培养“全面发展的新人”的教育家和社会活动家。

实施新课程，教师不仅需要具有专业知识，还需要具备教学能力、研究能力、组织能力、管理能力，特别是要有能够让学生悦纳的亲和力，这些都需要对教师进行培训。

教师是学校的主人，是学校发展的动力。我校以教师为本，全心全意地依靠教师，最大程度地让教师参与学校的决策和管理，尽最大可能为教师成长提供所需要的一切条件，激励教师教育创新的激情和活力，使他们能最大限度地发挥自己的作用。除物质条件外，更重要的是为他们提供合适的教师培训和教师评价等“软件”支持。

让师生在我校共同幸福成长，是我们鹿泉一中所追寻的重要理念。为了教师的成长，我们一直致力于通过各种方法，让鹿泉一中这片热土成为教师们幸福成长、实现教育梦想的沃土。只有幸福的、勇于创新和改革的、积极成长的教师，才能真正培养出幸福的、富有创新精神的、健康成长的学生。

一、建构式校本培训

自2001年开始实施新课程以来，教师培训比以往受到了更大的重视。然而由于这些培训大多仍沿用“理论—理论”的传统方式，其效果不尽如人意，无法适应新课程对教师提出的要求。近年来的高中新课改给教师培训提出了更多新的问题和挑战，需要我们彻底改变传统的培训理念和培训方式，研究行之有效的教师培训模式和培训手段，促进新课程顺利实施，这是当前师资培训中最具挑战意义的课题。

我校积极抓住新课改的契机，将问题变成课题，化压力为动力，把挑战看做机遇，按照新课改的理念和要求，结合我校师生的现状，经过探索和研究，创造出了适应我校的教师培训新模式。

（一）新课改呼吁教师角色转变

近年来我国的新课程改革有几方面突出的变化：一是从课程管理上改变了国家过于集中管理的方式，实行国家、地方、学校三级课程管理政策；二是初步改变了多年来“学科课”和“必修课”的模式，增加“选修课”“活动课”等；三是初步推行了教材多样化。

长期以来，由于课程设置统一，结构类别单一，内容“千教一面”，形成“千军万马过独木桥”的统一升学模式。重智育轻德育，重理论轻实践，重知识轻生活，重学科轻学生，重过去轻发展，学校成了培养学生应试能力的“高考训练基地”。

在高度集中统一的课程管理体制下，教师完全执行指令性课程计划，不可能也不需要具备多少课程意识和课程开发能力。教师有权决定“怎样教”，无权过问“教什么”，大多数教师就像“教学机器”，成为国家课程的被动接收者和忠实“执行者”。

随着新课程改革的深入推进，课程部分管理权限下放到学校，出现了课程类型的多样化。在课程国家集中管理体制下形成的教师单一“执行者”的角色，已不能适应课程改革带来的这些变化。教师必须转变角色，由原来课程的“执行者”变成课程的“创造者”，以适应课程类型、课程结构的多元化。

教师是课改的直接实践者，如果教师的课改意识比较强，就会对课程改革采取积极态度，主动地理解和把握不同课程的特点，并根据具体情况及社会变化、当地需要、学生特点等，对课程加以调整，以增强课程的适应性。反之，如果教师对课改采取观望态度，在课程实施过程中，还把自己当做课程的被动接收者，那么他们就还会以其早已习惯的方式对待课程改革，使课程改革在实践过程走了样，不是回到老路上去，就是变得面目全非。

教师准确把握新课程理念的精髓，是新课程改革顺利实施的关键。新课程的三维目标是有机的统一体，如果教师不能准确理解，就难以自如操作，只能是比猫画虎，顾此失彼。

新课改注重学生的经验与兴趣，强调学生主动参与、探究发现、交流合作的学习方式，改变了课程实施过程中过分依赖教师、被动学习、死记硬背、机械训练的观念。

新课改要求教师不再把单纯传授知识当做主要任务，而应把培养学生正确的学习态度、方法以及灵活的知识迁移能力作为主要任务。教师对学生获取知识过程的关心应甚于对他们掌握知识结果的关心，对学生掌握知识方法的关心甚于对他们掌握知识量的关心。教师必须从传统的局限于45分传授知识的角色，向教育过程的决策者、指导者、组织者、创造者转变，成为适应21世纪素质教育要求的新型教育者。

我校积极采取诸多有效措施，为教师角色转变提供条件，通过鼓励教师参加研究生课程学习，选派教师参加全国学术会议，加强教师校本培训，大力加强教育科研工作，提高教师的理论水平和实践能力，以适应各种课程形态的教师角色要求。同时，制订奖励政策，鼓励教师积极参与课程改革，使教师成为课程改革的主力军，把课程改革引向深入，真正实现课程改革的目标。

（二）建构式校本培训

教师培训采取的方式一般是举办培训班、听讲座报告、观看录像、参加各种专题会议等。这些高端引领是非常必要的，因为它们决定着教师培训的目标和方向。但仅有这些是远远不够的，因为这种培训时间成本高，不可能成为教师培训的主要形式。

尤其在新课改背景下，教师天天面临新情况，时时遇到新问题，教师必须从自身实际出发，根据学校、同伴和学生的具体情况，进行坚持不懈的探索和创新。因此接受专家的理论培训必须要结合自身的工作实际，在实践中检验和领悟。这样既解决了教师培训常态化问题，又完成了一个认识循环。即使是观摩别人的操作模式，也不能照搬，还需要结合自己的实际重新建构。教育理念再先进，如果没有教师自身的消化、建构过程，也不会取得预期效果，有时可能会欲速则不达。原因在于教师缺少体验，没有完成自己的建构，无法将理论同实践形成有机统一体。课堂上教师的教学行为和应体现的教育理念存在较大差距。

因此我们改变传统的培训思想，确立了“专家引领，自主建构”这一教师培训的基本策略。我们将建构主义学习理论引进教师培训工作中来，渗透到教师工作、生活的各个方面，让教师在实践中去建构，实现教师培训的常态化。这种“建构式”培训方式和专家培训形成互补，成为我校新课改背景下教师培训最重要的形式。

在建构式校本培训中，教师必须是培训过程的主体和创造者，教师具有培训过程的话语权，而不是单单作为被培训的对象而被动地接纳。这种模式要求教师也要像学生学习那样，在建构中形成自己的知识体系。

“建构式校本培训”是在学生不喜欢教师“唱独角戏”，教师也未必喜欢专家的“一言堂”的背景下，借鉴了“八环节学案型教学模式”而建立的教师学习模式。我校将“八环节学案型教学模式”移植到教师培训上，实施了由“明确目标、教师自学、小组探究、展示交流、实践反思”五个环节构成的“建构式校本培训”（如下页图所示）。

在这种模式下，教师成了学习的主体。具体做法是，将学习内容分成若干模块，将教师分成若干小组，每个小组侧重一个模块学习。个人先学，然后小组交流达成共识，这个小组就是这一模块的“专家组”。之后开始展示交流，小组作为一个主讲团体，把小组模块学习的成果展示给大

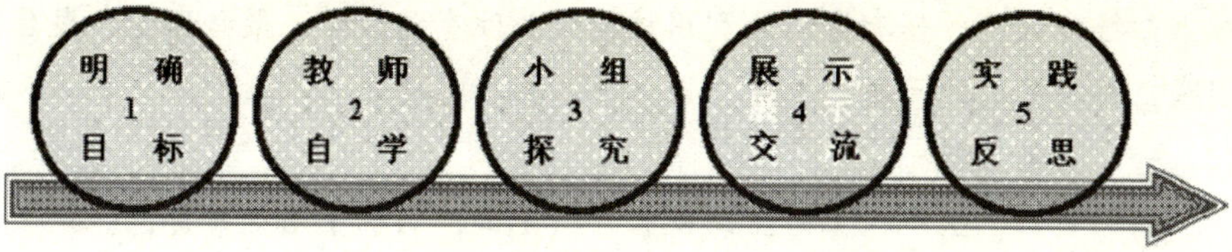

"建构式校本培训"流程图

家。其他组进行讨论，提出各自的疑问。由"专家组"成员对问题进行答疑释疑，解决掉的问题擦掉，未完成的大家共同研讨，然后用于指导自己的教学实践，在实践中反思提升。

这就是我们的"建构式校本培训"。培训会上，教师们似乎一夜之间都变成了"专家"，一个个侃侃而谈，相互质疑释疑，共同提高，培训效果非常明显。

此外，还有前面介绍过的"八环节学案型教学模式"和基于"课堂观察"的校本研讨课模式，本身也都是一种教师培训。

这三种培训模式都是将培训和学习、研究、工作有机整合，避免了过去培训、研究、工作相互割裂引起的资源和时间浪费，使我们的日常教育教学工作具有了崭新而丰富的内涵。

附：鹿泉一中建构式校本培训案例

基础年级《学与导》修订培训会

黄利伟

为配合八环节学案型教学模式的实施，我校组织部分教师按照校本课程开发的原则，编写了辅助性学习工具——《学与导》。几年的使用实践表明，《学与导》在转变教师教学方式和学生学习方式上发挥了重要的作用，尤其是在学生自主学习中，可帮助学生在理解文本的基础上发现问题、提炼问题、梳理问题、上交问题，从而形成宝贵的"问题意识"。

但是，一本《学与导》并不能使我们做到一劳永逸，即便是从我校实际出发编制的校本课程，也需要不断发现问题，不断修改完善。为此，我们按照建构式校本培训的模式，以学科小组为单位，召开了基础年级《学与导》修订培训会。

（亮点分析：建构式校本培训模式在我校一经试验，就给教师的理论学习带来了深刻的变革，教师的素质、专业化水平也得到了提升；在此基础上，很多教师开始有意识地利用该模式关注有效教学、聚焦课堂、聚焦实践，解决身边的问题。）

一、明确目标

培训之初，主持人王旬生副校长开门见山，明确了培训目标：一是集中学习我校制订的《〈学与导〉编制方案》，明确编制目的、原则、结构、使用等方面的要求；二是结合“方案”要求，根据学生的使用反馈情况，分学科小组讨论“《学与导》如何修订”。

（亮点点评：培训会要设计并明确目标，这样才能使培训沿着既定的轨道前进，最大限度地实现其价值，找到解决问题的方法；如没有明确的目标指向，“众说纷纭”，就难以达成共识，收不到预期的效果。）

二、教师自学

基于此，在明确了学习目标之后，各位教师分学科“团团坐”，进行个人自学。学习的内容包括《〈学与导〉编制方案》、学生使用反馈资料、个人对于《学与导》的使用经验等。学习结束后每位教师结合培训目标，梳理思路，并将想法和建议整理后写到纸上，预备学科小组内交流。

（亮点点评：按照建构主义理论，学习不是被动接收信息刺激，而是学习者主动地根据自己的经验背景，对外部信息进行选择、加工和处理，从而获得自己的意义。正如学生要进行自主学习一样，教师的培训也必须有“自学”这一环节。）

三、小组探究

各小组由备课组长负责进行讨论，每个小组成员都要陈述自己的观点（内容要涉及《学与导》使用的经验、教训、建议、创新等情况，不能跑题）；然后小组内成员间以“求同存异”为原则，相互评论，分享经验，梳理思路；最后由一人执笔，将本小组的观点写在白板纸上，贴在墙上，预备组间展示交流。

（亮点点评：从建构主义角度来观察，小组探究的过程是每位教师对其他教师观点的同化、顺应的过程，也是不断建构、完善自己观点的过程，是建构式校本培训的关键过程。）

四、展示交流

每小组选派一位代表结合白板内容展讲；随后，与会者要围绕该代表所讲，进行质疑或答疑式的交流。

（亮点点评：这是一个互动的过程，是一个思维碰撞、智慧火花四溅的过程，是培训会最精彩的部分。各位与会者无论专家、领导还是教师，相互之间或者提出自己的疑惑以求解，或者提供自己的具体操作以求解，互为借鉴，共同提升。）

本次培训会的“精彩互动”片段如下：

杜维民老师认为语文学科《学与导》的板块设计分两种模式：针对必修课本，需包括学习目标、结构化预习、预习检测和问题拓展训练四个环节；针对选修课本，需包括模块学习指导、课文内容解读和问题拓展训练三个部分。但我们疑惑的是，将精力花在版块设计上还不如认真搞好教学过程的设计，这是否是“捡了芝麻丢了西瓜”？（教科室梁建和主任答疑：我们目前的一项重要任务就是既要搞好教学设计包括设计好结构化预习中的问题，同时更要注重这些问题在课堂上的使用，关注这些问题的落实程度，最大限度地做到“鱼和熊掌兼得”，这样才更有实际意义。）

李彩萍老师认为数学学科的《学与导》是基于教师而设计的，并非基于学生；我们应该从数学的本质入手来设计《学与导》，而并非“千篇一律”；关于“知识链接”板块的必要性，需要考虑学生是否学会，如果学会了，就不必要链接了。（韩爱学校长答疑：一本《学与导》不能解决诸如教学设计、学习小组、知识链接等方面的所有问题。我们的目的是通过对《学与导》的修订和完善，促使教师不断思考，得到锤炼，从而提高老师的专业素质和能力。梁建和主任答疑：关于知识链接，链接什么内容，什么时候给学生呈现，篇幅是多大，应根据文本以及学情，认真梳理资料而成，应对学生的学习有指导意义。）

王新栋老师认为物理学科应针对不同层次学生设计相应的学习目标，而现行《学与导》的目标设计有些简单，很难引起学生的探究兴趣。（王甸生副校长答疑：学习目标是整个学习过程完成后才能达到的目标，而并不是《学与导》的目标。这点是我们经过使用后得出来的经验。也就是说，《学与导》上的目标是学生自主学习的起点，是师生课堂学习的起点，而并不是课堂教学的终点，因此对《学与导》的目标要求不宜过高，应符合学生的认识规律。）

杨志军老师代表英语学科发言，认为英语学科的《学与导》应该降低预习题目的难度，书后附参考译文和答案，并增加一些有特色、学生感兴趣的阅读理解文章。（英语学科教研组长张美玉老师答疑：预习题目的难度确实应该降低，因为正如王甸生副校长讲的那样，我们的《学与导》是学生结构化预习的工具，同时也是学生学习的起点，课堂教师的起点，应该从满足最广大学生的最基本的要求入手，编制预习题目；本人也完全同意关于增加有特色、学生感兴趣阅读理解类文章的意见，会将此意见记录并落实。）

……

（亮点点评：一直以来，我们忽视的一个教师培训的问题就是无视教师的教育观念、背景和经验，正如我们忽视学生的学习主动性一样。让教师在培训中能从个人的基础和经验出发，有机会表达思路和想法，能够在一个民主、平等的平台上对话交流，而不是被动地接受指令和要求，这是建构式校本培训的一大亮点。这体现了对教师的主体地位的尊重，满足了其全面发展的要求，促进了教师的专业发展。同样，在关注教师的发言权的同时，专家的引领和点拨同样是必不可少的。缺少了专家的必要指导，可能会“误入歧途”或“中途夭折”。）

五、实践反思

本次会议结束后，各小组结合讨论的结果和专家、领导的引领思路，利用校本教研（包括集体备课）的时间，制订了相应的修订意见和计划，并将工作责任落实到每个人，保质保量完成修订任务；同时也要求各位教师结合修订和今后的使用情况，对《学与导》不断质疑，不断反思，在“修订—使用—修订”的循环往复中实现效益的最大化。

（亮点点评：建构式校本培训是一个系统的工程，坐在一起培训只是其中一个环节，最重要的还是将学习培训后的成果尽快转化为生产力，要进入到教学实践中去反思体会，同时还要不断进行修改和完善。这就要求每位教师要树立终身学习的理念，在实践中发现问题，在培训中解决问题，再到实践中检验生成新的问题。）

二、全力营造教师成长的环境

（一）为教师创设学习研究的情境

学生学习需要教师创设情境，在情境中，学生的学习兴趣和欲望会被激活。同样，教师学习研究也需要管理者创设情境，激活教师的学习研究兴趣，让教师在一定的情境中去主动学习、主动研究。

人是情感动物，高兴时干劲冲天，沮丧时无精打采。人的情感极易受到周围环境的影响，这就为情境管理提供了理论基础和操作空间。情境其实就是一个“场”。我校的情境管理就是努力创设新课程改革的情境。我们的具体做法如下：

第一，建立“教育讲堂”制度。近年来，我校聘请了教育部、中央教科所、省市教科所和大学的教授等专家学者到我市作报告几十场，为学校和广大教师提供了教育领域的“高端访谈”。

第二，加强对外交流。我校非常重视对外交流，在教育教学方面积极开展和其他兄弟学校的交流学习，互派教师交流切磋，共同提高。我校还把每个星期三设为学校的开放日，兄弟学校教师或专家学者可以来我校自由听课、交流、研讨，营造了新课程改革的“情境”。

第三，开展课题研究。我们利用课题研究营造科研文化。请中央教科所专家参加课题开题报告会，请专家到学校进行课题结题会，吸纳大部分教师参加课题研究。我市主要领导亲自主持并参加课题研究；教研室所有人员深入到学校，和一线教师一起研讨，和学校合作进行课题研究。

第四，召开教育科研年会。每年我校隆重召开教育科研年会，表彰教育科研先进个人，并进行奖励，吸引广大教师积极参与教育科研。

第五，承办会议。2007年我们承办了“河北省初中、高中教学衔接现场会”，2009年承办了“全国首届高中新课改有效教学研讨会”，2010年承办了河北省课改研讨会，等等。在这些会议上，我们不仅给教师和学生提供了展示平台，更把我市教育科研的氛围推向了新高度。

关于情境管理我们还有许多其他操作方法。这些举措创设了新课程改革的情境，优化了教育科研环境，激发了教师的研究热情，潜移默化地影响着老师的情感和心理状态，教师的课改意识和研究兴趣在不知不觉中产生了。

（二）从读书中获得教育智慧

教师要成长，就必须读书，读古典名籍，读理论专著，读前沿的教育期刊。如果教师爱读书，一定会带动学生爱读书。为了促进教师的专业发展，提高全体教师的教育智慧和教育艺术水平，我校大力开展了读书活动。

教师必须多读书，读好书，不断充实自己，提升自己，如此才能深切地体会其中的真谛，才能达到超越功利的境界，成为学生心目中的好老师。正如窦桂梅所说：“一个真正爱书的人能在文字中体会到难言的满足、幸福和富有。”“对于情感细腻、感受丰富、思想深刻、珍视生命的人来说，只活一生是不够的，我们要在那些好书中再活一次，再活十次，再活百次千次——这样的人生才是生动的、多彩的、值得一生回味的。这样活着才是有意义的！”多读书才能使我们更富有智慧，更懂得爱，更理解生活的美好。

我校大力开展读书活动，具体措施如下：

第一，制订明确的规章制度来规范教师阅读状况。

第二，建立领导干部读书制度和定期读书交流制度。

第三，学校由教科室牵头成立“陶行知教育思想研究会”和“苏霍姆林斯基教育思想研究会”，定期举行“研讨会”，每年各出版一集研究成果文集，促进教师阅读活动的开展。

第四，校报上开辟教师阅读专栏。

第五，购进教师所需阅读的图书。

罗曼·罗兰曾经说过：“要播撒阳光到别人心中，总要自己心中有阳光。”21世纪是知识爆炸的世纪，读书学习成了人生的重要组成部分，所以我们大力营造“书香校园”。学校聘请了中语会苏立康教授做“读书与人生”的报告，举办“鹿泉一中师生读书节”“教师读书笔记展示会”等活动，浓郁的书香气息充盈校园。

（三）关注教师整体素质提升

随着教育科学的发展和社会对高质量教育的需求，学校对教师整体素质的要求越来越高。特别是艺术素养越来越受到教育界和全社会的普遍关注。相关研究表明，人的艺术素养和创新能力具有正相关关系，而具有艺术素养的教师，对于提升学生的艺术素养具有极为重要的意义。

我校通过让教师欣赏音乐、参观画展等活动，发展多方面的文化素养，特别是艺术素养，使得教育教学活动更具有人文精神和艺术性。学校开展了丰富多彩的体育活动，鼓励教师参加体育锻炼来增强体魄，体会运动美和人体美，加强教师热爱人生、热爱生命的体验。通过这些培训使教师把追求完美的教育教学艺术作为人生目标，让自己成为学生的人生榜样，把自己生命的浪花融入教育改革的大潮之中。

为了提升教师的艺术素养，2009年8月1日上午，我校邀请河北师范大学音乐学院的靳涛教授，从交响乐的起源、怎样欣赏交响乐、欣赏交响乐的礼仪等方面对教师进行了培训。接着，“学校发展研究中心”黄毅民主任就“艺术素养和教师的整体素质的关系”做了精辟阐述。通过培训，教师们对于交响乐有了初步认识，并且认识到了艺术素养对于现代教师的重要性。晚上七点半，全体教师在我校音乐厅欣赏了由河北交响乐团演出的“鹿泉一中仲夏夜之梦交响音乐会”。《春节序曲》的欢快、《茉莉花》的悠扬、《梁祝》的深情、《〈卡门〉序曲》的活力等，把教师们一次又一次引入美妙而高雅的意境之中。

鹿泉一中交响音乐会

以“鹿泉一中仲夏夜交响音乐会”的开幕为标志，我校对教师的培训理念，已经进入到关注教师的整体素质（包括审美能力、音乐素养）提升的新境界。

（四）以过程评价促进教师发展

为了促进教师发展，我校正在尝试使用“教师成长记录袋”评价方法。为了适应新课程改革的需要，促进教师的专业发展，我校积极落实并创新发展了该评价方法。我校通过职业规划激发教师反思发展的活力，将教师在职业生活中扮演的主要角色大体分为五个方面：教育、教学、学习、研究、课程开发，五个方面内容配以不同权重，对教师进行全面的评价，对教师重在过程性、发展性评价。

发展性评价最主要的特点是注重过程评价，强调收集并保存表明被评价者发展信息的关键资料，形成对被评价者发展变化的认识，并在此基础上针对被评价者的优势和不足给予激励，或提出具体的、有针对性的改进建议。

这次评价方式的改革对教师的专业化成长和学校的发展产生了积极而深远的影响。打开鹿泉一中任意一位教师的成长记录袋，里面厚厚的一叠材料，都记录着教师成长的点滴，印证着教师发展的足迹。

对于教师成长记录袋促进教师专业化发展的作用，很多教师都深有体会。聂志礼老师认识到："教师成长记录袋应该成为也能够成为促进广大教师，尤其是青年教师专业化成长的助推器。"

语文组的马雪静老师这样总结教师成长记录袋对于教师发展的促进作用："教师成长记录袋记录了我们成长的点滴，印证了我们发展的足迹，给我们带来了可喜的变化。一是使教师不断反思，促进发展。二是在交流评价中，催人奋发。通过参观其他教师的成长记录袋，一方面从老教师那里学到了敬业与奉献，从中年教师那里学到了干练与经验，从年轻教师那里学到了创新与无畏，拓展了自己的专业知识和教学方法；另一方面看到其他教师积累与展示的优秀成果，也激发了自己奋发拼搏的精神，积极学习，向他们靠拢。三是促进我们更加爱岗敬业、积极进取。实施教师成长记录袋评价方案之后，教师们都憋着一股劲儿，互相'攀比'，比工作效率，比科研成果，比教学质量……每位教师都在自己的工作岗位上做着贡献，全校形成了一种积极进取的氛围。总之，在与教师成长记录袋同行的日子里，我受益匪浅，它提醒我不断反思，完善自我；它帮助我总结经验，挑战自我；它促进我专业发展，提高自我。"

对于教师成长记录袋的作用，李志英老师也感受颇深："伴随着我校新课程改革的不断深入，我在整理教师成长记录袋的过程中，对新课改和自己专业成长有了新的认识和想法。一个教师成长记录袋就是一段教师成长历程的缩影，是一种学习工具，是教师反思的'引擎'。教师成长记录袋的建设过程其实就是一个反思学习、表现学习的过程。教师成长记录袋有助于自我评价，自我反思；有助于记录进步，激发潜能；有助于激发自己的积极进取精神。"

（五）和教师共同演绎动听的乐章

英国一项有关学校效能的研究表明，全校人员对办学目标的看法是否一致是学校效能高低的重要因素之一。在我国当前教育界，学校办学目标的认同和实现过程中普遍存在“两张皮”的现象，往往是校长唱改革高调，教师们依然我行我素，不能与校长们的办学理念保持一致。

教师是学校发展的关键力量，没有教师的积极参与，教育改革如何都不可能取得成功。近年来，我们领导层和全校教师深入交流谈心，和他们一起商量探讨学校面临的问题和挑战，为学校未来的发展出谋划策。经过一段时间的努力，学校上下统一了思想，达成了许多基本共识，为新课改的顺利进行奠定了坚实的基础。

苏霍姆林斯基提出，校长对学校的领导，首先是教育思想的领导，其次才是行政上的领导。在《帕夫雷什中学》一书中，苏霍姆林斯基指出：“我竭力做到居于我这个校长工作首位的，不是事务性工作，而是教育问题……应当善于把教育思想体现在千百件各种各样的事情中……我们总是力求做到使学校全体工作人员——从校长到看门工人——都来实现教育思想，使全体人员都全心关注这些思想。”

思想领导对校长的自身素质提出了很高的要求，它要求校长是一个思想者，对教育有自己的思考，形成自己的认识和判断，不能人云亦云，随波逐流。它要求校长思想深邃，能于平凡之中见神奇，见人之所未见，为人之所不敢为。

特别是在新课改背景下，校长必须善于积极思考和创新，有长远眼光，善于激发教师的优势与潜能，放手让教师做自己的事。

苏霍姆林斯基曾说：“你作为校长，不仅是教师的教师，不仅是学校的主要教育者，而且形象地说，也是一个特殊乐队的指挥，这个乐队是用一些极精细的‘乐器’——人的心灵来演奏的。你的任务就是要听到每个演奏者（教师、班主任）发出的声响，你要看到并从心底里感觉出每个教育者在学生心灵里留下了什么。”作为一个优秀的校长，不仅要管理好一所学校，还要塑造一个充满活力、积极向上的“教师共同体”，组成一个教育的乐队，并通过精彩的指挥，奏出华美动听的乐章。

作为领导，我努力以自己的人格魅力把全校师生的心凝聚在一起，组成一支德业优良的教师团队，形成一股强大的力量。在鹿泉一中，我们对教师的管理不是冷冰冰、硬邦邦的，而是充满了人情味，遇到矛盾和问题时进行深入细致的疏导和协调，营造团结协作的、亲密和谐的人际关系。我们努力营造民主宽松的学校氛围，尽最大可能为广大教师创设一个宽松、融洽的环境，最大限度地调动广大教师在新课改中的积极性和创造性。

三、课改从转变观念开始

通过培训、读书学习、写教育反思等活动，我校教师在教育理念上获得了更新，为新课程改革的顺利实施奠定了思想基础。

我校历史组杨平老师谈到自己的观念转变时这样说道："教育从转变观念开始。我在新课程的培训及之后的教育实践中，深刻地认识到了教育观念转变的重要性。我主要有三个方面的观念转变：其一，关注学生的心灵，关注学生本人，学会倾听。其二，转变教师的观念，兼顾教育的公平。只有教师待人的观念转变了，才能开始真正意义上的教育，才能实现真正的公平，教师不应满足于只做一个教书匠或者保姆或者教官。其三，支持合作而非竞争。创建一个合作型的学习小组，学生能更全面地了解学习内容。教师再也不能忽视学习的社会化过程，再也不能只关注教学内容了。"

杨老师的观念转变在我校教师中具有代表性。数学组年轻的林宁老师在教育反思时说："新课程下的教学要以学生为主体，课堂是属于全体学生的，所以应该关注学生的整体参与，而不仅仅是课堂上几个爱发言的孩子，这就要求我要充分调动学生的积极性。新课程要求我必须要转变教育思想、教育理念。传统教学的'满堂灌''填鸭式'已不再适合我们的学生，自主探究、合作交流已经成为课堂活动的主旋律。"

（一）以人为本深入人心

通过培训、交流、学习、反思，我校许多教师深刻领悟到了人文主义思想的内涵，看到了学生的智慧和自我实现、自主成长的力量，能够从学生的需求、差异出发。许多教师在教育教学中开始认真思索，如何以人文主义精神关心爱护学生，让我们的学生成为幸福的人。这里仅选我校一位教师的课改随笔作为说明。

将以人为本进行到底

毕国玉

随着新课程的实施以及我校在教学方面一系列的改革，教师对以人为本的认识逐步深入，教学中关注学生的程度逐渐加深。最近，在深化“八环节学案型教学”的过程中，结合新课程特点和学生实际，我校在教学中采用了“制订学案—学生自学—师生共备—课堂展示”的基本操作模式，可以说就是以人为本的创新型举措。在本模式实行过程中，我有不少收获，也有些许遗憾。今就个人在本模式几个环节中的具体操作，谈个人感受，为不断进步而寻找前进的方向。

一、制订学案，我们关注了学生多少？

我们在制订学案的过程中，通常采用“确定目标—转化问题—设计检测—生成预案”的程序，在生成预案的过程中，我们考虑到了学生可能遇到的问题与相应的解决策略，可以说还有“以人为本”的味道，但此过程针对的是学生要完成的学案，而学案制订的来源——目标的确定，就已经没有多少“以人为本”的味道了。通常情况下，我们制订学案时所确定的目标，除了考纲、课程标准等文字的规定，几乎没有考虑活生生的人。虽然“标准”对培养学生是有要求的，但每所学校、每个班级、每位学生都有自己的实际情况，不去进行实际调查，坐在椅子上制订出来的学案就降低了价值。

基于这次教训，我在以后的教学中制订学案时，先精心选择一些不同层次的学生作为学案先行者，通过他们阅读课本、资料，从中发现具有代表性的问题，再结合课程对于培养学生的要求设定目标，这个目标就是符合课程精神并且也适合学生成长的合理目标，在此目标下设计的问题也是直指学生成长激发点的有效问题。教学针对性得到了加强，学生得到了应有的收获，教师也尝到了以人为本的甜头。

二、学生自学，教师指导了多少？

最初对于学生自学的理解，就是学生自己通过阅读文本，完成学案。为了让学生自学更充分一些，学校为学生提供了较长的自学时间。原以为学生有了时间保障，阅读文本的能力会逐步提高，在以后的学习中就会避免看不懂题、理不清思路等问题，但理想却被残酷的现实击碎了。自学课上，有的学生学习了很长时间，也提不出有价值的问题，自学深度太浅；有的学生在自学时遇到障碍，不知如何绕过去，导致后面的时间基本浪费；有的学生甚至自学一段时间就昏昏欲睡。

在这种情况下，教师如果仍不采取措施，不仅浪费了学生宝贵的时间，无法达到预期的自学效果，而且也失去了与学生交流的最佳契机，这不能不说是一种遗憾。从学生的需求来讲，这是教师对学生的不尊重，是对自学理解的机械化，不是以学生为本。因此教师要参与到学生的自学当中，选择时机为学生提供指导。有了以上的认识，我在指导学生自学方面做了以下工作：一是自学方法指导；二是自学深度挖掘指导；三是个别学生指导。

三、课堂展示，我们关注学生什么？

数学学科需要严谨的思维与深刻的分析，学生动不动脑筋，会在课堂展示上有一个明显的体现。因此教师在关注课堂的过程中，不能流于表面的热闹，而要看学生在课堂上思维能力的提升。以前我在课堂上几乎完全让学生自主解决问题，这就导致了有时候学生需要教师时，教师未给学生太多的帮助。既然要以学生为本，就要尊重学生需求，考虑学生的学习基础与现实能力，为学生成长尽自己所能。

事实证明，我们只有关注学生在课堂上思维的发展，才能让学生得到最大程度的提高，至于具体采取什么课堂方式，完全要依据学生的需要。模式不应成为学习主体的桎梏，它只能为这一主体服务。

总之，我们在关注学生的道路上还有很多要做的事，只要我们做到了真正的以人为本，而不是表面的、形式化的关注，将以人为本进行到底，我们就能真正做到尊重人、解放人、依靠人和为了人，实现教育教学的真正价值。

（二）教育回归生活

陶行知先生指出："教育要通过生活才能发出力量而成为真正的教育。"教育是生活的需要，它源于生活，又以生活为归宿。新课改一个重要的理念，就是教育应当回归生活。教育即成长，教育不只是为了学生未来的生活，也是为了学生当下的生活。我校教师将教育的"生活指向"作为自己教育教学一条重要的理论指导。

曾被很多人理解为"最枯燥、最高远的学科"的政治学科，在赵巧玲老师的课堂上充满了生活的气息，让学生感到学习离他们并不远，真正的学习和他们的生活是紧密联系在一起的，真正的学习教给他们一双更加智慧的眼睛来感受生活、理解生活。以下是赵巧玲老师的一篇教学随笔：

让政治课堂富有生活气息

赵巧玲

工作后的几年中时常听到的是，“政治是最枯燥的一门科目”“最不愿意去学习的一门课就是政治”，原因就在于政治课要记忆很多东西，并且理论性很强，很枯燥。这种观点在学生中间很普遍，支持率很高。

为什么学生对政治学习的积极性不高，轻视政治课学习，对政治学习没有兴趣呢？这是因为政治课是高屋建瓴的大学问，看不见，摸不着，高和远导致学生不喜欢学。陶行知先生指出：“教育要通过生活才能发出力量而成为真正的教育。”在新课程背景下，教师怎样才能把那些高与远的大道理用一种恰当的方式讲给学生，这才是我们政治教师拉近政治大学问与学生生活之间的距离的关键！让我们的政治教学从学生实际生活出发，让政治教学回归学生生活，让政治教学变得“生活化”，这样才能让我们的政治教学充满生机，才能提高学生学习政治的兴趣。

政治课堂原本是一个被师生所共同拥有的生活世界，体现着生活的意义和生命的价值。所以构建生活化的课堂，走“生活化”的教学之路，是新课程背景下政治教学改革的必然要求。要使政治教学走向生活化，首先，导入新课生活化；其次，活动教学，使教学内容更加生活化；最后，投身社会实践，回归生活。

思想政治课程涉及社会生活中的经济、政治、文化等领域，它们都是来自真实的生活，这要求教师要实施教学“回归生活”的理念，让“教学源于生活，高于生活，又回归生活”。回归生活是值得各位一线教师思索和践行的论题。看到学生政治课堂上积极主动发言的场景，看到学生不再为学习政治而感到痛苦，看到学生政治成绩一步步提高，我真正感觉到了什么是幸福！借用当今最流行的一句台词设问自己，我的幸福在哪里？答案就在每堂政治课后孩子们满意的笑脸上。

（三）尊重个性和差异

“多元智能理论”让教师们多了一双发现的眼睛，来挖掘每个孩子身上的闪光点和潜能。在教师们的眼里，不再只是简单地把学生分成成绩好的和成绩差的，而是有不同个性和特长的学生。正如我校郭跃伟老师所言："用多元智能理论观察学生，我们就会发现，学校里没有差生，只有具有不同智能类别的学生。每个学生都是这个世界上独一无二的具有潜在能力的个体，所以教育的目的在于发展学生的潜能，帮助学生成为他自己，而不是像现代企业流水线上的工业品一样，各个雷同。"

针对个性特点不同以及学习层次不同的学生，我校教师潜心研究不同的教育培养方法，力求因材施教。对于个性学生，我校教师并不会以别样的有色眼镜去看待他们，而是在实践中耐心地摸索教育之道。张虎老师通过对教育案例的认真反思总结，探索出一些教育个性学生的方法，取得了良好的教育效果。下面是张虎老师的一篇随笔：

个性学生，我该怎么教育你呢

张虎

在网上看到这样的一段话：学生的潜能是气体——你给其多大空间，他就有多大的体积；学生的个性是晶体——他们各有自己独特而美丽的晶型，强迫他们按照你的意志去塑形是不会有好结果的；学生的身心是液体——压力过大，他便会从你意想不到的地方撑破容器。潜能、个性和心理不正是学生在学校学习发展价值的体现吗？在这里，我想就个性问题结合我在班级管理和教学中的一些情况，谈谈我自己的看法。

在我们的班级中，总有那么几个让教师不放心，做事情有些"另类"的学生，他们我行我素，性格"偏执"，在班级管理和教学中成为了很多教师眼中的"刺儿"，很多教师也就把很大的一部分精力放在"拔刺"上了，结果教师苦不堪言，怨声载道，学生横眉冷对。很多教师发出了这样的感慨："个性学生，我该怎么教育你呢？"根据我的体会，我认为可以从下面几个方面着手：

1.正确对待学生的个性和偏执。

2.改变教师定位，平等处理师生关系。

3.学会利用学生个性，化弊为利。

4.用宽容理解之心了解学生，用欣赏的眼光看待学生，用耐心的教导感化学生。

5.加强沟通，措辞要注意语气，少责备，少质问，多疏导，多鼓励。

在霍姆林斯基《给教师的建议》的一书中，有一篇名为《劳动教育和个性全面发展》的文章，提到了个性表现的重要规律。我深信，只要正确认识和引导学生个性的发展，给他们一片成长的沃土，他们必将在未来的某个领域开出灿烂的花朵！

四、破茧成蝶的美丽

（一）在困惑痛苦中蜕变

面对高中新课改，教师们既有身陷传统教育的迷茫，亦心存各种困惑。

“课改伊始，我也曾深深疑惑：到底什么是课改？怎样才算成功的课改？课改后应该怎样上课？是不是要把原来的教学理念、教学模式全部推翻？……这一个又一个问题让我有些无所适从，徘徊在课改的边缘，看不清课改的实质。我曾经苦苦追问，课改之后最终的模式应该是怎样的？”冯肖芬老师的这些困惑很有代表性，在我校的课改过程中，这些问题困扰着很多教师。

彭龙海老师说新的课堂教学给他带来很多压力：“学生在自主学习的过程中，会提出许多意想不到的问题，让我措手不及；课堂中小组的合作流于形式，没有教学经验的我，主导作用不能顺利进行，引导不到位……”

张波涛老师也坦承：“在整个过程中，我遇到了不少问题与挫折，例如，后进生问题，内向学生发言问题，学生讲解不到位问题，小组讨论实效问题，时间把握问题，教学进度问题，以及学生不适应新课改问题，等等。”

令人欣慰的是，随着我校课改的不断深入，这些困惑和问题慢慢消除了，从最初的困惑迷茫到最后对新课改心悦诚服。孙丽虹老师以自己接受新课改的曲折经历细致地描述了这一过程：

说实话，在课改之前，我很苦恼。为什么课堂外面，一个个活蹦乱跳的学生，到了课堂上，却像是霜打的茄子，没精打采，死气沉沉？为什么在课堂上我费尽心思、口干舌燥，不知道讲了多少遍的题，学生在做作业或测验时还是出错？学习本来是一件快乐的事儿，可为什么有的学生视学习为苦役，视教师为敌人？这些问题，如果不是遇到学校的新课程改革，我想，也许一辈子我也找不到答案。

从事了近十年的教学工作，有收获，也有困惑。困惑于我们的学生，困惑于我们的现实，也困惑于我自己。带着这些困惑，我迎来了新课程，走进了新课程。

按照学校的要求，新课程改革的实质是要改革我们的课堂，核心是以学生为主体，充分发挥学生的主动作用。对啊，学生学习不是没有精神、没有动力吗？那就让他们来当课堂的主人！想到这，我感觉像是拿到了阿拉丁神灯一样喜悦，认为之前的一切问题肯定都会在课改中烟消云散。但当真正实施时，我发现事情远没有想象的那么简单。

初遇新课程改革，我摩拳擦掌，跃跃欲试，以为之前的一切问题都会在课改中灰飞烟灭，但当真正实施时，我发现我又有了新的困惑。比如开展小组合作学习，出发点是要充分调动每一位学生学习的主动性和积极性，让他们成为课堂的主人，但按这种方式上起了课，课堂就乱得不像样子了，学生们“活”是“活”了，可是教学内容却完不成了，最后不得不草草收场，弄得虎头蛇尾。为了确保教学质量，我还得把课重新讲一遍，真是费时又费力啊！新课程，想说爱你真的不容易啊！难道把新课程的理念融入到自己的教学实践中去，真的如海市蜃楼般遥远，其美丽只在自己的想象之中吗？我焦虑，我怀疑，我感到无奈。

一节哲学复习课给了我新的启发。那节课的课题是《事物发展的原因》。在处理巩固练习环节时，各小组开始进行讨论，我则开始在课堂巡视，收集问题。问题收集上来后，通过比较，我发现其中有一个题目，错题率很高，几乎有三分之一的学生选错，而且错误的选项也出奇的一致，都错选了A项——内因决定外因。怎么回事？内因与外因的辩证关系不是刚复习过吗？比较一下不就清楚了？惯性思维下，我刚要“开讲”，突然，“学生是课堂的主体！”仿佛有个人在我耳边大喊。好，我闭嘴，先听听学生怎么说吧。

于是，我就让一个小组的代表——小涛站起来解释选择A项的原因。可能觉得自己选错了，这位学生低着头站着，有点尴尬。我意识到自己刚刚的语气有些严厉，忙说：“不用着急，咱们班几乎一半的同学选得和你一样，所以老师很想知道你选A的道理，看看哪里出问题了。”没想到，他抬起头，不好意思地说：“老师，我现在觉得A不对了！”哈！想逃避？“那你说说看为什么说A项不对。”我紧追不舍。“内因是事物发展的根据，它决定事物的性质和发展方向，所以与外因比起来，内因更重要。但是内因决定的是事物的发展，而不是外因。（看着同学们连连点头的样子，他把声音逐渐提高了。）举个例子来说，鸡蛋发展成小鸡的例子，受精卵是内因，适宜的温度是外因，但是温度不是由受精卵决定的，是吧？”太精彩了！同学们和我都禁不住为他鼓起掌来，小涛满脸笑容地坐下了。说实在的，这件事对我的触动很大：我并没有预料到学生能够讲解得如此精彩。

正是这样不经意间的一个“事件”，使我明白了：我们的学生真的很棒，只要我们能给学生创设适宜的活动环境与条件，学生们的潜力是巨大的。

政治离学生的生活越近，学生们的学习兴趣就越浓，当学生们求知若渴的目光穿越过去和未来，关注个体和社会，让小小的课堂成为一个真正的“大课堂”时，课堂就成了师生向往的智慧乐园。

感谢新课程，救了我，把我从苦恼中解放了！

（二）在反思中成长

杜威在《我们怎样思维》一书中曾对“反思”进行了系统论述，并强调反思在教学中的重要性：“思维把单纯情欲的、盲目的和冲动的行动变为智慧的行动。”

在成长过程中培植起“反思”意识，这既是新的课程改革对教师的要求，也是教师专业成长的需要。教师必须具有反思能力，要开阔思路，从不同角度思索问题，尽可能提出多种假设，探索多种解决问题的方式。

近年来鹿泉一中一直非常注重培养教师的专业反思意识，鼓励他们成长为教育教学的研究者。我们积极引导教师不断反思自己的教育教学理念与行为，思考各种教育行为的利弊，不断自我调整和更新，从而不断地发展与成长。具有反思意识的教师不仅具有课堂教学所要求的知识和技能，而且能够对自己的教育实践进行反思、研究和改进。

苏霍姆林斯基曾经建议每一位教师都来写教育日记，写随笔和记录。这些记录是思考和创造的源泉，多一点教育教学反思，就会多一些教研智慧。

我校教师正是在记录和反思中不断成长，在坚持“实践——反思——再实践——再反思”的循环中，课改的路越走越踏实了。杨平老师说：

"案例与反思，是教师成长的两大法宝。我从自己的低效案例中，来反思高中历史教学的有效性，我们要以学生为主体和出发点，针对学生特点来讲课、提问、选择教学方式，从教师自身行为上提高教学的有效性。"

冯肖芬老师说，伴随着在各级各类培训会、研讨会、观摩会中的学习实践与反思，对于新课改，她的体会越来越深刻："教师一定要有一双智慧的眼睛，要正确把握新课改的教学理念，要不断地反思总结，提升自己的实践。要把观摩到的、实践过的教学过程如同录像一样刻录下来，记在心里，然后反复地进行回味、研磨，只有这样，才能发挥学习与实践的最大能量，促进教师课堂教学快速成长。实践与反思，让我对新课改的认识越来越明朗清晰。"

高丽芬老师在班主任工作中认识到了反思对教师成长的意义："做了四年班主任，送走了两届学生，经历了班级的很多事情，也记录了不少感悟和反思。翻开来看，好像时光倒流，却也从中感受到了更多，不管成功也好，失败也罢，都是一段成长的记录。事实上，这几年中我真切感受到了反思对于教师角色的重要意义，班主任工作思路日渐清晰，自己的思想逐渐成熟。写反思的过程也是整理得失、提高认识的过程，尤其是写下教学和班主任工作中一些震撼心灵的事情的时候，你的思想会慢慢深刻起来。"

段伟刚老师则在连续的"自我反问"中开始了对有效课堂教学的精彩追寻：

在某次教研活动中，有位老师提出了这样一个值得重视的话题：是否有了精心设计的教学方案，就能实现有效的课堂教学？如果不能，如何才能使精心设计的教学方案转化成有效、精彩的课堂教学？显然，需要努力提高的方面和尚待解决的问题有很多。但我以为，良好的教学习惯是其中一个十分重要的内容，这个教学习惯中也以"自我反问"最为关键，因为"自我反问"能够促使自己将预设的教学目标更有效地转化成恰当的教学行为。那么在课堂教学中，我们应作哪些自我反问呢？

自我反问一：我激发学生的学习兴趣了吗？

兴趣是最好的老师，浓厚的学习兴趣和强烈的探究欲望是学生学习的"催化剂"，积极的学习心理倾向和愉悦的学习体验有利于活跃学生的思维，提高学生的学习效率。因此在实施教学时，我们都应该反问自己：我有没有激发学生强烈的学习兴趣？我的学生有没有探究问题的欲望？

在随机听课时，我们经常看到这样一类课：刚开始的课堂可称得上“热热闹闹”，学生个个跃跃欲试、思维敏捷，但步入巩固环节后，课堂气氛变得越来越冷寂，大量机械、重复、无味的问题让学生“疲于奔命”……且不论这样的教学是否精彩，就教学效果而言恐怕也差强人意！可以说，这样的教学情景在日常教学中并不鲜见！究其原因，重要的一点就是教师在教学观念上存在认识偏差，对学生在学习过程中的情感体验缺乏必要而深刻的认识，只注重课始学生愉悦，疏忽课堂后半段学生学习热情的调动，以致在学习的“疲劳”时期仍让学生进行机械、枯燥的练习，这样出现越来越冷清的教学现象也就不足为怪了！因而激发学生的学习兴趣、关注学生的学习体验应贯穿课堂的始终，只有这样，课堂教学才会事半功倍，呈现出有效的课堂教学！

自我反问二：我让学生质疑问难了吗？

学起于思，思源于疑，提出一个问题比解决一个问题更重要！时下的一些数学课堂，多数教师虽也给学生提供质疑问难的机会和时间，但如上述激发学生的学习兴趣一样，也屡次出现类似操作方法失当或运用“不充分”的教学缺憾。例如，教师仅满足于出示问题后学生迅速提出一些简单的教学目标，而学生在学习过程中生成什么样的新问题、新想法，教师并不非常关心。其实，学生学习过程中生成的这些新问题、新想法，往往充溢着很多有价值且能衍生精彩教学的教学资源。所以在教学过程中，我们有必要不断地反问自己：学生生成新问题吗？我让学生质疑问难了吗？

教学中，“质疑问难”的形式可以分为两种：一种是学习新知前让学生质疑问难，另一种是学习新知后让学生质疑问难。前者可以激起学生的学习热情，因为问题是学生自己提的，他们更加关心、更容易生发解决问题的欲望；后者不仅能洞察学生的学习状况，也能发现学生对知识的认知“盲区”和教师教学的不足或失误之处，而且能让学生对问题的认知趋向深入，达到全面、深刻的理解，进而最大限度地提高课堂教学效率，实现有效的课堂教学。

自我反问三：我让学生充分参与学习了吗？

教学经验告诉我们，学生参与活动越充分越有利于学生透彻理解、认识教学问题，掌握个中的变化规律和产生原因，提高学习的效率。所以实施教学时我们也要不时地反问自己：这个内容或环节，我应该让学生参与吗？学生的参与充分、深入吗？

如何充分参与学习活动，我以为从不同的角度有不同的答案，不同的内容有不同的要求。例如，探索数学规律或计算公式，要求学生能探究的我们必须预设过程性教学目标，给学生以充足的时间进行充分、深入的探究，然后借助“智慧共享”等方式，来认识数学现象中的规律或得出某问题计算方法。再如，在合作学习的使用上，对合作的主体来说，要求每个学生都应该参与问题的探究，任何一个学生都不能例外。组长要肩负起组织者的角色，合作者要承担起参与、协作的责任；对解决同一问题而言，要求每个不同学习层次的学生都能通过学习、思考，寻求到解决问题的办法，能力不强的学生解决思维量稍小的问题，或采用简单的方法解决问题，能力强的学生要从不同角度或使用多种策略解决问题，从而体现“不同的人学不同的数学”和“不同的人在数学上得到不同的发展”的教学理念。

自我反问四：我让学生进行学习反思了吗？

每个人都是在不断反思中成长和成熟起来的。教师在教学中需要反思，学生在学习中也需要反思。给学生以“反思”的机会，学生就有了自主消化知识、建构知识体系的时空，也为实现课堂教学的有效性提供了保证！因而，在新知教学后，我们必须自我反问：我让学生反思了吗？

但在日常教学中，我们经常能看到：教师在课堂上或常因满足、倾心于学生间的争论、竞争的教学场面，而忽视学生“反思”的必要的教学环节；或预设了过多教学目标和较多的问题，因时间紧迫而舍弃了反思环节的教学现象，以致学生常常在课中“热热闹闹”，课末“一知半解”，课后“空空如也”。所以我们必须让类似的课堂沉静下来，给学生提供反思的机会和时间，促使他们进行学习反思，让他们进一步验证数学知识产生的必要性和严谨性，对问题的认识达到不仅知其然，而且能知其所以然。

总之，教师是课堂教学的实施者，是实现有效课堂教学的关键，需要在教学全程中不断地进行自我反问，并努力将其转化成显性的有效教学行为。设若如此，我们的课堂教学必将走向有效，走向深刻，呈现出更多的精彩和生机！

（三）梦想从这里起航

新课程改革和传统教育教学完全不同，是一次艰巨而复杂的变革，对于参加新课改的教师来说，新课改的过程总是伴随着困惑、痛苦和心灵的蜕变。每一次痛苦的蜕变都是一次脱胎换骨、破茧成蝶的美丽。下面是三位教师参加新课改的心路历程和成长案例，从中我们可以清晰地看到我校教师对自身职业的觉醒和心灵的成长。

新课改，心之路

魏利巍

“为什么教而不学？”“为什么高分低能？”“为什么学无所用？”培养什么样的人才历来是人们十分关心的问题，嘴上喊着素质教育，实为应试教育的现象真是太多了。教师在分数上拼比，学生在考试中挣扎，但我们细思考，现行的教学体制下培养出的都是什么样的人呢？如果把以往的教学比喻成一条船，而我就像船上的舵手，要拼命地把学生载上岸边。每节课都辛辛苦苦地传道授业解惑，感受着课堂上的师道尊严，感受着孩子们的乖巧。然而，真正面对学生时，我无法快乐，单一的接受性学习使得学生学习单调乏味，自觉性很低，学习效果也不佳，特别是处理新情境下的问题时变得无所适从，不知该如何着手，在工作的那份辛苦中，我陷入了迷茫。

要学生摆脱考试的枷锁，给学生的身心发展提供一个绿色的环境，就要让学生通过这每一节课，精神上得到享受，思想上得到解放。我校的“八环节教学模式”以及“八环节模式下的多形态课堂”正在让学生享受这一过程。

新课改走进鹿泉一中，首先给教师们带来了挑战，每一位教师都经历了一场洗涤旧观念、催发新思潮的头脑风暴。我有幸能够赶上这次新课改的大潮，伴随着课改一同成长；但同时我也有迷茫困惑，正所谓“不识庐山真面目，只缘身在此山中”。

记得我非常精心地准备了一堂课，想把我所学到的新观念、新方法用于课堂教学活动中，可学生们并不配合，总是我问学生答，或者是干脆自问自答；总是我讲学生听，或者是我说学生写；总是我在上面津津乐道于某一知识的“完美”讲解，学生却在下边恹恹欲睡。我费力地把内容讲完，却根本没有达到预期的效果。

通过学校和年级的各种培训、学习，在和教研组同事们的讨论交流中，我认识到了自己的不足，因此我加强了学习与实践的结合。这时我更理解了一句话："只有能使学生生动活泼、主动发展的课堂，才是成功的教育。"于是，我深入学生中，与他们交流、交心，寻找他们的困惑，分析新课改的优点；我在如何为学生提供课堂主动学习的条件、切实提高课堂教学效率上进行探索。课堂上，我努力转变教师角色，蹲下身来，用欣赏的眼光看待学生、发现学生；我也努力转变学生的学习方式，倡导自主、合作、探究，让学生成为学习的"主人"。

身为一线化学教师的我深切感受到：新课改的实施，学生们"活"起来了，课堂上充满着浓浓的学习气氛：他们敢于质疑，敢于挑战，把学习当成是一件快乐的事；新课改的实施使学生们自信起来了，小组内的大胆发言，课堂中的勇敢讲解，让他们知道"我能、我行"；新课改的实施使学生不仅知道了"是什么"，也知道了"为什么"，还学会了"如何做"；新课改的实施使学生们知道了合作的意义，知道了如何在与人交往中进行心灵沟通；新课改的实施，让我也充满了希望。

新课改所要追求的课堂，也是我这个在多年传统教育体制下培养出来的新一代教师所渴望的课堂。因为只有在这样的课堂里，学生才能获得多方面的满足和发展，教师的劳动才会闪现出创造的光辉和人性的魅力。有人这样说过，"没有不可教育的学生"。是泥土，可以烧成砖瓦；是矿石，可以百炼成钢；是金子，就应当绽放出光彩。为了让每一个学生都得到发展，我们就应不断用心去学习，用心去探索。

课改伴我成长

崔文华

看着自己的学生一届届走出了鹿泉一中，我不禁感慨：时间过得真快，自己参加工作已整整三年了。回首这三年，师生角色发生了重大的变化，而我作为一个年轻教师，有幸参加了新课程的改革，每一天我都能感受到自己的成长。

记得刚走出校门时，自己是如何的满怀信心，以为凭着自己的知识教高中的孩子们，不成问题。我想把自己所知道的全部倒给学生，于是课堂上滔滔不绝，眉飞色舞。开始学生听得还挺认真，但时间一长就开始出现问题了，走神儿的走神儿，犯困的犯困，我开始着急了，思索着该怎么办……恰在此时，学校提出了课堂教育模式的改革，制订了"八环节教学模式”，提出了“把课堂还给学生，让学生做课堂主人”的口号。

对呀，学生不是走神儿吗？不是犯困吗？那就让学生做课堂的主人，让学生参与其中。于是我的课堂活起来了，学生的眼睛亮起来了。课改让我站在讲台上更加自信，让我的课堂充满活力。后来当各任课教师普遍向我反映在我们班上课特别舒服，学生上课特别活跃、特别配合时，我在心中说道：我们并不是开始就是这样的，我们当时也做了很多的工作，付出了很大的努力，但这一切的一切都应归功于新课改。

是啊，当学生的小手举得老高，抢着喊“老师，让我来说！”“老师，让我来讲！”时，孩子们那张扬的个性、自主学习的快乐都溢于言表，此时的你作为教师怎能不快乐？

当我们面对他们那一个个彰显个性的精彩发言，那一次次充满自信的展示时，作为教师的你怎能不感动？这样的课堂上，孩子们是那么的跃跃欲试，他们的眼里充满了自信和喜悦！而这一切，都是新课改赋予他们的，在此，我想代孩子们道一声“感谢课改！”感谢课改给孩子们一个享受知识的游乐场，感谢课改给孩子们一个展现才艺的舞台。

新课程改革不仅塑造了学生们活泼、开朗的性格，培养学生们良好的学习习惯，同时也帮助了我的成长。我相信，只要我坚持不懈地努力，用我满腔的热情，坚持“实践——反思——再实践——再反思”，我们的课改之路会越走越踏实。我始终坚信着，只要是有心的教育者，最终都能够在课改的艺术殿堂里，塑造自己最完美的艺术作品。

朝着梦的方向勇敢飞翔

陈慧敏

新课程改革在我校已进行三年有余，它走过了一个完整的周期，我们的第一届课改毕业生已经顺利参加高考，并取得了可喜成绩。我很庆幸自己能成为新课程教学的实践者，虽然我真正接触新课程理论只有一年的时间，但我感觉它是一次革命，一场对话，一座平台，一把打开成功教育大门的钥匙。在课改大潮的冲击与历练下，我也像我的学生们一样迅速成长着。

去年暑假，我接手了升入高三的这届课改学生，当时的心情很复杂：欣喜？好奇？迷茫？胆怯？大概都有吧，用比较时髦的说法就是“既是机遇，又是挑战”。新课程对我来说只是“听说过”，具体模式和相应的理论却是一无所知，而我的学生们都是从课改的洪流中走过来的，我能胜任吗？在接受了简短的培训后，我草草上阵了。此时心里不是“没底”，而是“相当没底”。我知道自己要学的东西还多着呢，所以我给自己的定位首先是一个学习者——向学生学习，向有经验的教师学习，向一切可以帮助我的人学习。

上岗后的第一件事是要先了解课堂模式和基本理论。借着培训的底子，带着疑问我走进了课堂，认真去听有经验的教师们的课，马老师、路老师、立新、张洁，一一听个遍，心里才多少有些谱了：课堂模式变了，授课方法变了。课改的关键是要把课堂还给学生，通过教师的合理设计、引导、指导，让学生去思考、发现并解决问题。看着学生们个个生龙活虎、兴致高昂、讨论激烈，使以往沉闷的课堂发生了翻天覆地的变化，这样快乐的学习真是一件乐事。

可做起来就没有看着那么容易了。准备我的第一节课就颇费了些心思：如何现买现卖，让课堂体现课改，让一向侃侃而谈的我少说话，把时间和空间尽可能多地留给学生，真正抓住学生，使课堂效率最大化？我想关键在于教师如何引导、启发和点拨，使学生真正参与到课堂研究中来。因此我又对教材内容、教参、学案进行了深入研究，预设了几个研究讨论的关键点，针对点拨内容写了充分详细的教案。但要想教给学生们想要学的，就应该先了解学生。

我设计的第一个环节是“展示交流”，即根据学案内容提出几个不同层次的问题，让学生们以组为单位到黑板上展示，其他同学纠错。大家反应相当积极，同时也暴露出一些问题。第二个环节是以讨论的形式处理问题并展示结果，最后教师对学生表现进行评价并适当点拨。整节课我都把自己定位在学生们中间的组织者和引导者，而不是讲台上的传授者。

总的来说这节课效果不错，起码我抓住了学生的眼球和思维，让他们在这节课上有明确的学习目的，真正有所收获。这节课也为我的课改之路开了个好头，让我能有勇气和信心一步一步不懈地走下来，从一个新型教学模式的“门外汉”迅速成长为一个真正的实践者，并能代表学校上市级观摩课。

学习的过程是不断发现问题并解决问题的过程。在教学过程中我根据“八环节教学模式”，结合课堂教学实际，不断调整自己的教学设计，开始更多地思考课堂设计环节与学生认知规律的一致性，同时在全组的集体智慧下，根据学科特点设置了一些个性化环节，如课堂基础检测单、限时训练等，使检测、评价、巩固具体化，便于落实。注重教学方法的灵活应用和应用多样化的评价机制，由口头评价到物质表扬、分数评价，结合展示交流、同学评价。

教学实践中我的最大体会就是要学会评价和欣赏，善于评价和欣赏。德国教育家斯多惠说过："教育的艺术不在于传授本领，而在于激励、唤醒与鼓舞。"这句话充分说明了对学生评价的作用，评价也是一门艺术，好的评价手段不仅可以满足学生的成功感，而且可以激励学生产生不断向上的精神。

在角色转换上我也经历了一次蜕变。以前我们只需要做个演讲家或是宣讲者就够了，我们只需要管我们该说什么，而现在我们应该首先是个好导演，可以统筹掌控我们的每一节课，了解每个学生，课上的每个细节都需事先设计好。怎样让我的这节课是生动有趣、扣人心弦的，我们又应该是个好编剧，要注重各种教学方法的使用，当个好剧务，尤其是教学情境的设置。同时我们还要做个好演员，整节课上在什么时间恰到好处地出现，在什么情景下，用什么语气语调，说什么话。在这个过程中我们还必须承担答疑解惑的职责。然后，我们还应是个法官或是仲裁者，必须对他们的表现进行评定裁决。最后，我们就成了比刘谦还厉害的魔术师，我们可以改变人的一生……我的心中洋溢着强烈的职业自豪感：看，还有哪个职业有我们这般神通？

课改给我指明了前进的方向。通过对《课标》的学习、理解，以及参加课改过程中的研讨、做课、听课、评课、相互学习，我收获颇多，感悟颇多，我快乐地成长着、前行着。今后的路还很长，但只要有梦，就会朝着梦的方向勇敢飞翔。

新课程改革对于教师而言，是挑战，更是机遇。新课程的课堂是充满生命活力的课堂，是师生共同成长的沃土，真正地走向了我校师风所倡导的"亦师亦生，教学相长"的境界。正因为是挑战，才是机遇，挑战越大，机遇越多。过去，所有的人都在课堂上教着那点儿不变的死知识，现在的课堂正所谓"海阔凭鱼跃，天高任鸟飞"，真正给教师提供了施展个人才能的大舞台。

第六部分

学校文化：促进师生幸福成长

鹿泉一中教师管乐队合唱团参加河北省文艺汇演

刚柔交错，天文也；文明以止，人文也。观乎天文，以察时变；观乎人文，以化成天下。

——《易经》

一所学校的发展，说穿了就是学校文化的发展。

学校文化是一个学校的精神和灵魂，是一个学校拥有活力的决定性因素，可以深刻影响一个学校发展的进程，改变一个学校的命运。学校的魅力就在于其文化内涵。从某种意义上说，没有文化的学校就不能称其为学校。

当前教育战线上正在发生一场划时代的变革，那就是学校之间的竞争已从表面的物质设施、教师和学生人数等方面的竞争，转向更深层次的学校文化理念方面的竞争。文化已经成为一个学校综合实力和发展水平的重要标志，成为展现学校教育理念、学校特色的重要载体，成为一个学校兴衰枯荣的决定性因素。

当前对学校文化建设的高度关注，反映了基层学校的办学者和社会各界对学校高质量发展的深层次期待，也体现了现代学校发展的根本策略。学校未来的竞争必将是文化的竞争，只有优秀的学校文化才能孕育出优秀的学校教育。

学校文化是一种内隐的、深层的，但又是弥漫在整个学校全部生活时空的一种无形的力量，弥漫于学校各种组织之中。这种力量决定着学校教育改革和发展的成败。它无“形”而有“象”，像一支无形而有力的巨手把持着学校的运转。它是促进学校可持续发展、提升学校核心竞争力最具活力的要素。

学校文化的内涵十分丰富。它既是抽象的，又是具体的；既是有形的，又是无形的。我们既不能把它理解为泛泛的政治说教，也不能把它看成是校园的一条标语、一个口号，它是精神与物质的有机结合和高度统一。

学校文化是学校全体成员在教育教学和学校管理实践中长期积淀、共同创造生成的，为学校全体成员共同遵循的价值观念、思维模式和行为方式的总和。学校文化就是买不来、拆不开、偷不走的一种共识。

学校文化包括管理观念、历史传统、行为规范、人际关系、教育环境和制度建设，以及由此所体现出来的学校的精神风貌等。它是全校师生员工在长期的工作和生活中共同创造的，是广大师生心血和汗水的结晶。同时，学校文化也是对于学校未来发展的一个引领，是一个以文“化”人的过程。因此学校文化既是对过去的总结、提炼和升华，更是对未来的憧憬和追求！

形成一种良好的、健康的、具有一定凝聚力的学校文化，不是一朝一夕的事情，它是一项复杂而艰巨的系统工程。只有在认清其功能和作用的前提下，才能下决心把它建设好。当学校文化真正变成一股清泉、一道美丽的风景时，学校的教育目标才能顺利实现。

如果说学校品牌是学校文化的外显形态，那么高品质的学校文化则是学校发展的永恒动力。在学校发展中，学校文化起着价值引导、观念整合、情感激励、规范调节等重要的整合作用。它是学校的隐性课程，对学生成长、理想道德、个性品德、行为习惯、言谈举止都有潜移默化的影响，是学校教育不可缺少的重要内容。

只有以文化解读教育，才能为教育创造一个更为广阔的发展空间。正因为我们意识到了这一点，我们才以文化的哲思来理性地把握教育规律，以全新的理论视野来审视我校的教育。良好的学校文化通过校训、校风、教风、学风等多种形式的熏陶，给学生以潜移默化而深刻的影响，它以鲜明正确的方向引导、劝勉师生，以强大的凝聚力团结、鼓舞师生，以浓厚的氛围陶冶、感化师生。

这种独特的魅力是其他任何教育形式所不具备的，其作用也是其他任何教育形式无法替代的。只有有着深厚文化积淀的学校，才能展现出独特的品格，散发出独特的魅力，形成与众不同的特色，从而自立于名校之林。

一、最好的管理是文化管理

学校管理是一门学问，也是一门艺术。好的管理是制度管理和人文管理的有机结合。最好的管理应该用文化去管理学校。

国家教育部中学校长培训中心主任陈玉琨教授认为，学校校长、学校制度与学校文化建设是学校发展的三个关键因素。而就发展依靠什么而言，学校发展可分为三个层次：第一层次，学校的管理主要依靠校长的观念、人格与能力；第二层次，学校的管理主要依靠一套完善的管理制度和机制；第三层次，学校的管理主要依靠学校文化，其中最重要的是学校的校园精神，即学校教职工的价值追求，这一层次的管理是超越规范的管理，依靠的是道德与理想的追求。

要想使学校得到持续健康的发展，就要进行高层次的管理，而这必须通过学校文化来实现。学校文化既是师生员工的价值准则、行为规范、信念和习惯的体现，也是学校制订制度的理论依据、处理问题的原则和行动的导向。

学校文化的积淀是一种传承，也是一种发展，是我们终生的追求。近年来我校努力打造自己的学校文化，在环境文化、制度文化、课堂文化、教师文化等方面都有了丰厚的积淀。

（一）打造生态校园，构建环境文化

环境对于学生的成长有很重要的作用，特别是对学生行为习惯和思想道德品质的成长至关重要，古代“孟母三迁”的故事，就说明环境对孩子成长的作用。因此我们尽力做好环境的美化和绿化工作，让环境发挥教育的作用。苏霍姆林斯基的“让学校的每一面墙都开口说话”，反映了这位伟大的教育家对环境文化育人的渴望。环境文化是一种外显的直观的文化，它既是教学活动的场所与设施，也是陶冶师生情操的无言之师。

我校新校区布局合理，格调高雅，为学生提供了一个令人赏心悦目的学习生活环境。走进鹿泉一中，人们会发现这里处处是风景，文化气息在校园的各个角落流淌。我们每年都针对当时学生的特点和教学要求，准确地有针对性地提出一些口号。走进教学楼，映入眼帘的是对学生的殷切寄语；教室的四壁上有学生自己提出的名人名言、个人心愿、警句和奋斗目标等制成的标语，形成了师生共勉的班级文化。学生们在这样的环境中得以熏陶、对照、反省并有所顿悟。

同时，学校还注意营造各种学校文化形式，如雕塑、文化设施、绿地、花池、广场的设计和建设，以及学校范围的净化、美化、绿化校容校貌，“寝室文化”“食堂文化”，令人愉悦的学校文化氛围，无不体现时代特征和学校特色。学校应当是最美的世界，是世界上最美的地方。

（二）坚持科学管理，构建制度文化

管理是一种文化的引领，一所好的学校，必然是一个好的“文化场”。它能够通过“场”的引力来凝聚智慧，通过“场”的势能约束行为，通过“场”的辐射激励师生，通过“场”的影响促进师生发展。制度文化既是学校管理的标尺，又是师生价值取向的具体表现。

积极健康的学校文化引领着学校发展的方向，并通过制度建设加以提炼培养，“固化”着学校的精神文化，提升着学校的“软实力”。

制度文化分为表层制度文化和深层制度文化。表层制度文化是指以文本、书面文字等形式呈现的制度；深层制度文化是指人们对创建制度与遵守制度的态度、价值观等。评价学校制度文化建设是否有效及有效程度，既要看表层制度的内容是否公正，是否以人为本，是否形式完备和周全，更要看人们对待制度的方式和态度以及相关行为。

相对而言，形式上制度建立比较容易，真正困难的是使人们从内心真正树立规则意识。通过学校成员普遍参与来建立制度，又通过全体成员或大多数成员的行为来遵守、实践和体现制度，这才是学校制度文化建设的根本出发点和归宿。

近年来我们一直在探索科学管理的路子，努力构建制度文化来引领师生，既规范了师生的教育教学行为，又引领了师生向健康的方向发展。我校多年来已经建立了一系列的规章制度，如学科组集体备课制度、公开课制度等，形成了我们自己的制度文化。

我们在不断完善旧制度，同时不断在全体师生员工的参与下，利用民主的形式制订有关的新制度，逐步形成我校独特的改革、发展、民主、科学、创新、包容的制度文化。

（三）兼容并包，构建教师文化

“兼容并包”是五四时期蔡元培任北大校长时提出的办学理念。正是这一理念的推行使当时的北大能够不拘一格，延揽各方人才，容纳不同思想，人才济济，学术繁荣，成为新文化运动的策源地和全国的思想文化中心。陈独秀、李大钊、胡适、鲁迅等一大批思想性格迥异的教师灿若群星，他们将以往沉闷的北大提升到了前所未有的高度。

可以说，教师的文化素养对学校文化氛围的形成起着决定性作用。一个学校教师文化水准的高低在一定程度上决定着学校品位的高低，决定着学校教育教学的风格和水平。要办一流的学校，必须有一流的教师，也就要有一流的教师文化。我校已初步形成“兼容并包”的教师文化，形成各种思想、各种教育教学观点和方法百花齐放、百家争鸣的局面。

有了这样活跃的教师文化，教师与时俱进的就不只是专业水准的提高，还有教育理念和教育观念的更新，以及由此而产生的创新能力和使命感。特别是在校本教研中同事间的合作，师生间的融洽，对教师成长的促进和教师文化氛围的形成，以及诚信友善的人际关系产生了重要影响。这样的教师文化才能打破僵死的教育教学模式，使教师在学校工作中各尽其能，各尽所长，也才能使教师在学校工作中获得幸福感，充分发挥其文化育人的魅力。

我们积极营造优秀的学校文化环境，用优秀的学校文化丰富教师的文化底蕴；将学校的愿景转化为教师的共同追求，培育教师为学生终身负责的教育信念；不断提供机会，创造条件，在实践中培育教师的教育智慧；不断满足教师更高层次的需求，让教师逐步走向自我价值实现和超越的最高境界。

我校主要是从以下几个方面努力为教师提供更优质的文化氛围：

第一，大力推进教师读书活动，建立教师读书会，定期举办教师读书心得交流，形成鼓励教师多读书、读好书的机制。

第二，每学期至少举行一次全校性的教育教学反思、探索的交流活动，定期举行教育教学沙龙，为教师各种教学思想、教学方法的研究提供交流的机会，学校设立“教学探索者奖”，推动这项活动的开展。

第三，大力开展多种形式的文化活动，如体育、音乐、美术、语言、书法、舞蹈、戏曲、书评、影视评论，等等，让每一位老师的特长都能显露，都有成长的沃土。

第四，大力提倡并鼓励教师写作，学校办自己的报纸和杂志为教师提供写作园地，并负责对外推荐、发表，能够在省级以上报刊上发表的给予奖金鼓励。

（四）发扬个性，构建学生文化

学生文化是学校文化的重要组成部分。学生文化是学生群体在学校各种文化陶冶感染下，形成的价值观、思维方式和行为方式，其表层内容是学生行为习惯，而其深层的内容则是行为背后的哲学观、价值观和道德观，这是学生文化的核心。

长期以来，学生已经习惯了“奴隶式”的学习，习惯了教师的“满堂灌”，新课程的学习理念对于学生来说还相当陌生。因此新课程的实施，还有赖于学生新的学习理念的形成。我校努力把合作、探究的学习理念融入到学生的心里，让他们在学习中体会学习的快乐。

首先，通过优秀学生、优秀学生干部评选和“十佳标兵”评比活动对学生的观念文化进行培育，十佳内容为“有理想有追求；诚信待人；勇于挑战自我；勤奋好学；严守法律；广博多闻；尊敬师长；热心公益事业；身体健壮；心理豁达”。

其次，通过“自主学习、自主发展”“合作互助”“刻苦钻研”“勤于实践”和“多思广延”等，培育学生的学习文化。

再次，通过学生仪表的审美，班级面貌的审视，以及宿舍、操场等生活活动场所的美化，培养学生的形象文化。

最后，通过文体活动、各种集会、各种场合的待人接物，培育学生的礼仪文化。

高中阶段是一个充满幻想、培育梦想、放飞理想、释放青春活力的生命过程。学生们把生命中最宝贵的青春年华交给了我们，他们应该学到科学知识，更应该拥有健康的体魄和健康的心理，提升科学和艺术的修养……我们高中的教育教学要力求为学生提供多维的发展平台，才能不辜负学生美好的青春年华。

二、办让师生幸福的教育

（一）期待素质教育的太阳升起

素质教育口号的提出已经二十多年了，但是全国到底有多少学校在扎扎实实地搞素质教育呢？“素质教育喊得轰轰烈烈，应试教育搞得扎扎实实！”在大江南北、长城内外的千千万万个校园里，成为无可否认的普遍事实。已经开展多年的素质教育，至今尚未取得令人信服和满意的成效，成为一个令举国上下感到头疼的难题。素质教育的太阳并没有升起来，它的光芒并没有照耀到中国教育的大地上，恰恰相反，在今天中国教育的天空，应试教育的阴霾依然浓厚。

《中国教育报》曾整版报道了一个校长写的一封信，其中有这样一段：“6月25日高考成绩揭晓，分数线、达标人数、状元郎、落榜生各类消息如潮水般涌来，捧着取回的分数册，数了一遍又一遍，上榜人数33人，达标率4%，一夜间我愁白了头，怎么向师生、向社会、向家长交代？我把自己关在校长室里，一连几个小时，沉浸在茫然的麻木中，心痛、委屈、羞愧凝成涩涩的两行泪水……我们不择手段地抢学生，加班加点，办复读班，等等，都不能拯救我们的学校，此刻真有些木讷了，觉得自己像一个老农民，面对干涸的土地，只能用一滴眼泪来拯救它。”

这是校长的悲哀，是师生的悲哀，更是中国教育的悲哀。我们不是对以下这些事情已经习以为常、熟视无睹了吗？

高中学校中，学生从早上5：30到晚上10：30除去三餐各半小时，全部被封锁于教室中上课，每一个月给学生一天的休息时间，可以回家向父母要生活费，寒暑假每个假期都要补十几天课……

学校严禁学生看报、看小说、看杂志和课外读物，更没有机会看电视、接触社会……

“择校热”烧遍了全国，不仅高中、初中，在城市里要想上个好一点的小学、幼儿园也要家长出少则几千元、多则数万元的择校费，而且节日给老师送礼已成为在校儿童的必修课……

各种补习班、兴趣班、艺术班、特长班、奥数班，等等，各种名目的课外学习班风起云涌，使许多家长都认为不让孩子上几个补习班，就有愧于孩子，心里发虚，也不管孩子是否喜欢，是否愿意，节假日统统都要上补习班、特长班，“免得输在起跑线上”……

在扭曲的教育环境下，无数学生在忍受着折磨。一个3岁的孩子在幼儿园期末鉴定上，老师写道：“上课爱说话，希望家长加强教育……”难道让3岁稚童也老老实实地坐在课堂上听老师讲课才是对的吗？山西朔州一位中学生在“死亡日记”中写道：“不光是老师，家长也不尊敬我，学生也是，他们歧视我……我也不会去尊重他们，我采用了这种极端的方法，就是希望用这种方式可以唤醒人们对学生的态度，认识社会、认识国家、认识老师，让教育可以改变。”

诸如此类，学生厌学、逃学、离家出走、自残、自杀、杀人的事情，经常见诸报端，其主要原因是他们在学校得不到正常的教育，得不到可以引起他们兴趣的学习，这不能不说是教育的失败。

再看看我们公认的成功的学生如何，调查报告显示，1977年至2008年32年间的1000余位高考“状元”中，没有发现一位是做学问、经商、从政等方面的顶尖人才，他们的职业成就远远低于社会预期。《扬子晚报》刊文说：状元只是因为他们过于适应目前中国这种高考导向的教育体制罢了。而他们之所以不能在做学问、经商、从政等方面成为顶尖人才，恰恰是因为他们的心性、学习方式和思维方式过于适应当前的教育体制，因而无法胜任各行各业那些具有挑战性和创造性的工作，而创造性却正是顶尖人才最核心的品质。换言之，对于那些本来具备创造性潜质的个体而言，当前高考体制在给他们戴上状元光环的同时，也在一定程度上不可逆地扼杀和剥夺了他们的创造性，造就了他们的平庸。

这一调查对迷恋状元的国人和教育制度的设计者可谓是当头棒喝。具有创造性的人才是一个国家甚至整个人类最宝贵的精英。而当前我们的教育正是扼杀广大学生创造性的刽子手。

上个世纪80年代，我国就有人提出7+1>8，主张学生每天学习7小时，运动玩耍1小时，比每天一直学8个小时，学习效果更好，学生更有创造性。然而遗憾的是，这个不等式在绝大多数学校未能实现。

近年来应试教育愈演愈烈。“优胜劣汰”的社会达尔文主义令“考试文化”演变为学校文化的主宰。各地各学校纷纷采取题海战术，加班加点，拼时间，拼体力。高耗低效的恶性竞争给学生带来了沉重的压力和负担，使他们成为身体孱弱的书呆子和考试机器，甚至酿成了无数血淋淋的悲剧。

素质教育的提出正是为了克服这些弊端，培养德、智、体、美全面发展的人。它强调掌握基本知识和学习方法，为今后的自我教育和发展打下基础，而不仅仅是学会如何考试、如何取得更高的分数。然而，随着时间的推移，素质教育在实践中越来越偏离原有的目标。很多人把素质教育简单地理解为会弹琴、画画等，各种艺术特长培训班蜂拥而起，出现了“课堂是应试教育、课下是素质教育”，“上午搞应试教育，下午搞素质教育”的“两张皮”现象。

2010年7月中旬，中央召开了全国教育工作会议，制定了《国家中长期教育改革发展规划纲要》，再一次十分明确地强调了全面推进素质教育的问题。特别是温家宝总理在7月13日的讲话中指出：“素质教育是教育改革发展的战略主题，是贯彻党的教育方针的时代要求。”他说：“多年来我们所强调的素质教育，实质上就是强调学生的全面发展，就是促进德育、智育、体育、美育的有机结合。……素质教育是培养杰出人才的基础。”对于如何深化改革推进素质教育，他指出：“推进素质教育、培养全面发展的优秀人才和杰出人才，关键是深化课程和教学改革，创新教学观念、教学内容、教学方法，着力提高学生的学习能力、实践能力、创新能力。要为学生创造充分的自由发展空间。注重维护学生的尊严和人格，尊重学生的意愿和选择，激发学生的学习兴趣和好奇心。”

素质教育绝不是应试教育的附属品，而是教育生态的根本转变。它首先要求我们杜绝有违教育规律，妨碍学生健康发展、长远发展、全面发展和个性发展的种种做法，使教育回归本真，真正按教育规律办事。

中小学属于基础教育，是教育的基础阶段，应当为每一位学生负责，为学生今后的发展和幸福打下基础。当前，我国的中小学教育最主要的问题是不能引起学生对学习的兴趣，教学效率低下，使学生在身心成长最宝贵的阶段虚度大好时光。因此，激发学习兴趣，提高教学效率，教学生学会学习，养成良好的学习和生活习惯，是当前我国基础教育的主要任务，也是素质教育的目标。

新课改是实施素质教育的主渠道，其成功与否将关系到素质教育的成败。近年来新课改取得了令人瞩目的成果，成为素质教育的希望，让人们看到了地平线上的一缕曙光。我们期待素质教育的阳光早日冲出地平线，荡涤教育天空中的重重阴霾，普照中国教育千千万万所学校的每一个角落，使广大学生真正能享受教育的快乐，享受成长的幸福。

（二）建构充满生命活力的课堂文化

学生学习离不开课堂，课堂是学校教育的主阵地，也是学校办学理念和办学思想体现最充分的场所。所以课堂文化应该是学校文化的核心，优秀的课堂文化必然对学生产生持久的、具有生命力的影响。教师素质、教师能力和水平的高低也必然通过课堂体现出来。学校教学质量的好坏主要取决于课堂文化的优劣。

学校教育中最重要的事件发生在课堂，课堂教学作为学校教育的基本组织形式，一直是教育改革中最重要的内容之一，因为学校毕竟必须“以教学为中心”。

那么什么样的教学才是高品质的教学？这是我们每所学校、每个在学校工作的人特别是校长和教师应该首先弄清的问题，只有搞清了这个问题，才能使教学走上正确的轨道。

教学首先应是以人为本的教学，教学必须服务于完整的人的发展。教学的真正目的在于促进个人的成长和自我实现，而不单纯是掌握教科书上的知识。教学必须着力发展学生的思辨力，特别应该将发展学生开放性的、创造性的思维能力作为教学的重心。

所以对于教学中心，应在素质教育原则下做更深刻的理解和认识，切实转变教育教学观念，改革人才培养模式、教学内容和教学方法，加强创新精神和实践能力的培养，减轻师生过重的课业负担，让师生感受教学的生命价值，同时让师生在教学中感觉幸福。

我们认为，影响教学质量的因素很多，而教学最大的浪费和最大的潜能均在课堂。夸美纽斯认为，一般的教学过程是：感官→记忆→理解→判断。师傅并不用理论去耽搁他们的徒弟，而是从早就叫他们去做实际工作。比如，让他们从锻炼中去学锻炼，从画图中学画图，从跳舞中去学跳舞。所以在学校里面，应该让学生从写字去学写字，从谈话去学谈话，从唱歌去学唱歌，从推理去学推理。也就是说在教学中，活动是基础，因为认识起源于活动。我们在教学中要力求让学生从活动中学习。

课堂教学从其目标上可以分为三个层次，即知识传授、能力培养、生命质量的提升。最高层次的课堂教学应当是三个层次目标的有机统一，真正高效的课堂教学应该是充满生命活力的有灵性的课堂，课堂教学不仅仅是知识的传输，而且是以知识为载体的能力培养和师生生命内涵的丰富与激发，是真正“以人为本”“以学生发展为本”的教学。

构建“高效课堂”的主体是学生，因为我们的教学是“以人为本”的教学，关注“全人”的进步和发展，这就要求教师将学科的价值定位于完整的人的发展上。关注教学效益，合理充分地利用时间，追求在有限时间内使学生获得最大的发展是有效教学的标准。在课堂教学中应从根本上确定学生自主发展的地位，建立以兴趣为导向，以学习热情的激发为动力，以思维能力和素质的培养为核心，以学生探究、尝试为基本方法的教学模式。

教学流程的根本是让学生的生命活力充分展现，求知欲望充分点燃，创造激情充分调动，生命能量充分释放。这样的课堂才是灵性主导的课堂。学生是一个个富有求知活力的、充满激情追求的生命个体，所以能不能做到以学生为主，是检验课堂教学效率的重要标准。学生在被尊重的同时，他们参与课堂的热情和主动性就会被激发出来，这样课堂才会有活力，有灵性。

“高效课堂”的构建需要教师的共同发展，因为没有教师的发展，就不会有高效的课堂。学生、教师、学校的发展是内在统一的，没有教师的发展就没有学生的发展，没有学生、教师的发展也就谈不上学校的发展，只有三者统一于课堂中，课堂才可能是高效的。高效课堂是一种理念，是教师专业发展的标志，因此“教师有为”是高效教学的重要保障，“教师有为”就指教师不断以高效教学为一种价值追求，并为此进行不断的专业探索、研究，在研究中实现专业发展，在专业发展中实现学生生活质量的提升。

在课堂教学中需要教师进行重新定位和角色转移，应该由知识的传授者转变为学生学习的指导者，由知识的主宰者转变为学生的共同学习者。同时加大课堂教学开放的力度，实现在教师指导下的学生充分参与，让课堂上的每一个学生都有表现自己的机会。角色的转变要求教师首先在理念上转变，应认识到学生都拥有学习的权利和能力。教学是学生生命成长和发展的过程，学生学习知识是为了创新，在新理念指引下，鼓励教师创造自己的教学风格，形成自己鲜明的教学特色。

温家宝总理在接见第五届高等教育国家级教学成果奖获奖代表时说：“大力推进启发式教育。孔子说‘不愤不启，不悱不发’这八个字的意思，就是要把学生作为教育的中心，使学生在学习整个过程中保持主动性，主动去提出问题，主动去思考问题，主动去发现问题，主动去探索问题。启发式教育的核心，就是要培养学生独立思考和创新思维。所谓教是为了不教，就是要使学生自己去掌握学习的方法，提高创新的能力，只有这样他们才可以离开教师，他们才可以超过教师，才可以成才。”

温家宝总理的话值得我们去深思。启发式教学我们已经讲了好长一段时间了，但目前在我们大多数教师的教学中，“满堂灌”仍充斥于课堂教学中，导致学生学习兴趣丧失，课堂教学效率低下，师生均背上了沉重的课业负担，成了苦行僧，谈不上丝毫的幸福感。我们必须改变这种状态，大力推行启发式教学方式，建立师生互动的教学模式，走出自己的新路子，形成独具特色的教学模式和教学方法。

这就要求我们创造丰富的课堂，带给学生广博深厚的文化浸染；要求我们构建多彩的课堂，给学生以幸福感；要求我们造就真正的学习，给学生带来经验的重新组织与重新解释；要求我们为学生提供发展的机会，让学生展示自我，发现自我，更加深入全面地认识自我，进而发展自我；要求我们营造问题情境，以问题引导教学，带给学生理智的挑战，培养学生对证据、逻辑和结论理性的怀疑的习惯。总之，教学要带给学生学习的幸福感。

我校经过深入研究，逐步形成了具有我校特色的教学模式和教学方法。“八环节学案型教学模式”在很大程度上丰富了课堂文化，课堂上师生互动，学生主动参与，提出问题，讨论解决问题，师生真正形成了一个学习共同体，有了和谐课堂文化的雏形。

如今在我校的课堂教学中，教师更注重学生自主学习和启发、探究、讨论式的学习，通过师生共备和课堂导学过程，使得学生更全面地参与教学，使教学更有针对性，更有利于学生发展和求知。

真正课改的核心在于课堂教与学的思想和理念，在于课堂教与学的过程和方法。教师的强项是讲，弱项是导，而要把教师的弱项转变成强项，是需要一个过程的，这个过程必须是一个建构的过程，也就是说，所有的知识都要通过自己的体验才能变成自己的东西。没有建构就不会有教师发自内心的改革。

任何一个事物的发展都要有一个过程，都要经过一个初级阶段。不能够跨越的东西就不要跨越。在建构的过程中遭遇挫折，面对失败，克服困难，是我们在整个课改过程中必经的。只有在这个过程中，我们才能形成更多的能力，我们才有了体验式的成长和发展。

（三）从分数至上到“以生为本”

深入推进课程改革，全面实施素质教育，是我国教育事业的一场深刻变革，是一项事关全局、影响深远的系统工程。

在对新课改和素质教育的研究中，我们深刻地认识到，学校不仅是传承知识的场所，更是培养学生高尚道德情操的圣地。走进校园，不是为了走进一条只能通向高考考场的死胡同，而是走向一个追求人性真善美的广阔原野。高中阶段是学生人生观、价值观形成的重要阶段，学生本应在自主学习中相互交流、共同提高，在丰富多彩、充满幻想的学习、生活中孕育梦想，铸就理想，在良好的学校文化环境中逐步完善，走向成熟。高中时期是一个人生命最富激情、最值得纪念和回味的黄金时期，我们的教育到底为学生准备了些什么？我们到底应该为学生准备些什么？

我们现在提倡教育要“以人为本”，但真正的“以人为本”“以生为本”不仅应看到学生的学习成绩，更应关注学生的品德发展、人格完善；不仅要关注尖子生，还要关注每一个学生；不仅要关注升学率，还要关注每一个学生的发展，关注每一个学生的进步，哪怕是学习成绩最差的学生。

新课程改革的根本目标就在于重视学生作为一个“人”的发展，不仅注重学生的知识与能力，使学生“学会”，更关注了学习过程与方法，使学生“会学”，还关注学生的“情感、态度和价值观”，使学生“乐学”，这才是真正的“以人为本”。

新课程的理念确实有利于学生的全面发展，但实施起来遇到的很多问题，多是来自于学校传统文化的影响。因此新课程实施必须从优化学校文化入手，才能保证新课程的顺利实施。没有新课程文化，就没有新课改的顺利进行。新课程的实施，必须要与新课程文化建设同步发展，即新课程文化为新课程实施引领方向，新课程实施为新课程文化注入内涵，增添活力，二者相互促进，相得益彰。

但是长期以来盛行的“优胜劣汰”的社会价值观，令“考试文化”演变为学校文化的主宰，任何“以人为本”课程改革在“考试文化”的作用下，最终必然回归到学生的考试成绩。老师关注学生的个人应考技能发展，对他们的学业成绩寄予厚望，愿意付出额外的时间和精力，帮助学生操练应试技巧。在“应考”岁月里，校长支持，行政配合，老师努力，学生勤奋，全校上下一条心，充分发挥了学校共有理念的积极性。任何有可能导致学生成绩下降的改革措施，都会在学校内招致教师的整体质疑和排斥。

素质教育必须通过课程改革来实现，要进行课改就必须改变应试教育的思想，以新课程的教育理念取而代之，并使之成为全体教师的共同理念。要改变教师的“教”去适应学生的“学”，必须要取得共识，使教师树立新课程文化理念，进而形成学校新课程文化。任何一种缺乏教师共识和需求的改革，都很难在学校内汇聚成改革的驱动力。

教育要“以人为本”“以师生为本”，这是一个很简单的命题，但在国情背景下却成了一个“两难选择”。在考试文化的大背景下，学校要想生存发展就必须考虑升学率等现实问题。而从长远来看，学校教育必须关注所有学生和学生的所有方面，还要关注“教师的职业幸福”，没有师生的发展，就不会有学校的发展。这是一个长远利益和短期利益的矛盾。

这种矛盾，从表面看似乎是对于教学方法的分歧，实质是对于教育基本价值观的认识上的矛盾冲突。因此当新的课程改革与学校价值取向发生冲突的时候，这种改革，必然会受到学校“考试文化”的阻力。

在一个多元化的社会里，学校文化的差异在所难免。任何一种发生在学校内但并非源于学校或学校成员的需求、缺乏学校教师共识的改革，都很难在学校内汇聚为改革的驱动力，不可能获得学校固有文化的支持。

带着学校文化变革这样的思考，我们鹿泉一中从2002年起，开始了新课程改革的探索，经过多年摸索之后，2007年我们在原有的教学规则的基础上形成了自己独特的“八环节学案型教学模式”。

我们发现了“以人为本”“以生为本”与“以知识为本”“以校为本”“以社会为本”的价值观的矛盾冲突，其实质是教育思想文化的矛盾冲突。我们必须从文化的角度入手，构建统一和谐的学校文化，以新的教育价值观、学生观、质量观看待今天的学生，转变思想，转变角色，通过学校文化体系的重建，引领我们走出困境。于是学校文化的整体建设，成了我们的迫切需求。

苏霍姆林斯基说过：“在教学大纲和教科书中，规定了给予学生各种知识，但却没有给予学生最重要的东西，这就是：幸福。理想的教育是：培养真正的人，让每一个从自己手里培养出来的人都能幸福地度过一生。这就是教育应该追求的恒久性的、终极性价值。”

从人本主义的角度解读教育的本质，我们认为，教育的本质就是使人获得幸福。于是“立足师生幸福，培育学生梦想”，就成了我们的办学目标和追求。

我们的办学理念是“办让师生幸福的教育”。学校是师生的精神家园，学习本身应是快乐的，知识的获得、想象的发展、兴趣的探究、思维的升华，都蕴涵着无穷的快乐。学习应是学生体验幸福的过程，如果我们仅仅把学生的幸福寄托在将来，那就像一次旅游，仅仅把幸福的希望寄托在到达旅游点，而忽略了在旅途中观赏风光，放松身心，体验幸福，这样的旅游幸福感会大打折扣。以人为本的教育必须是让学生时时处处都能享受幸福的教育，同时也为幸福的未来铺平道路。

新课程改革和学校文化系统重构的过程，引领着我们对课程改革逐步加深认识，对学校工作逐步理清了思路。我们对新课程的理念有了更深刻的认识，以新文化、新课程理念为指导的教育教学改革思路日渐明晰。于是我们在新文化、新理念的引导下，以教育科研为手段，以突出学生主体地位、促进师生共同发展为目标，将这些崭新的教育理念融入了课堂教学。

新课改要求学校最重要的任务应由过去的传授知识转变为培养能力，尤其是自学能力和终身学习意识。我校在抓住课堂主渠道和提高教师自身素质的基础上，把培养学生自主学习能力作为学校教育的重要方面来抓。

我校采用理论学习、课题研究、教育教学三位一体、全员参与的教育科研模式，通过理论学习，提高教师的理论水平，转变教师观念，完成了教师角色的转变，使教师由传统的知识传授者转变为课程设计师、学习情境的营造者。尊重学生的自主意识，把发现问题的机会和解决问题的权力交给学生，使学生在自主学习过程中内化自主发展能力。

经过几年的努力，我们正在从教育观念和教育思想上走出应试教育的沼泽。应试教育的本质在于训练学生对标准答案等权威的盲从。凡是考的就要学，凡是试卷有的，就是有用的，反之亦然。应试教育不仅毁灭了学生，也毁灭了学生接下来的人生——因为在应试教育中，学习的目的并不在于求知的快乐和学生自身的成长，仅仅在于通过考试。学生获取知识并不是为了求知，而是追求一种外在的目的。

回想我们以前的教学，教师口干舌燥，学生昏昏欲睡，为了考试升学熬、耗。而目前我们的教学一派生机勃勃，学生自主发展，主动探究，敢于向一切权威挑战，敢于张扬个性，敢于实践，敢于创新。应试教育最有效的作法是强化训练，而目前我们的教学更侧重于学生自主探索和体验学习的乐趣，强调在师生、生生互动中去求知。可以看出经过近几年的努力，我校师生在思想上已经不再只着重于应试的需求，而是变为更看重学生的成长和发展。

如今，以学生为本、以学生的发展为本的观念和思想，在我校正在深入人心，并被逐步落实到我们每一项工作中。我们努力地提高学生的学习能力、实践能力和创新能力；创造一切可以创造的条件，为学生营造充分的自由发展空间；在各项教育教学活动中注重维护学生的尊严和人格，尊重学生的意愿和选择，激发学生的学习兴趣和好奇心，让学生有更多的时间去思考，去锻炼，去选择性地读课外书，去了解社会和学习书本上没有的知识。

生动、多样的课外活动有力地激发了他们的主动学习、独立思考、自由表达的精神，不仅使学生学到了知识，还促使他们学会动手，学会动脑，学会做事，学会生存，学会与别人共同生活。总之，我们的一切教育教学活动都在不断地为“以人为本”“以学生发展为本”的理念进行不懈的努力。

三、构建教育的绿色生态文化——挖掘、重构、升华

（一）我们要的是“绿色升学率”

当前，我国强调建设节约型社会，保持社会经济可持续的环保式发展，做到低投入，高效益，少污染。那么对于一个学校的教育而言，也应该是环保式的发展，也要讲究低投入，高效益，少污染。

所谓低投入，就是要珍惜教师和学生资源。要珍惜教师身体，关心学生身体健康，必须讲究科学施教，研究教育规律。坚决反对以教师和学生的健康为代价，去追求所谓的“高升学率”的掠夺式发展。否则，我们就是隐形的杀手。

所谓高效益，就是在正常合理投入的前提下，提高教学质量。不能因为轻负担而影响学生的学习质量。

所谓少污染，就是指在教育教学过程中，严禁在“为了学生考上好大学”的冠冕堂皇的理由下，进行非法执教的行为，坚决杜绝对学生造成负面影响，更要避免对学生造成心理伤害。

针对当前应试教育愈演愈烈的倾向，国家教育部基础教育课程教材发展中心主任助理刘坚教授指出，我们需要GDP，但我们更需要绿色的GDP；我们需要升学率，但我们更需要绿色的升学率。

我们正是在这种思想理念的指导下，使学校的一切教育教学行为步入健康发展的轨道。教师不会将学生赶出课堂到外面罚站，教师不会出现辱骂、讽刺、挖苦学生的行为，也不会有其他会造成学生心理伤害的行为。文明的教师带出了文明的学生，文明的师生造就了文明的校风。文明执教的思想在教师心中生了根，在学生心中发了芽。古老的文明在现代化的校园里焕发了青春。

“一切节约归根结底是时间的节约。”满堂灌和题海战术掠夺了学生自由发展的时间和空间，破坏了学生健康成长的生态环境。把时间和空间还给学生，促进其自主学习和自主发展，才可能低耗高效地大面积提高教育教学质量。

学校的课程改革和其他一切工作都是学校文化的展现，都是为了让每一个学生在鹿泉一中这块乐土上都有发展，让每一个学生都体验到生命的快乐和幸福!

（二）学校文化植根于师生心田

学校文化体现在校园环境和生活之中，更体现在人的精神之中。文化的种子在师生心灵的田地里生根、发芽、成长，形成人的道德品质、精神气质和人格特质，外化为人的风度气质，决定着人的精神境界、生命追求、人生修养和生活态度。

学校文化对受教育者的感染作用是在不知不觉中潜移默化地实现的。在这整个过程中，没有任何强制性，是一种“润物细无声”的作用过程。学校文化能够美化学生的心灵，启迪学生的智慧，锻炼学生的才能，塑造学生的美德。所有的这一切，都将悄无声息地影响着他们的一生。

全国人大代表、广东省中山纪念中学校长贺优琳说：“当你进入一所学校，被它深深吸引，那吸引你的，就是它的文化底蕴。一所文化深厚的学校，生活于其中的孩子会感到自豪，受到熏陶，按照文化设计的氛围、理念，自然地、自由地、发自内心成长起来。”“对一所学校来说，学生就像匆匆的过客。他们离开学校时，除了一份大学录取通知书，学校还能带给他们什么呢？他们还学会了什么呢？如果只是让学生读书、读死书，这不是成功的教育。学生具备了哪些方面的生存能力、发展能力，是否具有优良的品德、品格，优秀的传统文化和特色的学校文化能否在孩子们身上体现出来，这些才是检验学校教育成果的关键。”

学校文化对受教育者的影响无疑是深刻而久远的，能在无形之中深入每个学生的心灵，发掘并不断矫正他们的人生目标。一次数学竞赛，也许就奠定了一位数学家的基础；一次文艺汇演，也许就酝酿了一位未来的文艺巨星；一次辩论会，也许就造就了一个卓越的论辩天才。可以说，从学生迈进校园的第一步起，贯穿他的整个一生，学校文化对他们的影响都将伴随始终。

学生的心灵是可塑造的，我们正努力把校园建设成为一个色彩缤纷的崭新天地。这里有百花齐放的社团组织，有丰富多彩的节日盛会，有新颖有趣的微型课题研究，有形式多样的文体娱乐活动，有悦耳动听的校园广播，还有门类众多的选修课，等等，使校园形成强烈的文化氛围，产生巨大的凝聚力和吸引力。我们相信，如果学生长期接受良好学校文化的熏陶，那么，他们的综合素质就会显著地得到提高，他们将来就能更好地适应社会发展的需要。

优秀的学校文化，能够给学生一生打下深深的烙印，是能够影响学生一生的教育，这就是教育给学生打上的文化印记。

（三）在文化积淀中挖掘

学校可持续发展的根本是学校文化建设。因为学校文化是对于学校未来发展的一个引领，是一个以文“化”人的过程，正所谓“春风化雨，润物无声”。当然，任何一所学校都会有自己的文化，没有文化的学校无论如何也难有可持续发展。但是一所学校如果没有对自己的学校文化进行梳理，没有形成自己的文化系统，就难以对学校可持续发展起到强有力的推动和科学引领。

在建设学校文化的过程中，我们非常重视学校文化的继承与发展，每个优秀的学校都具有良好的办学传统和长期的发展历史过程，有着浓厚的文化积淀。挖掘不同时期的学校文化，我们会发现它们都会有不同时代的烙印，体现时代前进的脉搏。不论是学校建设初期广大师生的创业精神和崇高的师德风范，还是先辈们勇于探索、刻苦研究的精神，以及学校历年来培养的众多优秀学生的先进事迹，都是我们需要继承并发扬光大的宝贵的精神财富。

鹿泉一中取得的成绩，得益于我校优秀的学校文化建设。回顾学校发展的历史，不难体会到前辈们艰苦创业、攀登不止的可贵精神。随着新校区的正式启用，学校规模的进一步扩大，以文化建设带动、促进学校的发展已经成为我们必然、唯一的选择。

（四）深入文明内核中重构

文化是靠人们的智慧和长期实践积累而成的，而不是一蹴而就的。学校文化的形成亦并非一日之功，而是一个长期的过程，需要一点一点建构。鹿泉一中在2007年成立了“学校文化研究中心”，与“山东大学学校文化研究中心”合作，进行了学校新课程文化构建。在此过程中，我们重点讨论的问题是教育的价值在哪儿，高中教育是“以校为本”还是“以生为本”，教师在学生学习过程中应该充当什么角色，我们的教育到底应该为学生准备些什么，等等。

我们从学校文化建设的角度，对学校60年的发展历史进行了梳理、提炼，完成了鹿泉一中文化系统基本方案，确立了“立足师生幸福、培育学生梦想、彰显文化特色”的学校愿景。这个基本方案的完成，为鹿泉一中学校发展铸就了一个新起点，标志着鹿泉一中的教育理念、教育思想跨上了一个新高度，步入了一个崭新的美好境界。

我们加强学校文化建设，树立我校在多元文化竞争中特有的价值取向和育人理念。我们以建设优良的校风、教风、学风为核心，以优化、美化学校文化环境为重点，以丰富多彩、积极向上的学校文化活动为载体，推动学校文化建设，形成清新的学校文化风尚，让学生在良好的人文、自然环境中陶冶情操，促进学生的全面发展和健康成长。我们深深懂得了教育的生命价值，更加重视教育的生命动力，学校的文化理念逐渐深入到了文明的内核。

教科室主任梁建和记录了他和本人的一次对话引起的故事——

一个教育理念的文明

梁建和

2007年4月19日，在去山西考察的路上，韩爱学校长向同车的梁建和主任问道：“你说，咱们学校和别的学校有什么区别？或者说，咱们学校最大的特点在哪儿？”

梁建和主任想了想，然后说道：“人们常说教育要‘以人为本’，可是在目前的背景下，这是一个两难的选择。学校要生存，必须要拼；但是这往往会犯一个低级的错误，丧失了教育的根本，必然会‘欲速则不达’。明面上是‘以人为本’，实际上是‘以校为本’，即以学校的生存为本，在学生和学校的利益之间选择了后者。这才出现了有的学校在考试的时候，为了提高自己的平均成绩而不让差学生参加考试的情况，这是一种近视病。你想，没有学生的发展，哪来学校的发展？我们和别的学校的区别正在这里。我们是‘以生为本’，而不是‘以校为本’，这正是许多学生愿意到我们学校上学的理由，也是我们学校一年比一年好的根本所在。”

韩爱学校长点点头：“正合我意，我们就是要让鹿泉一中的每一个学生在鹿泉一中这块乐土上都有发展，让每一个学生都体验到生命的快乐!”

于是，学校投入了大量的人力和物力，克服了重重困难，编写校本教材，制订了实施方案，一批新的课程——《生命健康教育系列》《人生情趣、生活品位系列》在鹿泉一中诞生了。

试想，“生命健康教育”“人生情趣”“生活品位”和高考有什么关系？对学校有何利可图？从表面看，不仅没有益处，还可能造成负面影响，因为投入了人力、物力，耽误了学生的时间，很可能会影响高考升学率。但生命是宝贵的，生命只有一次。对于生命的珍惜，是人类文明发展的最为重要的标志之一。鹿泉一中的文明，已经不仅仅是停留在表面上，而且已经深入到了文明的内核。

文明不是口号，文明是思想，文明是行动。一个理念、一种策略，甚至一句话、一滴眼泪，都能折射出文明的光辉。

鹿泉一中的时时事事、角角落落，都在演绎着古老而现代的文明。

（五）在梳理点滴中升华

学校文化初看起来摸不着头脑，因为文化往往看不清也摸不着，但是如果深入思考学校的历史，思考学校所发生的现象，你就会感到学校文化就在你的身旁，就在我们中间，或者说每一位师生员工就生活在学校文化之中。

想到我们打翻身仗时师生们奋不顾身，一心一意搞教学的精神；想到“非典”时期全校上下万众一心战“非典”；想到我们的教师对学生的关爱；想到我们全体干部同心同德，紧密协作完成一个又一个的艰巨任务；想到我们一年一个台阶不断取得成功，取得胜利的自豪和幸福，还有我们日积月累为教育教学管理形成的许许多多的规章制度；想到美丽的校园；想到壮观的学校建筑，一直到每一位老师和学生的一言一行，这不都是学校文化吗？学校文化就在我们每个人中间不断积累、沉淀和升华。

从生命发展的历程来看，我们认为创新是万物生命力之所在，不创新就意味着衰亡。多年来我们学校就是在不断创新中发展，才展示出自己的个性，实现自己存在的价值，获得最高的幸福的，于是“和合铸新”就成为了我们的核心理念。

从人本主义的角度解读教育的本质，从我们自己的亲身体会感受教育的本质就是使人获得幸福，于是“立足师生幸福，培育学生梦想”就成了我们办学的目标和追求。

60年来，我们学校是在不断追求和艰苦奋斗中才实现了自己的价值的，广大师生团结协作、荣辱与共，得到自己的充实和幸福，因此“和衷共济、攀登不止”就成了我们学校的精神。

没有严格的作风，没有脚踏实地、精益求精的精神，我们的学校不可能飞速发展，所以“唯实唯严，求精求新”就是我们的校风。

如果我们没有师生平等，教师没有对学生的尊重和关爱，没有对学生学业的无私支持，我们也就不可能有如此和谐的师生关系，因此我们的教风就是“亦师亦生，教学相长”。

我们培养出成千上万的优秀人才，他们最突出的特点就是乐学、精读、深思，因此我校学生学风就是“书香蕴乐，学思成习”。

通过我们对学校文化的挖掘、重构和升华，现在已经形成了较为系统的学校文化体系，相信经过重构和升华的鹿泉一中学校文化，将像一个无形无象却强大无比的引力场一样，凝聚鹿泉一中的人气，促进学校的可持续发展，提升学校的核心竞争力。

四、创建自我更新的学校

新陈代谢，除旧布新，是推动一切事物发展的原动力。要实现学校的发展，促进师生的成长和幸福，就必须不断地创新。创新的学校才有生命力。因此提高学校的创新能力就成为我校发展的战略核心，成为我校发展的灵魂。

纵观我校近十几年来跨越式发展的历史，无一不是在不断创新中产生的。就以我校的教学发展来看，从上世纪90年代至今，我校的前进步伐无不带有创新的印迹。我们经历了三次大的创新，促进了学校教学工作的三次大的飞跃。

第一次是从1992年起，我们把现代信息技术应用到教学活动和教学管理中。当别人对计算机网络还望梅止渴时，我校已经抓住网络信息技术刚刚兴起的机遇，在十分困难的条件下开始抢占现代教育的制高点，使得我们的计算机网络在学校管理、教育教学中的运用中占领先机。

1998年，当别人还把教育科研当做西洋景观看时，我校以敏锐的战略眼光，勇敢地提出并践行了“科研兴校”的理念，这一步又比别人先走了近10年。

这一时期，我校为了克服教学质量滑坡的影响，在加强教育教学各方面做了多项改革，对备课、讲课、作业、考核、辅导、评价都进行了大的变革。这一变革促进了我校教育教学质量的复苏和回升，并逐步形成了一体（教学常规管理）双翼（教育科研和现代信息技术）的学校发展模式。我们的课堂教学焕然一新，计算机、网络教学课件、多媒体的介入，使课堂教学完全摆脱了以教师讲授为中心的格局，使学生更直观、更生动、更多彩地深入教学和参与教学。我们课堂教学依托高新技术，实现了革命性的变革，促使课堂效率和教学质量得到了提升，教师的教学方式和学生的学习方式都发生了巨大的变化。

第二次是2002年，我们及时地捕捉到了学生自主学习、自主发展这一教育前沿的理论，进行了“加强课程整合，促进学生自主学习、自主发展，全面提高教学效率”的大胆改革。这一改革不仅使我们思想上有了清醒的认识，而且行动上也开始向旧的教育教学模式开刀，让学生在教学中的主体地位开始显现出来。我们有效地实施了课程的整合，使学生在必修课、自习课、多种形式的自主学习课以及活动课4个层次上都获得自主发展的空间，有力地激发了学生学习和教师教学的积极性，使我校形成高考二本上线人数连续数年成百位增长的态势，学生学习的精神面貌和教师教学的心态都得到了很好的调整，促进了师生和谐发展。

第三次是2007年4月份开始的“八环节学案型教学模式”的实验和推广，在石家庄市以至河北省，开创了师生共同学习、互相促进、共同提高的新的教学模式之先河。这得益于我们对原有课堂教学规律的新认识和新突破。面对课改后的初中毕业生，我们进行艰苦的探索，最后的结论是，教学模式桎梏了学生的发展和教学效率的提高，因此“八环节学案型教学模式”应运而生。这一创新之举不仅使我们赢得了新的发展，使我校的教育教学质量跨入石市各县（市）一中的先进行列，学校的声誉在全社会和全市人民群众的心里得到公认。更重要的是，我们的视野更上了一层楼，使我校的办学水平上升到一个更高的层次，使我们的教育教学改革走在了全省的前面。

2007年以来，我们没有停留在“八环节学案型教学模式”上，而是更加深入地研究、反思，力争新的发展，从而有了我们的“一案二单四色笔”，有了我们的“课堂观察教研新思路”，有了我们“建构性的教师校本学习”新模式，以及师生共备，等等。这一系列的创新，使我们的学校又向前迈进了一步。

历史和现实证明，我校是在不断自我更新中前进的，没有不断的创新，也就没有学校的发展。

如果说鹿泉一中有什么特色的话，那么我们最大的特色就是不断进行改革和创新。特别是近年来，我们对高中新课改进行了不懈探索，不断的课改创新成为我校的发展动力和灵魂。

美国教育学者古得莱说："改革实质上是每个学校自己的事情。"从根本上讲，学校改革是一种校本实践活动，是学校教职工自主解决本校问题的过程。在现实中，不可能也不会有一种适用于各个学校的统一的改革模式和发展道路，因为每个学校都有自己独特的校情。学校改革必须结合本校实际进行，必须抓住现阶段学校发展面临的主要问题，从现在学校能做的事情开始做起。

古得莱在其著作《一个称作学校的地方》中写道："最有希望的改革方法就是寻求开发学校自身的能力来解决自己的问题，以成为基本上可以自我更新的学校。"

不断自我更新是鹿泉一中保持生命力的秘密所在。"别人吃过的馍不甜"，其实自己吃过的馍再吃也不甜。只有不断自我更新的学校才有生命力。"日新之谓盛德"，"苟日新，日日新，又日新"。作为一个促进生命成长的地方，学校应该不断自我更新，生命不息，创新不止。

如今，创新已经成为我校最重要的学校文化，融入到学校领导层和全体师生的血液和骨髓中，成为我们生命不可分割的一部分。

纵观我校近年来的发展历史，应该可以称得上是一个"基本上可以自我更新的学校"。这样的学校具有无限的生命力，它可以引发自身的革命，促进自身的进步，使自己勇立时代潮头。

鹿泉一中的课改之路还很长，我们将继续不断探索研究，不断自我更新，为促进师生的幸福成长不懈努力，不断向更高的境界迈进。

附：鹿泉一中学校理念文化系统

鹿泉一中学校理念文化系统

学校文化作为一种管理理论和管理方法，近年来受到了越来越多学校的重视。广义的学校文化是包含着物质文化（实体文化）、行为文化（制度文化）、精神文化（理念文化）三个层面的复合体。其中理念文化是核心，是学校和学校文化发展的方向性保证和决定性因素。

学校理念文化是学校在教育教学过程中形成的共有信念，它可以将学校内部力量统一于共同的指导思想，汇聚到一个共同的方向，提升为学校特有的文化，从而对学校的教育教学行为产生潜移默化的影响。

近年来，教育改革的不断深入，为各级各类学校的发展带来了新的机遇和挑战。在各级领导的正确指引下，我校各方面都得到了长足发展。师生兢兢业业、不懈努力，在实现自我价值的同时，也积淀了丰厚而独特的文化底蕴。

为使学校“百尺竿头，更进一步”，为实现全体师生更高品位的幸福追求，校领导以学校文化建设为突破口，对学校传统文化的优质要素进行了整合提升，充实了新的内容，形成了一套完整的、独具鹿泉一中特色的学校理念文化系统。

一、基本理念

（一）核心理念

核心理念是学校用于指导教育教学行为与管理活动的最高价值标准，是学校一切行为的起点和归宿，是学校文化理念系统的灵魂。

鹿泉市第一中学的核心理念——和合　铸新

和合：和，就是和谐、协调；合，就是融合、合作。“和合”即天人合一，人和心合。这是中华文化的优良传统，源远流长。

铸新：指铸造、创造新的辉煌，推陈出新。

“和合铸新”作为学校的核心理念，既是学校的优良传统，也是学校未来的追求，更是学生、教师、学校三位一体、共同发展从而获得人生幸福的首要条件。

无论天道、人道，只有顺应规律才会和谐共生，而制度是“人道”文化的结晶，是规律的固化。因此学校注重以严格的制度管理规范学校全体成员的一切行为，以严促和，以严护和，以严养和；同时以“五心”（诚心、热心、爱心、孝心、责任心）作为与周围人与物和谐共生的基本素养，作为和谐文化的有力支撑，营造“和谐共生”的文化氛围。

只有和谐共生的人际关系，才能减少学生、教师、学校、家庭、社会等物质的、精神的资源浪费，使其得以最大限度的整合，融合为一个整体，产生强大的凝聚力和巨大的合力，从而形成所向披靡的战斗力。这是一种境界，也是“铸新”的基础。

创新是万物生命力所在，不创新就意味着“老化衰亡”。只有在不断创新中发展，才能铸造新的辉煌，才能实现自己的价值，获得最高幸福。过去，我校把握时机、抢占先机，在教育科研、信息技术、课堂教学改革等方面都有开拓性的发展；今后，我们要继续发扬这种优良传统，挖掘学校的发展潜能，寻找机遇，创造机遇，以创新求发展，以创新凸显差异，展现特色，拓展学校的发展空间，让学校变得更有自己独特的风格。

总之，只有让师生在团结友爱、精诚合作、和谐发展的氛围中工作、学习、生活，才能最大限度地充分发挥大家的创造潜能，在创新中体验学习和工作的快乐，享受生活的幸福。

（二）学校精神

学校精神是学校在长期的办学实践中自觉提炼的、被学校全体成员认同的精神支柱，它对学校师生具有导向和激励的作用。

鹿泉市第一中学的学校精神——和衷共济 攀登不止

和衷共济指“同心协力，克服困难”。这是我校的优良传统。我校通过倡导人和心合，上下团结一心，产生了巨大的凝聚力、向心力，最大限度地集中了优势力量。这种众志成城的精神，激起了全体师生的工作激情和学习热情，促使全校形成了合作共进的文化氛围，取得了令人瞩目的育人成绩。

攀登不止指的是一往无前的果敢，自我超越的勇气，坚韧不懈的力量和永不自满的精神。首先，我们要敢为人先，把握时代脉搏，在学校管理及教育教学工作中锐意进取。其次，师生在学习和工作中要紧跟时代步伐，不断完善、提升自我。教师教学自我加压，求新求变，合作精进；学生学习不畏困难，勇攀高峰。学校只有秉承锲而不舍的奋进精神，才能永葆昂扬的斗志，使学校的教育教学质量不断攀升。我们深知，唯有攀登不止，才会辉煌无限。

“和衷共济，攀登不止”如今已经成为了全校师生共同的精神支柱，以及学校持续、快速、健康发展的不竭动力。在今后的发展中，我们将继续发扬这种精神，团结合作，把握主动权，不断攀登，超越自我，追求卓越。

（三）校训

校训是长期办学形成的，对学校全体成员具有规范、警策与导向作用的基本理念，它能概括学校的整体价值取向、独特气质、文化底蕴，蕴含师生的道德理想、人格特点和历史责任。

鹿泉市第一中学的校训是——厚德砺志 博学日新

“厚德”语出《易传·象上》中的“君子以厚德载物”，指人应具有深厚的道德修养和宽阔的胸襟。德为人立世之基，处世之本。但敦厚品行的养成绝非一日之功，必须不弃小善，不为小恶，始终以宽厚仁德之心待人处世，日积月累，方能成就深厚的道德修养。“砺志”出自班固《白虎通·谏诤》中的“砺志忘生”，意即磨砺意志。指在困难面前不屈服，以顽强的意志对待生活中的挫折，有信念，有韧性，提高抗击打能力，增强心理承受能力，乐观面对生活。将“厚德砺志”引为校训，体现了我校广大师生对思想道德建设的高度重视，坚持磨砺意志，完善人格，力求做到——遇到挫折不言败，身处逆境不自弃，获得成功不自满，开拓创新不止步。

“博学”语出《礼记·中庸》：“博学之，审问之，慎思之，明辨之，笃行之。”即广泛地猎取知识，同时还意味着博大和宽容。唯有如此，才能广揽学识，兼容并包，真正做到“海纳百川，有容乃大”。“日新”出自《礼记·大学》：“苟日新，日日新，又日新。”意为日日更新，不断发展。师生要有不断超越自己、勇攀高峰的气度，以日进一步要求自己，持之以恒，最终实现博学的目标。将“博学日新”引为校训，旨在倡导全体师生重视日常的学识积累，加强文化涵养积淀，博学多才，并且求新求变，不断达到新境界。

“厚德砺志，博学日新”的校训，与“和合铸新”的学校核心理念相一致，体现了学校高度重视师生德、智修养以促进和谐校园的营造。同时，学校不断磨砺意志，开拓创新，日有所进，完美地呈现了攀登不止的超越精神。

（四）校风

校风是学校风气的总称，包括师生的学习、工作和生活作风，学校积淀的传统文化氛围，以及在学业探索中所形成的风气。它能体现学校的办学理念、育人方针和管理特色。

鹿泉市第一中学的校风——唯严唯实 求精求新

唯严唯实：唯严，指严谨、严格。体现为，学校用严格的管理制度和措施保障教学工作的有序进行；教师严谨治学，严格要求学生品德修养，严把学习质量关；学生严于律己，勇于挑战自己，在一点一滴中养成良好习惯。唯实，即坚持实事求是的原则和作风。具体而言，即学校管理从实际出发，扎扎实实，注重实效；教师全心全意、踏踏实实育人，善于因材施教；学生勇于正视自己，扎实学习，提升素质。“唯严唯实”是我校几十年办学历程的真实写照，也表明今后上下团结一心，立志有恒，以唯严唯实的行事风格和信念，推动学校快速发展。

求精求新：求：追求；精，即完美、最好之意，包括精心、精进、精细、精美。指学校精心管理，细致高效；教师精心施教，培育英才；学生精于学业，创造精彩人生。求精，体现了学校精益求精、追求完美的办学原则和境界。新，指创新。创新是时代的精义，是学校发展的原动力。学校只有不断创新，才有旺盛的生命力。无论是求精还是求新，都不是一个静态的片断，而是一个动态的持续发展、逐步完善的过程。为此，我们必须持之以恒，锲而不舍地“求精求新”。唯有如此，才能日日有新，精华才能得以积淀，学校才能持续发展，不断迈上新台阶。

（五）教风

教风就是教师在治学态度、教学育人、科学研究等方面形成的良好风气。

鹿泉市第一中学的教风——亦师亦生 教学相长

亦师亦生：意思是既当老师也当学生。这是新形势下教师角色的定位，也是我校课堂教学改革对教师提出的具体要求，更是教师未来的作风。教师既是教学活动的指导者、组织者，又是参与者；师生是业务上的研究者、合作者；教师在学生成长中要当好示范者、引领者。教师自身应具备良好的职业素养和能力，把教书育人作为自己的神圣职责，将教学这一职业作为事业用心“经营”；对待学生尽心尽力，将知识毫无保留地倾囊相授，达到“蜡炬成灰终无悔”的境界；同时真正关爱学生，引导学生健康成长。

教学相长：即教和学两方面相互促进，相辅相成。语出《礼记·学记》：“是故学然后知不足，教然后知困。知不足然后能自反也，知困然后能自强也。故曰教学相长也。”这是从长期教学实践中总结出来的基本教育经验和原则，首先为孔子所倡导，影响深远，也成为现代教育的重要原则和方法。我校教师既要严谨、敬业，以民主、平等的作风对待学生，善于引领学生，同时，教师之间又要相互切磋，加强合作，注意从教中学，虚心汲取学生的长处，不断充实、更新和完善自身智能体系。教与学相得益彰，相互促进。

（六）学风

学风就是学生在学习过程中应该形成的风气，它同样是学校文化的重要组成部分，是学习效果和成人成才的保证。

鹿泉市第一中学的学风——书香蕴乐 学思成习

书香蕴乐：知识散发馨香，书趣引人入胜。树立科学美、知识美的价值观，以科学知识独有的“芳香”感染和愉悦学生，让读书成为一种乐趣，使学习趣味无穷；学生求知、乐知的高度自觉和热情，彰显了学校以书香陶冶学生高尚情操的育人法宝。书籍是使人进步的阶梯，博学可以“日新”，可以“厚德砺志”。中学时代是知识积累和人生奠基的重要阶段，在这个时期学生多读书、读好书，养成自觉学习的好习惯，定会终身快乐幸福。

学思成习：《论语·为政》有言：“学而不思则罔，思而不学则殆。”可见学与思关系之密切。学为基，用以纳新，唯有如此知识才能广博丰厚；思为升，用以求真，唯有如此思想才能持正深刻。学与思，二者相辅相成，不可偏废。我校大力倡导学思相结合的学习方式，具有持久的影响和力量。学生应当在平时多学多思，日积成习，努力将之培养成一种良好的习惯，并且进一步将学与思贯穿于生活的方方面面，为终身发展奠定坚实的基础。

二、办学理念

（一）学校愿景

学校愿景是全校师生对学校未来发展趋势的共同愿景，也是描绘学校长远战略目标的纲领性蓝图，是全体师生的共同追求。

鹿泉一中的学校愿景——立足师生幸福、培育学生梦想的中国名校

立足师生幸福：指我校的各项工作都以“师生幸福”为基本立足点，使全体师生都有幸福感。幸福感包含两方面，即教师具有强烈的职业自豪感，做到教育生活化，生活教育化；学生具有社会责任感和正义感，感受到融融的关爱，养成健全的品格，积极储备知识和能力，为成人成才奠定基础。

培育学生梦想：这里更加明确地提出了我校的社会责任和办学目标。

高中是人生成长的重要阶段，此时的基础打得如何，将关系到学生的终身发展。学校应加强学生的人生观、价值观教育，善于引导学生，注重培育其个性和特长，使其孕育理想，放飞梦想，为未来做好充分准备。

这一发展愿景来源于我们崇高的教育使命感，以及我们立足燕赵大地、走向全国的雄心壮志和博大胸怀。学校全体师生员工将把它作为长期的奋斗目标，以满怀的豪情、创新的活力、不懈的斗志，一步步把它变为现实。

（二）办学策略

办学策略是从学校的现实形态中高度概括出来的，为提升学校的核心竞争力而着重实施的策略。

鹿泉市第一中学的办学策略——优化管理，文化立校；创造机遇，改革兴校；注重培训，教研强校

优化管理，文化立校：文化代表了一所学校的底蕴，是建设精品名校的保证。文化立校就是通过统筹规划，提升学校的管理品质，确立新的思维方式、工作方式、学习和生活方式，以实现优化管理的目标。

文化立校，是高品位、高境界的办学策略。制度管身，文化润心。通过文化引领、精神激励、气韵感染、情境熏陶等对人产生潜移默化的影响，可以达到其他手段难以达到的效果，对于“教师”这种以脑力劳动为主的职业，尤其如此。实行以人为本的文化管理，以精神增强凝聚力，重视协调合作，才能实现高效管理。因此在学校管理中，首先要重视强化教职工的自我超越意识，倡导重品位、讲合作，弘扬人文精神、合作精神、敬业精神和改革精神，要求教师理解、尊重学生，学会以宽广的胸怀对待学生；同时，通过开展丰富多彩、格调高雅的文化活动，对学生实施以德育为核心的“五心”教育，实施以美育为核心的艺术教育，也是实施高效管理所不可或缺的。

创造机遇，改革兴校：机遇是学校发展的外部力量，可以为学校提供更为广阔的发展空间。我校以利用上级督导检查、争取活动、联合强者等方式借势、造势，抢占先机，并通过提炼筛选学校亮点，加强宣传攻势，大打学校优势牌，创造发展新机遇。

改革是学校发展的驱动力。我校积极改革办学模式与内部机制，不断发展和完善教育理念，使其真正具有现实的指导意义。以课堂教学改革为突破口，摸索出一条独具特色，效果显著的课程新模式。另外，完善师生

激励机制，为教师乐教、学生乐学创造和谐奋进的优良环境，保证学校改革目标的全面实现。

创造机遇，才能把握主动，使学校永葆前进的态势。积极改革，才能发掘潜能，使学校兴旺发达。二者相互促进，缺一不可。

注重培训，教研强校：教师职业素养的高低，关系到育人事业的成败。为使教师保持理想状态，我校通过卓有成效的教师培训和校本课程培训，提高了教师职业技能，增强了向心力、凝聚力，形成了合作共进的良好氛围，大力促进我校教育教学质量的不断提高。

同时，我校教育教学质量的提高，还要依赖于教研实力的不断增强。教研水平的提升，必然大大提升学校的办学潜力，拓展事业空间。实践表明，实施教研精品战略，培育名师队伍，是学校实现突破性、跨越式和可持续性发展的重要举措。学校还应用现代教育设备、强化教育研究、上下一心、合作共进，教研强校的步伐才能日趋稳健。

（三）培养目标

培养目标是学校所肩负的育人的社会责任，回答的是学校期望自己培养的学生应具备哪些基本素质。

鹿泉市第一中学的培养目标——诚信乐观、文明爱人、重责任、有理想的高素质人才

诚信乐观：诚信，就是诚实守信，言行一致，表里如一，有诺必践，忠实于自己所承担的使命。乐观，指热爱生命，在生活中时刻保持积极向上的心态，面对困难不气馁、不退缩。

文明爱人：文明礼仪是中华民族优良的传统美德。文明，即要求学生有学问，有思想，更要求懂礼貌，知礼节，有教养，这是立身之本。爱人，即希望学生以博爱之心塑造美好心灵，尊重他人，爱同学、爱老师、爱父母、爱学校，养成热爱一切美好事物的习惯和情操。

重责任、有理想：指学生应具备高度的社会责任感和正义感，树立远大的奋斗目标。要求学生把追求个人理想、目标与国家、民族、社会的发展结合起来，树立正确的世界观、人生观、价值观。

诚信乐观、文明爱人、重责任、有理想的高素质人才，是我校对理想中学生形象的描绘，也是我们不懈奋斗的育人目标。

三、管理理念

（一）管理原则

管理是实现各种要素有机结合的关键，管理是把各种优势变成现实的桥梁。学校在管理过程中所依据的法则和标准，就是管理原则。

鹿泉市第一中学的管理原则——精心 精细 精进

精心、精细、精进的管理原则，在根本上就是精细化管理思想的具体体现。精细化管理是学校追求完美和实现卓越的过程，要求我们每个人都要树立精益求精的工作精神。在这里，“精心”强调的是态度，指悉心倾心，乐于奉献，精心育人。“精细”体现的是过程，指在教育教学管理过程中要做到细致入微，认真负责。“精进”则是我们期望看到的结果，要做到日日不懈，精于进取。总之，于细节之处彰显完美是我们不懈的奋斗目标。

（二）人才理念

人才理念也就是学校的用人观念、用人思想。全面的用人观应该包含四个方面：充分尊重人才，广泛发掘人才，精心培育人才，放手使用人才。

鹿泉市第一中学的人才理念——善知善育 人尽其才

善知善育：善知，即善于知人才、识人才、发现人才、挖掘人才，同时更要发现、挖掘人的潜能。善育，指善于选育人才。学校要重视教师队伍的培养和教师能力的不断提升，只有优良的教师队伍才能培育出芬芳四溢的满园桃李。这是加快学校发展的要求，更是实现育人目标的重要途径。

人尽其才：语出《淮南子·兵略训》：“若乃人尽其才，悉用其力。”首先，“尺有所短，寸有所长”，人才也有层次、类型之别。学校应综合考虑人才自身的特点，量才适用，哪怕一技之长，只要利于工作，也要提供用武之地。其次，要为人尽其才创造心理环境，使其乐于在适合的岗位上充分发挥聪明才智。因此要尊重人才，满足其生理、安全、社交和发展等方面的需要，提升其生命质量，帮助人才实现自身价值，以达到人尽其用，最大限度地加快学校发展。

“善知善育，人尽其才”是一种科学有序的人才管理模式。在此理念引导下，我校特色必将充分展现，我校综合实力必将极大提升，跻身燕赵名校之列的远大目标必将实现。

（三）服务理念

领导的工作就是为教师服务，学校的工作就是为学生健康成长服务。这是学校各级领导对教职员工、全体教职员工对学生及其家长所应遵循的理念。

鹿泉市第一中学的服务理念——热诚勤勉 高效创新

热诚勤勉：热诚，即热情诚恳，强调的是服务态度。勤勉，强调的是服务作风。在服务活动中，热诚是前提，勤勉是基础。学校领导对教职工，教职工对学生及其家长，都应保持一颗热情、诚挚的心，及时了解、解决服务对象的需求，并不断勉励自己倍加勤奋，以保证服务质量，提高服务水平。

高效创新：高效，强调服务的水平，指服务的规范、快捷和高质量，它可以最大限度地保障学校教育教学工作的顺利进行。创新，强调服务观念、服务方式的不断更新，以及服务质量的不断提升、不断超越，这是满足教职工、学生、家长乃至社会的需求，加快我校健康发展的重要因素。

四、誓词与宣言

（一）教师誓词

我是鹿泉一中的老师，我为在这里工作而骄傲！青山苍苍，碧水泱泱，我要用全部的爱，细心呵护每一株稚嫩的幼苗！我要用智慧的火花，点燃每一份创造的希望。

铸师魂，树师表。我将用生命之烛、理性之光，用拼搏和汗水，奏响学生成长的乐章。为学生付出所有，是我最高的准则，我将精心塑造今日之骄子，竭力成就明日之栋梁！

（二）学生誓词

我是鹿泉一中的学生，我为在这里学习而自豪！我有理想、有道德，厚德砺志是我的座右铭；我有思想、有信念，博学日新是我的人生信条。攀登不止是我的人生格言；诚信乐观是我的生活态度。

我要在知识的海洋里遨游；我要用智慧去创造；我要用欢快的笑脸把校园装扮得更加灿烂。人生的成就靠自己，祖国的辉煌靠我们。今天，我们是一中骄子。明天，我们将是祖国栋梁。

（三）学校宣言

抱犊山下，我们成长；攀登不止，增辉添彩；白鹿泉边，我们开启智慧，它激励我们永立潮头。山与水交相辉映，汇文明之源，育千秋之才。

山与水的灵气，赋予了我们仁智双馨的气质，造就了我们踏实似山、智慧如泉的品格。

精英辈出的时代，需要我们着力打造精品型名校。“厚德砺志”使我们时刻注重提升自身的综合素养，“博学日新”使我们不断丰富学校的文化内涵。为了在日趋激烈的教育竞争中永葆领先，我们将汇聚一中人所有的力量，精诚共进，全力打造立足师生幸福，培育学生梦想，彰显文化特色的燕赵名校。

不是尾声，而是新的旅程

经过近年来的不懈努力，我校的新课程改革取得了创造性的成果，并在不断丰富和发展中走向成熟和完善。新课程改革给全体师生和整个学校的面貌带来了前所未有的巨大而深刻的变化，在河北省乃至全国产生了积极的影响。

我们清醒地知道，我们的课改并不完美，还存在许多问题和不足，需要我们在进一步深化课改中去解决。我们明白，我们永远不能达到完美的境界，但我们一直在向完美努力。

事实上，我们知道，一旦实现了所谓的完美，我们的生命就停滞了。正如人是在幼稚和错误中不断成长，走向成熟和完善的，生成的课堂永远是不完美甚至有缺憾的。但正是这种不完美成就了它的完美。新课程改革永远是生成性的，它的生命力就在于它的不完美。恰恰因为有了不完美，才有了成长点。

新课改的精彩就在于，它是一个自主建构的过程，是一个动态生成、不断更新的过程。这个过程伴随着许多不完美，激发了生命的内在成长动力和激情，激发了生命主动发展、自我更新的深层需求。

不断自主建构、自我更新就是师生生命成长的过程。在课改中，获得丰富而深刻的感受和体验，是获得生命成长的第一步。我们的课改，是心灵感受深度卷入的体验式课改。我们的课堂，是涌动着生命之流，时而迸发惊喜的富有活力的课堂。

我们的课改让学生在亲身感受和体验中主动建构人生的意义和幸福。人是从他的亲身感受和体验出发去认识和把握世界的。有真实的生命体验，才有真实的人生，才有独特的丰富多彩的个性，才有真正的自由和幸福。通过真实的体验和建构，我们培养了学生的自主学习和自我管理能力，让学生不仅学到知识，更重要的是学会动手、学会动脑、学会做事、学会生存、学会与他人共同生活。

作为课改的实施者，教师体验的丰富性绝不亚于学生。“理解探戈的最佳方法就是跳，而不是分析。”没有体验，就没有教师的专业发展和职业幸福，就没有教师心灵的成长。我们创造不同的情境让教师体验，给他们提供丰富多彩的情境，让教师不断参与新的建构，让他们去体验，去适应，去学习，去创造，在不断反思、不断自我调整和更新中，获得专业发展和生命的成长。

我们对教育的追求是永无止境的，不断自我更新是我们的永恒追求。自我更新是生命成长的必经之路，生命的成长就是一个不断自我更新、不断建构、不断生成的过程。我们通过不断自我更新，最大限度地激发师生生命的活力、激情与创造力。

我们是一群不知疲倦的追梦者，我们一直行走在路上，在通向实现我们教育梦想的路上。尽管前方的道路依然曲折而漫长，甚至仍然会有坎坷崎岖，遍地荆棘，但我们无所畏惧，因为我们心中有一个坚定的信念，只要我们一直向前，沿着这条路坚持走下去，就一定能有丰盛的收获和成长的幸福。

“绝美的风景，多在奇险的山川。”在这个艰难而漫长的旅程中，我们会见到最美的风景。

正如国际著名教育改革家迈克·富兰所言，变革不是一幅等待去实现的美好的蓝图，而是一条充满挑战、充满着改变与创新的旅程。在这个旅程中，我们时时有新的发现、新的成长，我们以自己独特的行动，不断地丰富和诠释着新课改的内涵。我们不是新课程被动的执行者，我们是参与者，是创造者，是诠释者，是书写者，是主动建构者，我们是在用自己的智慧创造性地推进新课程改革。

精彩的超越往往发生在转弯处。新课程改革是中国教育的一次大转弯，是学生解放、教师成长、学校发展、教育创新的必由之路。我们将永远保持积极进取的精神，坚定地走自己探索的道路，不断反思，不断总结，不断创新。向着理想的教育踏上我们的追梦之旅，用我们的激情和智慧演绎自我更新、自我超越的精彩。

最美的风景，往往在路上。

我们的课改之路还远远没有结束。

这不是尾声，而是新的旅程的开始……